NiemandsLand
Kindheitserinnerungen
an die Jahre 1945 bis 1949

Herausgegeben von Heinrich Böll
unter Mitarbeit von Jürgen Starbatty

Deutscher
Taschenbuch
Verlag

dtv

Von den Autoren dieses Bandes
sind im Deutschen Taschenbuch Verlag erschienen:
Gerd Fuchs: Ein Mann fürs Leben (10719)
Günter Gaus: Wo Deutschland liegt (10561)
August Kühn: Zeit zum Aufstehn (10629)
Die Vorstadt (10700)
Gudrun Pausewang:
Die Freiheit des Ramon Acosta (10122)
Rosinkawiese (10191)
Kinderbesuch (10676)
Guadalupe (10788)
Dorothee Sölle: Atheistisch an Gott glauben (10213)
Ich will nicht auf tausend Messern gehen (10651)
Klaus Staeck:
Im Mittelpunkt steht immer der Mensch (10324)
Heinrich Vormweg u. a.:
Antikommunismus in Ost und West (10280)
Weil die Stadt so fremd geworden ist... (10754)

September 1987
Deutscher Taschenbuch Verlag GmbH & Co. KG,
München

ISBN 3-88977-031-2
Rechte an den Einzelbeiträgen s. S. 269 ff.
Umschlaggestaltung: Celestino Piatti
Satz: Steidl, Göttingen
Druck und Bindung: C. H. Beck'sche Buchdruckerei,
Nördlingen
Printed in Germany · ISBN 3-423-10787-1

Das Buch

»Nichts war mehr so, wie es gewesen war. Alle Maßstäbe, die vorher gegolten hatten, galten nun nicht mehr. Man fand keinen Halt mehr.« Wie Gudrun Pausewang empfanden viele der damals Sieben- bis Siebzehnjährigen, die in dieser Anthologie das Ende des Krieges und die Jahre des Wiederaufbaus erinnernd vergegenwärtigen. Sie kommen aus sehr unterschiedlichen Elternhäusern, erleben den Einmarsch der Besatzungstruppen in den Städten und Dörfern der verschiedenen Zonen und machen doch alle mehr oder weniger ähnliche Erfahrungen. »Die Kinder und Jugendlichen waren tatsächlich im Niemandsland«, schreibt Heinrich Böll im Vorwort, »und die Frage, die politische und geistig-moralische Frage, die diese Sammlung stellt, ist: Sind sie je aus dem Niemandsland in ein Land gekommen, das ihnen wohnlich erscheint? ... Diese Sammlung, obwohl literarisch, ist hochpolitisch, ist Ausdruck einer Kultur, mit der Politiker sich beschäftigen sollten.«

Der Herausgeber

Heinrich Böll, am 21. Dezember 1917 in Köln geboren, war nach dem Abitur Lehrling im Buchhandel. Im Krieg sechs Jahre Soldat. Danach Studium der Germanistik. Seit 1949 veröffentlichte er Erzählungen, Romane, Hör- und Fernsehspiele, Theaterstücke und war auch als Übersetzer aus dem Englischen tätig. 1972 erhielt Böll den Nobelpreis für Literatur. Er starb am 16. Juli 1985 in Langenbroich/Eifel.

[illegible]

[illegible]

[illegible]

Heinrich Böll, [illegible] Dezember [illegible] in Köln geboren, [illegible]

Inhalt

Vorwort

Die Tonlage, die in den meisten dieser Berichte spürbar, fast hörbar wird, jugendlich, gelegentlich salopp bis zynisch, könnte täuschen, hinwegtäuschen über das Alter derer, die hier berichten. Die bei solchen Berichten notwendige Fähigkeit, sich zurückzuversetzen in den Zustand, in dem man einmal war – vor vierzig Jahren –, macht diese Tonlage zwingend. Es sind aber nicht Kinder oder Jugendliche, die hier erzählen, wie sie in das Interregnum zwischen 1945 und 1949 hineingeraten, meistens hineingeschossen worden sind. Der jüngste Autor (Klaus Staeck) ist fast sechsundvierzig und die beiden ältesten (Gudrun Pausewang und Heinrich Vormweg) sind zwei Jahre älter als der Bundeskanzler, sie sind sechsundfünfzig.

Hier spricht nicht die No-future-Generation, sondern es sprechen deren Mütter und Väter. Sie waren in der Zeit, die sie erinnern, zwischen sieben und siebzehn. Hier schreiben Bürger der Bundesrepublik Deutschland, von denen einige älter sind als zum Beispiel der Familienminister oder der Bundesgeschäftsführer der SPD. Die Tonlage ist echt, beruht auf der Fähigkeit, sich zurückzuversetzen in die oder den, der man einmal war. Die meisten von ihnen standen geistig-moralisch vor dem Nichts. Nur wenige waren durch Elternhaus oder Schule vorbereitet auf das, was kommen mußte, manche eindeutig und radikal, andere vorsichtig. Gaus, Sölle, Vormweg und Guha. Andere waren einfach per Milieu nicht nazianfällig. Für die, deren Eltern erklärte und überzeugte Nazis gewesen waren, war die so plötzliche Distanzierung der Umwelt ein ebensolcher Schock wie für die, deren Eltern – als Nazigegner bekannt – sich plötzlich fast hofiert sahen von denen, die sie bis dahin im mildesten Fall schikaniert, im Normalfall dauernd bedroht hatten. Das Nichts, vor dem sie standen, hatte viele Dimensionen. So ergänzen sich die Berichte von Guha und der wahrhaft tragische von Seuren auf der Ebene der schockierenden Anpassungsfähigkeit und

Vergeßlichkeit ihrer Umgebung. (Günter Seuren ist nur zwei Jahre jünger als der Bundeskanzler.)

Ich wiederhole: Es werden hier die Erinnerungen von 46- bis 56jährigen vorgelegt. Sollte man sie die Aufbaugeneration nennen? Was ist aus ihren Altersgenossen geworden, die Bankangestellte, Kaufleute, Lehrer oder Handwerker geworden sind, Manager, Politiker, Facharbeiter, Männer und Frauen, deren Erlebnisse und Erinnerungen doch denen ähnlich sein müssen, die hier niedergeschrieben sind? Hat sich deren Erinnerung an das Nichts, vor dem sie standen, auf Schwarzmarkt-Erzählungen am Stammtisch reduziert, in Flüchtlings-, Bombengeschädigten- und Evakuierten-Anekdoten endgültig verfestigt, läßt keine *Bewegung*, kein Bewegtsein mehr zu? Eindringlich, konsequent, auch eindrucksvoll schildert Christoph Meckel diese sich ineinanderschiebenden Dimensionen von Nihilismus, Anarchie, Existenzialismus, und – wie bei vielen der hier versammelten Autoren – wie nichtig für sie so etwas wie der »Eigentumsbegriff« wurde, der inzwischen zu einem der heiligen Werte der Nation geworden ist. Auf gleiche Weise eindringlich: Hubert Fichte. Was verbindet Christoph Meckel mit dem ihm gleichaltrigen Arbeitsminister, hier stellvertretend für viele andere genannt, der offenbar bruchlos und ungebrochen in die Ära Adenauer ein- und überging, eine Zeit, die für keinen der Autoren auch nur eine angedeutete Anziehung hatte. So ist dies zwar eine Sammlung literarischer Erinnerungsstücke und doch – wie mir scheint – von einer politischen Bedeutung, die gerade Politiker interessieren, sie sogar darüber informieren könnte, wann, wo, wodurch die berüchtigte Kluft zwischen Intellektuellen und Politikern entstanden sein könnte. Überraschende Feststellung: Dorothee Sölle, so leidenschaftlich und auf schmerzliche Weise deutsch wie christlich, ist nicht jünger: Sie ist ein Jahr älter als der Bundeskanzler, ebenso wie Günter Gaus, leidenschaftlicher Deutscher und Deutschlandpolitiker. Was verbindet Sölle und Gaus mit dem Bundeskanzler, was trennt sie von ihm, wo doch ihre 1945-Erlebnisse wenn nicht gleich, aber vergleichbar sein könnten?

Für kaum einen der Autoren hier (außer Dorothee Sölle) war das Christliche in seinen verschiedenen konfessionellen Variationen mehr als eine milieubedingte und milieugeprägte Unglaubwürdigkeit, und es ist wenig wahrscheinlich, daß sie ihren Kindern haben vermitteln können, was für sie selbst keine Hoffnung mehr zu versprechen schien. Liegt hier eine der Ursachen für die entleerten Kirchen, die der Theologe Hans Küng neulich als »nur noch Fassade« bezeichnete?

Damals half auch den Kirchen jener *nachweisliche* Widerstand wenig, der immer Widerstand einzelner und Verlassener war. Es gibt Äußerungen von Pater Delp, die auch dem linkesten aller Jusos in den Mund passen würden. Aber die andere Seite der Münze, das patriotische Gemurmel und Gebet für Führer, Volk und Vaterland, auch bei Beerdigungen reichlich benutzt, war stärker und in seiner Alltäglichkeit eindringlicher in Erinnerung geblieben als die eine Seite: der tapfere Widerstand einzelner und einzelner Gruppen, auf die man *jetzt* mit einem gelinde gesagt peinlichen Stolz hinwies.

Für die Altersklasse, der ich angehöre, die Jahrgänge zwischen 1914 und 1924, hat sich die Erinnerung anders und ausreichend literarisch und politisch artikuliert, und die sensibleren Theologen haben überraschende Verwandtschaften zu ihren Ideen entdeckt. Aber was ist mit denen, die hier schreiben: die Jahrgänge zwischen 1928 und 1938?

Für die meisten von ihnen – wie auch die meisten aus unseren Jahrgängen – ging es zunächst ums Überleben: materiell auf dem Schwarz- und Tauschmarkt, dann erst kam die Suche nach dem, was man Orientierung nennen könnte. Die allzu rasch angepaßten Eltern halfen da wenig: es wurden eben rasch die Hitlerbilder von der Wand, die Hitlerbüsten vom Vertiko genommen, alle Parteiembleme verbrannt oder versenkt (am eindrucksvollsten schildert diese schnelle äußere Anpassung Guha). Es war also doch *nichts* gewesen mit diesem Hitler, der immerhin zwölf Jahre uneingeschränkt und unangefochten von deutschen Zweifeln geherrscht hatte, Europa in Chaos und einige Zigmillionen Tote »hinterließ«? Und was brachten die Besatzungsmächte für sie, die Kinder und Jugendlichen, doch nicht mehr als Schwarz- und Tauschmarktkrempel, Prostitution, und die Russen nicht viel mehr als neue Angst: vor Plünderei und Vergewaltigung. Die hier schreiben waren zwischen zehn und zwanzig Jahre alt, als die beiden Deutschland sich etablierten. Anstelle des einen Deutschland nun deren zwei: das eine kommunistisch, das andere christlich-bürgerlich. War nicht der eine »Wert« durch die Eroberungs- und Besatzungspolitik der Sowjets korrumpiert, und hatte sich der andere »Wert« etwa im Nazi-Reich als haltbar erwiesen? Was sie sahen: flinke, allzu flinke Anpassung beiderseits des neuen »Vorhangs«. Keine Zeit für Besinnung, Nachdenken. Besinnungslos konzentrierte sich alle Energie auf den Wiederaufbau, keine Zeit für eine Denkpause. Sie hatten zuviel gefroren, gehungert, zu viele Illusionen nicht nur verloren, auch bei ihren Eltern sich in *Nichts* auflösen sehen, und was sie von ihren Vätern und Lehrern zu hören bekamen, dieses Bramarbasieren und peinliche Unschuldsbeteuerungen, war entweder auf die Dauer langweilig – »Ach, weißt du noch, damals am Wolchow« – oder verlogen: »Wir haben nichts gewußt!«

Nur wenige fanden in ihren Elternhäusern Werte, die keinen Schwarzmarkt-, keinen Tauschwertcharakter hatten. Die Werte, die ihnen statt dessen angeboten wurden, hatten ihre Glaubwürdigkeit eingebüßt, taugten weder für den materiellen Überlebenskampf noch für eine geistige Erneuerung. Die Kinder und Jugendlichen waren tatsächlich im Niemandsland, und die Frage, die politische und geistig-moralische Frage, die diese Sammlung stellt, ist: Sind sie je aus dem Niemandsland in ein Land gekommen, das ihnen wohnlich erscheint? Die einzelnen Beiträge beantworten diese Frage unterschiedlich. Ich wiederhole meine Anfangswarnung: sich nicht täuschen lassen durch den gelegentlich jugendlich-kindlichen, den trotzigen, manchmal rotzigen Ton: der jüngste Teilnehmer an dieser Sammlung ist im 46. Lebensjahr, der älteste im 56. Welche Orientierung haben sie außer einer literarischen? Literatur allein kann ihnen nicht genügen. Die Frage ist: Sind sie hier *heimisch* geworden, und was unterscheidet ihre *Einrichtung* (die materielle und geistige) von der ihrer Altersgenossen, die wie sie vor dem Nichts standen und nicht Autoren sind? Zusatzfrage: Was würden die Opfer des Widerstands, von der konservativsten bis zur linkesten Ecke, sagen, wenn sie mit dieser Altersgruppe und der Bundesrepublik Deutschland konfrontiert werden könnten. Ist dies ein Deutschland, das auch nur *einem* von ihnen vorschwebte?

Diese Sammlung, obwohl literarisch, ist hochpolitisch, ist Ausdruck einer Kultur, mit der Politiker sich beschäftigen sollten, Ausdruck eines Aspektes der Kultur der Bundesrepublik, an deren Wahrnehmung die Parteien wenig interessiert sind, wie das fast entleerte Parlament bei der ersten kulturpolitischen Debatte, die seit achtzig Jahren in einem deutschen Parlament stattfand, bewies, daß es sinnlos ist, über Kultur*politik* zu reden, bevor man die Ursachen für den Zustand der politischen Kultur in diesem Land wahrgenommen hat.

Anfang 1985 *Heinrich Böll*

Dieter Hildebrandt
8. Mai 1945 – gegen 14 Uhr

Wir waren hinübergekommen. Wir hatten es geschafft. Nun standen wir auf der anderen Seite der Elbe, in Tangermünde. Viele Tausende, zumeist 17jährige »Landser« wie ich, waren in letzter Minute über einen schmalen Steg der russischen Gefangenschaft entkommen. Dem »Iwan« von der Schippe gesprungen, diesem gebeutelten Halbmenschen, der von seinen Kommissaren nach vorn gepeitscht, mit Wodka abgefüllt, nichts anderes im Sinn haben konnte, als uns allen die Ohren, die Hoden und den Hals abzuschneiden. So die uns geläufige Beschreibung des Feindes. Es war leicht, uns dieses Feindbild aufzudrängen. In all den Jahren wurden wir zum Übermenschen erzogen, der die halbe Welt erobert hatte und es sich nicht vorstellen konnte, daß seine Feinde ihn am Leben lassen würden. In der Panik der letzten Tage hatten wir uns immer wieder zugeflüstert: Auf jeden Fall zu den Amerikanern, die lassen uns vielleicht am Leben.

Es war uns gelungen. Wir atmeten tief durch und sahen hinüber in die Wälder, wo wir einige Tage lang den »Brückenkopf« gebildet hatten, der den Elbübergang unserer Nachbar-Division ermöglichen sollte. Vor einer Viertelstunde war drüben das Feuer eingestellt worden. Jetzt herrschte eine ganz ungewöhnliche Stille, und ich spürte erstmals die heiße Sonne auf meinem Kopf. Noch immer strömten Landser vom Fluß herauf, warfen ihre Gewehre und Stahlhelme auf einen Haufen, suchten sich einen Platz im Schatten und ließen sich auf den Boden fallen.

Amerikanische Soldaten umstanden den Sammelplatz, hielten ihre Maschinenpistolen lässig im Arm, rauchten und unterhielten sich. Deuteten auf diesen und jenen von uns. Schienen sich über die Jugend der »Fritzes« zu wundern. Und plötzlich fiel mir auch wieder ein, daß ich in fünfzehn Tagen meinen achtzehnten Geburtstag begehen würde. Vor einigen Stunden noch wäre es mir überflüssig vorgekommen, darüber nachzudenken. Ich wurde also achtzehn und ich lebte noch. Ich besaß noch beide Beine, beide Arme und ich lebte. Davongekommen. Wochenlang hatten wir kaum geschlafen, vielleicht mal im Stehen. Hier und da waren wir beim Marschieren eingedöst. Jetzt fühlte ich mich seltsam frisch.

In den frühen Morgenstunden, drüben in den Wäldern, war ich noch davon überzeugt, ich würde das andere Ufer nicht erreichen. Fieber hatte mich erwischt. Schüttelfrost. Erbrechen. Leutnant Kukol war besorgt, ich könnte das Tempo der Kompanie nicht mithalten, wenn der Befehl kommen würde, die Stellung aufzugeben und so schnell wie möglich die Notbrücke zu erreichen. Er sagte: »Los, hau ab, wir holen dich schon ein.«

Es war ein Befehl, und ich gehorchte. Schleppte mich durch den Wald, wäre lieber bei meinem Leutnant geblieben, dem menschenfreundlichen Lehrer aus dem Sudetenland, der seit Beginn unseres Einsatzes wie ein Hirtenhund um seine Lämmer strich, uns schonte, wo es eben nur möglich war. Dann kam der Moment, als ich merkte, daß ich nicht aufgepaßt und mich verlaufen hatte. Teils war es mir gleichgültig, was nun passieren würde, teils liefen meine Beine von alleine weiter. Mein Irrweg führte mich schließlich durch Fischbek.

Gewehre, Maschinengewehre, Munitionswagen, Motorräder, Stahlhelme. Ein Lkw der Zahlmeisterei, aufgebrochene Kisten mit Geldscheinen, bis an den Rand gefüllt. Weggeworfene Ausrüstungsgegenstände zu Tausenden und überall tote Soldaten und Zivilisten.

Die Einschläge der russischen Granatwerfer kamen immer näher und ich fing an zu laufen. Warf den Mantel weg, dann das Gewehr. Ja, ich warf das Gewehr zuallerletzt weg! Das Gewehr, die Waffe, die Braut des Soldaten. Es wegzuwerfen bedeutete Desertion. Ohne Gewehr angetroffen zu werden, hieße Feigheit vor dem Feind. Es spukte in meinem Hirn noch immer die Vorstellung, daß in der nächsten Sekunde ein Offizier vor mir stehen könnte, der mich danach fragen würde, und noch war nicht alles zu Ende. Noch waren es einige tausend Meter bis zum Ende des Krieges. Überraschend stand ich an der Elbe. Das Wasser reißend, schmutzig gelb. Ein paar hundert Meter weiter unten sah ich den Notsteg, sah die vielen wartenden Kameraden und auch, daß Granaten in der Menge einschlugen und die russische Artillerie versuchte, die Notbrücke zu treffen. Automatisch zog ich mich aus. Bis auf die lange, weiße Unterhose. Für einen kurzen Augenblick fielen mir die Ratschläge meiner Mutter ein, die jetzt vielleicht gesagt hätte: »Junge, in dem Zustand holst du dir den Tod!«

Und war schon im Wasser. Möglichst wenig abtreiben lassen, war mein Gedanke, immer direkt gegen die Strömung. Die Kälte spürte ich kaum. Ich glaube, daß ich in meinem späteren Leben nie mehr besser geschwommen bin als in diesen Minuten. Eine lange Viertelstunde, zusammengezogen in einer einzigen konzentrierten Schwimmbewegung.

Am jenseitigen Ufer sah ich einen amerikanischen Soldaten hinter einem Felsen stehen. Er winkte. Ich winkte zurück. Er winkte energischer und ich verstand: Ich sollte mich in Gefangenschaft begeben.

In diesem Augenblick spürte ich so etwas wie ein Glücksgefühl. Keine Angst mehr. Nicht mehr vor den Einschlägen, vor dem Pfeifen über mir. Nicht mehr vor den russischen Pak, vor den T 34, vor der Stalin-Orgel. Und besonders nicht mehr vor den Schnellgerichten der SS und Wehrmacht, die alles niedermachten, was sich in der falschen Richtung, also rückwärts bewegte. Wenn sich auch später herausstellte, daß diese »Kameraden« viel früher als wir die Brücke über den Fluß gefunden hatten. Und noch etwas hatte sich verändert: Mein Fieber war verschwunden. Ich fühlte mich glänzend. Kam da in meiner nassen, grau-schmutzig-weißen Unterhose aus der Elbe gekrochen und freute mich meines Lebens.

Langsam näherte ich mich dem amerikanischen Soldaten. Der betrachtete sich diesen Buben, der ein Soldat sein sollte, wie eine exotische Pflanze und sagte: »Come on!« Ich muß dann wohl so etwas gesagt haben wie: »Look, no clothes.« Er brummte etwas, ich verstand es nicht, führte mich zu einem Haus, ging einfach hinein und wir standen vor einer Frau, die den Amerikaner ängstlich anstarrte.

Der zeigte auf mich und forderte: »Clothes!«

Mich vor Augen verstand die Frau auf Anhieb, was er wollte. Sie öffnete einen Schrank. Ich staunte, er war gefüllt mit grauen und blauen Uniformen. Offenbar hatten schon eine ganze Reihe von Kameraden der Frau Zivilkleider abgehandelt, um der Gefangenschaft zu entgehen.

Sie schaute mich mürrisch an. Ich war kein Geschäft für sie. Dann warf sie mir ein paar Sachen zu. Ich bekam eine lange, weiße Unterhose, einen Uniformrock, Schuhe, ein Unterhemd. Keine Strümpfe, keine Hose.

»Haben Sie keine Hose?« fragte ich höflich.

»Sei froh, daß du überhaupt was kriegst«, knurrte sie.

Der Amerikaner war ungeduldig, es ging ihm alles zu langsam. Hose oder Unterhose, ihm war das eins. »Hurry up!« forderte er. Also zog ich an, was ich bekommen hatte und folgte ihm zum Sammelplatz.

Da stand ich nun, hatte meine Kameraden wiedergefunden und strahlte meinen Leutnant Kukol an, der sich freute, mich gesund wiederzusehen. Er hatte alle, alle seine uniformierten Kinder hinübergebracht und war darauf stolz. Angst vor dem, was mit uns geschehen würde, hatten wir nicht mehr. In Gefangenschaft zu sein, das war keine schreckliche Vorstellung. Langsam meldete sich der Hunger. Er sollte unser größtes Problem für die nächsten Wochen werden.

Hat mich die Erkenntnis getroffen, daß wir – wir? – nun endgültig diesen Krieg »verloren« hatten? Kam vielleicht ein Gefühl von »Zusammenbruch« in mir auf? Habe ich daran gedacht, daß wir zur Rechenschaft gezogen werden würden, daß nun möglicherweise alles das auf uns zukommen könnte, was man uns schon als Hitlerjungen eingebleut hatte, nämlich die restlose Austilgung des deutschen Volkes?

Ich glaube, daß nichts dergleichen mich in diesem Moment bewegte. Ich fühlte nur Erleichterung und Hoffnung. Es fällt mir schwer, heute zu sagen, worauf ich hoffte. Vielleicht irgendwann wieder einmal einen Zivilanzug tragen zu dürfen, nicht mehr zu stinken, auf scharfe Kommandos nicht länger reagieren zu müssen?

Und zwischendurch immer wieder der Gedanke an meine Eltern. Waren sie in Schlesien geblieben? Oder geflüchtet? Lebten sie noch? Wo mochten sie in diesem Augenblick sein? Meine Kameraden hatten die gleichen Probleme. Wir alle kamen aus Glatz, Neiße, Liegnitz, Haynau oder Bunzlau, waren in all den Monaten seit dem Herbst 1944 zusammengeblieben. – Bis auf jene, die gefallen waren und die wir auf unserer langen Flucht nicht einmal mehr hatten beerdigen können.

Wir gehörten zum letzten Sturm auf dem Eis des 1000jährigen Reiches, sollten unseren Führer »entsetzen«, der in Berlin eingeschlossen war. Wir waren seine letzte Hoffnung gewesen. Wir, die Armee Wenk, ein Haufen von halb ausgeheilten Verwundeten, unausgebildeten Arbeitsdienstbuben und hastig ausgebildeten Schülern sollten die Sowjet-Armee noch einmal erschrecken. Hätte er uns gesehen, der Führer, er hätte sich das Leben früher genommen. Unser Zustand war erbärmlich. Wir sahen aus wie ausgespuckt. Was da jetzt am Elbufer herumstand, war eine halb verhungerte, ungewaschene, verlauste Kindertruppe in Fetzen.

Heute erscheint es mir manchmal so, als hätte ich die letzten Monate des Krieges in einem Zustand halber Betäubung überlebt. Der erste Einsatz in Sandersdorf bei Bitterfeld, als ich langsam begriff, daß wir tatsächlich ein Dorf von den Amerikanern zurückerobern sollten. Und dann der atemlose Moment des Schreckens, als ich gleichsam wie ein Filmzuschauer, der unversehens in die Handlung auf der Leinwand hineingerät, flüchtend neben mir herlief und feststellte, es war kein Zweifel möglich, man hatte auf mich geschossen. Es klingt sicherlich merkwürdig, doch war es mir so, als ob ich das vorher nicht für möglich gehalten hätte.

Da war die Nacht, in der einer unserer Unteroffiziere starb, an einem Waldrand bei Wittenberg, als wir nach einer Stunde Fahrt den Russen gegenüber lagen. Man hatte ihm die Geschlechtsteile weggeschossen. Er schrie zwei Stunden lang. Dann wurde es still.

Der Eilmarsch durch das Havelland nach Beelitz, der im Wehrmachtsbericht als »Vormarsch« gemeldet wurde. Und die wilde Flucht durch die Wälder in Richtung Elbe.

Die verlassenen Dörfer, die Flüchtlinge auf den Straßen, die uns zuriefen: »Was wollt ihr denn noch? Geht nach Hause zu Mutti!«

Dann die Nacht bei Wollin, als zwei österreichische Unteroffiziere uns versicherten, sie würden jeden auf der Stelle umlegen, der sich zu den Amerikanern davonmachen wolle. Wir seien Soldaten des Führers, erklärten sie uns, und das hieße Treue bis in den Tod. Zwei Tage später, zwischen Genthin und Jerichow, verschwanden sie spurlos.

Oder der Nachmittag, unweit von Fischbek, als wir unter starkem Beschuß eng an den Boden gepreßt, erfuhren, daß Adolf Hitler tot sei, Dönitz den Oberbefehl übernommen habe, es unverdrossen weitergehe und – es klingt witzig, aber so stand es im Bataillonsbefehl – der neue Gruß wieder der alte sei und in welcher Weise er zu erfolgen habe. Deutsche Gründlichkeit. Für wenige Tage hatten wir die rechte Hand wieder an den Stahlhelmrand zu legen.

Stationen eines sehr langen, quälenden Traumes, aus dem ich an einem heißen Tag im Mai 1945 auf einem Platz in Tangermünde aufwachte und nichts anderes spürte als Hunger und Durst. Mir schien es eine glückliche Stunde zu sein.

Am späten Nachmittag formierte sich die Truppe. Wir marschierten durch die Stadt. Meine strahlend weißen, langen Unterhosen schauten fröhlich unter einem zu weiten Mantel heraus und es wurde gesungen. Selten so freiwillig wie an diesem Tag

Ich weiß nicht mehr, welches Lied es war. Es müssen zwei gewesen sein. Eines wurde vorn in der Kolonne angestimmt und eines hinten. Das Lied aus den hinteren Reihen setzte sich durch, rollte wie eine Welle über uns hinweg und erfaßte jeden.

Es endete in dem Refrain:

Und drum tragen wir unser Leiden mit Geduld
an der ganzen Scheiße sind wir selber schuld!

Margarete Jehn
Niemands Land

Jeden Morgen beim ersten Blick aus dem Fenster hab ich Angst, daß »Valentin« schon über den Bäumen zu sehen ist, U-Boot-Bunker »Valentin«, ein Koloß aus Beton am Weserufer, ein Menschenfresser. Riesige Trupps von Fremdarbeitern und Kriegsgefangenen aus den Straflagern ringsum bauen seit Jahren daran. Im Osten sind schon die Russen im Land, im Westen die Amerikaner und die Engländer, Bremen ist zerstört, die Schulen sind geschlossen, die Lebensmittelrationen gekürzt, und Momka sagt, Deutschland ist niemands Land mehr – aber an »Valentin« wird weitergebaut, dem Endsieg entgegen.

Über Heide und Kiefernwald, über Hecken und Weiden kommen Gerüchte. Es heißt, daß die Bauarbeiter aus den Lagern vor Schwäche kaum noch die Schaufeln halten können. Schon morgens beim Anmarsch legen sich viele an den Straßenrand und sterben da und werden da verscharrt, wo sie sich hingelegt haben. Brechen Menschen am Arbeitsplatz zusammen, werden sie lebendig in »Valentins« Betonschütter geworfen. Draußen auf dem Hof sagt jemand, daß Wände besser halten, wenn etwas Lebendiges mit eingemauert wird.

Wir bewohnen eine Küche und eine Schlafkammer »quer über die Diele« bei einem alten Mann und bei seiner Frau Paloma, die auf der Insel Amrum fünfundzwanzig Jahre lang darauf gewartet hat, daß das Meer ihr einen Prinzen anspült, und jetzt hat sie die Gicht und durchheult im Haus des alten Mannes die Nächte, direkt neben unserer Kammer. Der Arzt teilt ihr zuwenig Morphium zu, und dann fällt ihr auch oft die Flasche noch aus den Krallenhänden.

Als noch die Bomber über uns flogen, heulte sie »erlöse mich« in die Flaksalven und in den Motorenlärm hinein. Die ganze Zeit hat sie sich eine Bombe aufs Haus herabgewünscht, aber seit ein paar Tagen kommen die Bomber nicht mehr.

Wir können nicht aufhören, nachts auf den ersten Sirenenton zu warten. Die Stille draußen ängstigt uns.

Es ist noch diese eine Luftmine heruntergegangen auf die Polsterei neben dem Hochspannungsmast. Seitdem sind die Angriffe vorbei. Als sei dieses Haus in den Wiesen das letzte Ziel gewesen nach den Bahnhöfen, den Hafenanlagen, den Werften und Wohnstraßen, oder das einzige, Anlaß überhaupt für Bomben und Krieg, Wiege des Bösen. Vom Polsterer und seiner Frau ist nichts übriggeblieben. »Nicht mal ein Knopf«, sagt Momka, meine Mutter.

»Konnte auch nicht«, sagt Leni Zapf, drei Häuser weiter untergebracht, mit ihren elf Jahren schon aus einem halben Dutzend Städte herausgebombt, sie kennt die Sprengkraft von Luftminen. Sie weiß über alle Bombentypen, alle Arten von Spreng- und Brandbomben Bescheid, und sie weiß auch, in welchen Kombinationen die am häufigsten abgeworfen werden.

Stundenlang muß ich mit ihr »Großangriff« üben. Die Ausgangssituation ist immer, daß ich eine meiner Großtanten in Bremen besuche, sie aber in ihrem Hause nicht finde, weil das Haus gar nicht mehr da ist.

> »Achtung, Achtung, Ende, Ende,
> über Bremen stehn Verbände!«

Leni heult selbst den Vollalarm. Ich als Landkind bin zu dumm, einen Bunker zu finden, habe aber das Glück, in einem Keller eines Privathauses Unterschlupf zu finden, der mit Geräten zur Brandbekämpfung und zur Selbstbefreiung vorbildlich ausgestattet ist. Leni greift an.

Ihre Anfangskombination, eine Mischung aus einfachen Sprengbomben und einem Dutzend Stabbrandbomben, läßt mich nach einigen Schulungstagen nur noch lässig zur Feuerpatsche greifen, ich spare meine Kraft für die raffinierteren Mischungen, die Leni mir aus den Höhen ihrer Angst in mein Stadthaus hinunterschickt. Während sie mir als feindlicher Bomberverband die Hölle heißmacht, verteidige ich mein Leben mit Wasser und Sand, Schaufel und Spaten, Beil und Stemmeisen, bin ich schnell und umsichtig und nie verzagt, bis Leni Entwarnung heult.

Dann erst läßt sie mich aus den Augen, dann erst entspannt sich ihr Gesicht, dann erst glaubt sie, daß sie auch aus einer siebten Stadt noch heil herauskommen würde, und ich kann den Rest des Tages andere Spiele mit ihr spielen. Momka sieht mich nicht gern mit Leni zusammen, Lenis Mutter ist vielleicht eine »Nazisse«, es ist gefährlich mit jemand umzugehen, den man nicht von Grund auf kennt.

An einem Abend im April gefrieren noch die Wasserpfützen. An diesem Abend kommt der Kirgise Nikolai Kusnezow zu uns. Leni hat schnell noch eine Glitsche für morgen hinter die Stallpforte gepinkelt und ist gerade nach Hause gerannt und ich bin noch beim Ausziehen, da hören wir ein Fahrrad auf die Kopfsteine des Hofes fallen. Momka rennt gleich nach draußen, weil sie denkt, es ist was mit meinem Vater.

Mein Vater ist »u. k.« gestellt und arbeitet in Zwölf-Stunden-Schichten als Dreher auf der Vulkan-Werft. Seine Schicht ist erst in drei Stunden zu Ende, und meine Mutter denkt, ihm ist etwas passiert, und ich weiß, warum sie solche Angst hat, ich weiß, daß das Schiff, an dem mein Vater mitbaut, bei der Probefahrt nicht mal bis Bremerhaven kommen wird, genau wie der Zerstörer vor einem Jahr, der weiter weseraufwärts bei der AG Weser gebaut worden ist, ich weiß, was sie machen in den Werften da.

Momka kommt mit Nikolai zurück, und der steht da und lacht und breitet die Arme aus, als wäre er bei uns für immer in Sicherheit, steht da mit zerschrammtem Gesicht und mit blutigen Händen und hat gerade das Radfahren gelernt auf dem Fahrrad des deutschen Obergefreiten, der ihn bewacht. Er hat das Rad einfach aus dem Schuppen genommen und ist losgefahren und kann noch nicht bremsen.

Momka und ich zittern wie bei Fliegeralarm, und Nikolai hört zu lachen auf und kann wieder leise sprechen wie damals, als er noch Nebelsoldat war in der Baracke schräg gegenüber und immer leise gesprochen hat, weil er gar nicht in unserer Küche sein durfte, und wenn wir dabei erwischt wurden, daß wir mit ihm sprachen, waren wir Volksverräter und konnten nach den »Kriegsgesetzen« bestraft werden. Die Nebelsoldaten waren 1943 gekommen, nach dem schweren Minutenangriff amerikanischer Bomber auf den Vulkan – precision bombing, der erste geglückte Teppichwurf der Amerikaner, und wenige Wochen danach Baracken und Nebelsoldaten in der ganzen Gegend und Säuretonnen an den Straßen und Sprühschirme auf langen Hälsen. Die Telefonbefehle aus der Nebelbaracke schräg gegenüber hießen »Magermilch« und »Vollmilch« und »Fensterglas«, und der Obergefreite Bargzecker hielt so etwas für Geheimsprache und brüllte es in die Gegend, so daß wir meistens, schon lange bevor es Alarm gab, über die »Luftlage« Bescheid wußten. Der künstliche Nebel deckte alles zu, und jetzt luden die Flugzeuge ihre Bomben überall ab, wo sie etwas vermuteten.

Bewacht von Bargzecker und einem Gefreiten lebten vier russische Kriegsgefangene in der Baracke schräg gegenüber, die mußten zu den weit entfernten Nebeltonnen rennen bei »Magermilch« und »Vollmilch« und durften keinen Stahlhelm tragen wie Bargzecker und der Gefreite. Wir hörten sie leise reden, leise lachen manchmal in der Geborgenheit ihrer eigenen Sprache. Alle paar Monate wurden sie ausgetauscht gegen andere Russen. Sie kamen heimlich in unsere Küche und verabschiedeten sich. Sie suchten nach Worten in unserer Sprache und fluchten unter Tränen vor sich hin, wenn sie uns weinen sahen.

Wir sind ihnen nicht »mit schweigender Ruhe und gelassenem Stolz« begegnet, und jetzt, zwei Jahre später, steht Nikolai wieder in unserer Küche, und sie werden ihn erschießen dafür.

»Fensterglas«, sagt Nikolai. Auf alles steht jetzt der Tod, und Nikolai sagt »Fensterglas«.

Leni und ich, wir haben am Heideweg hinter der Aue die Gräber gesehen, in denen die beiden polnischen Fremdarbeiter vom Heidehof gelegen haben, erschossen. Wer hat sie wieder herausgeholt? Jetzt sind nur noch zwei Sandlöcher da mit feinen Maserungen an den Sandabbrüchen, keine Spur sonst.

Und in diesem Augenblick schon kann Rieger hinter dem Fenster stehen. Er hat einen polnischen Namen gehabt aus lauter Rollen und Zischen und hat sich diesen neuen deutschen geben lassen und ist gleich Luftschutzwart geworden. Jetzt kann er abends ums Haus schleichen und kontrollieren, ob wir den englischen Sender hören. Natürlich hören wir den englischen Sender, aber nicht bei uns, unser Volksempfänger ist kaputt. Palomas Mann hat ein großes Radio mit Namen ausländischer Städte auf der Skala, wir hören den englischen Sender bei ihm in der Stube. Palomas Mann ist schwerhörig, er hält sein gutes Ohr direkt an den Apparat, aber manchmal dreht er vor Aufregung den Knopf in die falsche Richtung auf »laut«, und dann dröhnen die Klopfzeichen, mit denen der englische Sender sich meldet, durch das ganze Zimmer. »Wie aus dem Grab«, sagt Momka, und ich sehe, wie alle Toten ihren Zeigefinger krümmen und an ihren Sargdeckel klopfen, und ich fürchte dieses Geräusch beinah so sehr wie das Geräusch der Bomber und mehr als die Flaksalven. Erwischt man Rieger beim Horchen, redet er sich damit heraus, daß er prüfen muß, ob wir die Fenster ordnungsgemäß verdunkelt haben. Ich habe Angst vor Rieger. Nikolai nimmt mich in die Arme und sagt »Fensterglas«, aber ich merke, daß er es selbst nicht mehr glaubt.

Wir haben schon einmal Scherereien gehabt eines russischen Nebelsoldaten wegen. Der war von seinem Wachsoldaten über die Weser zum Schuhmacher geschickt worden und hatte die Gegend wiedererkannt und war losgerannt und gelaufen wie verrückt, damit die Zeit reichte für einen Abstecher in unser Dorf und in unser Haus.

Es war Jakob Alechworow, mein Jascha, der mir bei »Vollmilch« immer auf meinem Schulweg entgegengerannt kam und seine großen Hände über meinen Kopf hielt, wenn es Splitter regnete. Jascha stand auf der Türschwelle, und ich war allein zu Haus und wurde in einen Stein verwandelt. Dumm und stumm stand ich da, und es fiel mir nicht mal ein, ihm einen Platz anzubieten.

Die Fragen dann:

»Wie geht es ihm?«

»Er hat krank ausgesehen.«

»Hat er gesagt, was ihm fehlt?«

»Nein.«

»Hat er gegessen?«

»Zuerst wollte er nicht.«

»Und dann doch?«

»Ich hab ihm einen Waschlappen gebracht mit kaltem Wasser, und damit hat er sich das Gesicht abgewischt und den Nacken. Und dann hat er wieder besser Luft gekriegt.«

»Und dann gegessen? Was hast du ihm gegeben?«

»Wir haben doch nur Brot.«

»Dann ist er wieder weggegangen?«

»Noch nicht, wir haben geguckt wo Sonne ist und haben uns fotografiert.«

»Fotografiert? Bist du wahnsinnig?«

»Es war'n doch noch paar Bilder frei.«

»Wir müssen den Film verschwinden lassen.«

»Nein, bitte nein!«

»Hat euch jemand gesehen?«

»Einmal kam Palomas Mann, aber da haben wir uns hinter dem Schuppen versteckt.«

»Und dann?«

»Dann ist er gleich losgerannt wieder.«

Eine Woche später wurden meine Eltern auf die nächste Kommandantur bestellt. Jemand hatte Jascha gesehen und wiedererkannt und uns angezeigt, entweder Rieger oder Bargzecker.

»Bleib bei Paloma, wenn wir nicht zurückkommen«, sagte Momka. Wie kann Paloma mir helfen mit ihren verkrüppelten Händen! Soll ich mit ihr die Nächte durchheulen? Und ihr Mann versucht immer, mich »da« anzufassen, weißt du das? Ihr mit euren Lösungen im Ernstfall immer!

Sie kamen wieder, am Abend schon. Der Hauptmann auf der Kommandantur hatte sie nicht mal vernommen, nur eben die Papiere durchgelesen und gesagt, sie sollten nach Hause gehen und den Mund halten.

Wir hatten Glück gehabt, Jascha nicht. Die neuen Russen in der Nebelbaracke erfuhren, daß er in ein Straflager gekommen war, in welches, wußten sie nicht.

»Fahr bitte zurück, Nikolai«, sagt Momka, »es ist gefährlich.«

»Nicht gefährlich, Deutschland kaputt«, sagt Nikolai.

»Noch nicht genug kaputt«, sagt Momka, »es ist gefährlich auch für uns.«

Man hat nicht ein zweites Mal Scherereien eines Russen wegen und dann immer noch Glück.

Nikolai fährt zurück in sein Russenlager an der Weser, wo viele von den ehemaligen Nebelsoldaten hingebracht worden sind.

Bei Tauwetter fängt das Wasser des Grabens am Straßenrand träge zu fließen an. Es trägt oft seltsame Dinge mit sich. Ich gehe am Graben entlang und halte Ausschau nach diesen Dingen, da steht plötzlich Rieger vor mir. Ich grüße ihn nie. Beim Kaufmann stellt er jeden öffentlich zur Rede, der den Laden betritt, ohne Heil Hitler zu sagen.

Beim Ausschneiden der Lebensmittelmarken zittern der Kaufmannsfrau die Hände, wenn Rieger im Laden ist. Dabei hat ihr Mann doch ein Haus gebaut mit einem Hakenkreuz aus Klinkersteinen. Momka geht nicht in den Laden, wenn Rieger drin ist.

Wir haben noch nie miteinander gesprochen, Rieger und ich, aber diesmal macht er den Mund auf. »Mach Platz«, sagt er, »wenn anständige Leute kommen!« Ich stehe ganz am Grabenrand, er hat Platz genug. Rieger hat einen Schnapsatem. Ich sehe zu ihm hoch und merke gleich, das war falsch, ich hätte mich mit gesenktem Blick an ihm vorbeidrücken müssen, aber jetzt ist es zu spät.

Trotzdem kommt der Stoß überraschend, überraschend hitzig ist Riegers Wut, ich habe ihn immer für einen kaltblütigen Schleicher gehalten. Das Grabenwasser schlägt mir über dem Kopf zusammen, ich finde Halt an einem Grasbüschel und ziehe mich hoch. Ich stehe bis zu den Hüften im Wasser und sehe Rieger weggehen und komme aus dem Staunen nicht heraus. Dann zu Momka mit quatschenden Schuhen, den Rachen kratzig von Grabenwasser, die Kehle dick vor Empörung.

Mein Vater schläft noch, und sein Schlaf ist heilig, aber

diesmal geht Momka einfach in die Kammer und rüttelt ihn wach.

Mein Vater hat sich nur die Hose übergezogen und läuft barfuß aus dem Haus. Ein schneller kleiner Mann ist mein Vater. Ich habe noch immer meine nassen Sachen an. Momka zerrt jammernd an mir herum, dann läßt sie los und legt die Hände auf den Mund und reißt die Augen auf. Da kommt mein Vater gerannt, und hinter ihm ist Rieger, und Rieger hat ein Klappmesser in der Hand, ein großes, das man aufschnappen lassen kann mit einem Knopfdruck. Mein Vater rennt in unseren Holzschuppen. Rieger will ihm nach, aber mein Vater hat von innen den Haken vorgelegt. Rieger nuschelt Drohungen und hackt mit seinem Messer in das weiche Holz der Schuppentür. Unter der Tür ist ein breiter Spalt, mein Vater stößt durch diesen Spalt mit dem Stiel einer Axt nach Riegers Beinen. Warum nimmt er nicht die Klinge. Er hätte mich glatt ertrinken lassen, und dich wird er totstechen, und du bist noch nicht mal fähig, ihm in die Füße zu hacken!

Momka kramt in der Tischschublade nach unserem Klappmesser und versucht vergeblich, die Klinge herauszuziehen, dann läßt sie es fallen und greift nach dem Brotmesser. Momka läßt nicht zu, daß ihr Mann einfach erstochen wird, aber ich will auch nicht beide Eltern auf einmal verlieren, ich fange zu schreien an. Und dann kommt Rosa. Gott sei Dank, Rosa kommt.

Rosa schiebt sich durch die Besuchslücke im Buchenzaun, läßt unter Zottelhaaren die Bärenaugen wandern und versucht zu erfassen, was da vor sich geht. Sie sieht Rieger vor der Schuppentür, sieht das Messer in Riegers Hand, und ihr großer Körper kommt langsam ins Wiegen, langsam pendelt sie sich ein, und dann schreit sie: »Riiiiieger!«

Rieger erstarrt, macht eine schnelle Drehung, läuft ein paar Schritte, aber Rosa nagelt ihn fest mit einem zweiten Schrei. »Riiiiieger!« Momka legt das Messer in die Schublade zurück.

Rosas Bruder ist mit achtzehn Jahren gefallen. Rosas Mann, der sie von der Bremerhavener Fischereifabrik weg geheiratet hat, als sie schon fünfunddreißig war, ist wegen »Wehrkraftzersetzung« in ein Strafbataillon gekommen und auch gefallen. Rosas Vater ist an einem Schlaganfall gestorben, als die Polizei ihm das schwarzgeschlachtete Schwein von der Leiter holte. Es war Rieger, der ihn denunziert hatte. Alles haben die Nazis Rosa genommen. »Dood un Verdarwen!« schreit Rosa. »Dood un Verdarwen! Rieger, nu büst *du* anne Reeg!«

Rieger macht einen zweiten Ausfall. Er will an Rosa vorbei durch die Torfahrt entwischen, aber Rosa kann ihn noch hinten am Hemd packen. Die Schulternähte platzen, und Rieger mit seinem gefährlichen Messer will von Rosa loskommen und zerrt und wirft sich nach vorn, und der Hemdenstoff reißt, und Rosa steht da mit dem Rückenteil von Riegers Hemd in der Hand und biegt sich vor Lachen. Langsam kommt mein Vater aus dem Schuppen und schämt sich. Rosa klopft ihm auf die Schulter. Sie ist noch einmal so groß und noch einmal so breit wie er.

»Großangriff« üben Leni und ich nicht mehr. Bomberschwärme fliegen langsam und friedlich und feierlich über unser Dorf. Es gibt keinen Alarm mehr, kein Schuß kommt aus den Stellungen der Abwehrflak.

Nur ein Tiefflieger erwischt uns fast, Leni und mich. Er kommt die Straße entlanggebraust. Zum zweiten Mal in diesem Frühjahr lande ich im Graben.

Der Bordschütze tackert los. Zwanzig Meter weiter spritzt eine Fontäne hoch. Leni schreit hinterher »vorbeigetroffen!«, da dreht er um und kommt noch einmal zurück. Leni und ich klemmen uns unter die dicken Grasperücken am Grabenrand. Diesmal tackert es nicht mehr. Vielleicht denken die, wir sind tot. Leni springt in ihren nassen Klamotten herum und lacht. Dann sinkt sie plötzlich zusammen und weint. Ihr Vater ist an der Front von einem Tiefflieger erschossen worden, »getroffen« und nicht »vorbeigetroffen«.

Auf dem Vulkan wird nicht mehr gearbeitet. Mein Vater muß zum Volkssturm und ein paar Kilometer außerhalb des Dorfes eine Panzersperre bewachen.

Morgens liegen die Volkssturmmänner in unserer Küche und schlafen. Sie sind einfach weggegangen von der Panzersperre und gehen auch nicht wieder hin. Es sind alte Männer, mein Vater ist der jüngste. Einer hat den grauen Star. Er lacht am lautesten, wenn mein Vater vormacht, wie man mit ganz schnellen Bewegungen »langsam arbeiten«* kann an der Drehbank.

Wir haben wenig zu essen. Paloma steckt mir zwei Eier zu. Ihr Mann darf das nicht wissen. Warum eigentlich nicht – sie haben Eier genug jetzt im April, die Hühner kneifen nur bei Frost ihren Hintern zu.

Momka kocht Spinat aus Brennesseln, die Vögel machen Krach unter dem Strohdach von Palomas Haus, wir müssen noch immer die Fenster verdunkeln.

Vor Rieger habe ich keine Angst mehr. Wenn er frech wird, hole ich Rosa.

Ich wache auf, weil Pferdewagen auf der Straße fahren. Sechs oder sieben fahren hintereinander, Jauchewagen sind dabei. Es kommen auch Leute mit Handwagen vorbei und Radfahrer mit Milchkannen am Lenker. Rosa sagt, sie fahren zum »Valentin« und holen da Sprit aus großen Tanks, am »Valentin« wird nicht mehr weitergebaut.

Nachmittags kommt die ganze Karawane zurück. Jan, polnischer Fremdarbeiter auf dem nächsten Bauernhof, steht an der Kreuzung und verlangt Wegezoll. Er hat eine Flasche Wasser bei sich, das mischt er mit Sprit in einem großen Becher, und bald fängt er an zu singen, polnische Lieder. Manche Leute geben ihm nichts, weil sie selbst betrunken im Wagen liegen, aber einmal ist ein Pferd höflich und bleibt stehen und wartet, bis Jan sich einen Becher voll abgezapft hat.

Bei uns in der Diele sitzen zwei österreichische Soldaten, die haben eine große Karte ausgebreitet und wollen Palomas Mann zeigen, daß sie auf dem Vormarsch sind. Alle lachen, sogar Paloma. Dann hören die Österreicher von dem Sprit und gehen auf die Straße und tauschen gegen Kommißbrot und Dosenwurst zwei Milchkannen Sprit. Den Rest des Tages verbringen sie damit, das Zeug durch ihre Gasmasken zu filtern. Dabei trinken sie und werden lustig und singen. Aber sie werden nicht so

* »Langsam arbeiten« war eine schwer zu kontrollierende Form des Widerstands innerhalb der Rüstungsindustrie.

betrunken wie Jan, der von seinem Bauern mit der Schiebkarre weggefahren werden muß.

Auch am nächsten Morgen fährt wieder die Spritkarawane zum »Valentin« und auch am dritten Tag. Aber diesmal kommen die meisten mit leeren Gefäßen zurück, weil sie aus dem letzten Tank nichts mehr schöpfen mochten, es schwimmt ein Toter darin. Aber es gibt noch genug Leute, die sich nichts aus dem Toten machen, sie sagen: »Sprit reinigt alles!«

Im Lager Rönnebeck haben die Gefangenen den Lagerleiter erschossen. Alle Gefangenen sind frei jetzt. Sie haben nichts zu essen und tun sich zusammen und plündern die Bauernhöfe überall, manche haben Waffen. Paloma hat Angst, weil ihr Haus ein Strohdach hat. Dabei sind sie doch keine Bauern, in ihrer besten Zeit hatten sie mal zwei Kühe, aber die beste Zeit ist lange vorbei.

Am schlimmsten sollen die Italiener sein. Die sind in Sonderlagern gewesen und schlimm gequält worden, sagt mein Vater, schlimmer als die anderen Gefangenen, weil sie zuerst Verbündete waren und dann nicht mehr.

Aber wir haben keine Angst. Wir haben nichts, was sie uns wegnehmen könnten. Momka sagt, das einzige, was wir im Übermaß haben, sind Furunkel.

An einem Sonntagnachmittag kommen wirklich Italiener. Das Küchenfenster steht weit offen. Momka will es noch schnell zumachen, aber mein Vater sagt: »Laß!« Er holt seine Gitarre aus der Kammer und singt ›Santa Lucia‹, und die Italiener freuen sich und lehnen sich ins Fenster und singen mit, und dann ziehen sie weiter und singen immer noch, und Momka sieht böse aus und sagt: »Wir haben sie an der Nase herumgeführt!« Aber mein Vater wird auch böse und sagt: »Willst du sterben wegen ein paar besoffener Italiener?«

Im Dunkeln klopft Leni ans Fenster und sagt, ich soll mal rauskommen. Momka hört bei Palomas Mann den englischen Sender, und ich kann niemand mehr fragen und gehe einfach. Wir rennen die Sandstraße runter bis zum großen Kornfeld. Wo jetzt das Kornfeld ist, muß früher mal ein Haus gestanden haben, es gibt noch einen

Brunnen da. Als wir noch zur Schule gingen, haben wir oft Steine in diesen Brunnen geworfen und hinterhergehorcht. Es dauerte lange, bis sie unten waren. Leni sagt, ich soll mich mit ihr hinter die Büsche legen, dann werde ich gleich was sehn.

Und dann sehe ich es: Leute schleichen zu dem Brunnen. Sie haben Bilder unter dem Arm und Fahnen und alles mögliche. Damit treten sie an den Brunnenrand und werfen alles hinunter, Hitlerbilder und Fotografien von Stukas und Reichsparteitagen, und Fotos von ihren Kindern in HJ- und BDM-Uniformen, Parteiabzeichen und Ritterkreuze. Sie werfen das einfach in den tiefen Brunnen, und nun können sie so tun, als wäre nichts gewesen.

Wie die nächsten Leute angeschlichen kommen, singen Leni und ich hinter den Büschen ganz laut:

»... und wenn die ganze Erde brennt
und Schemberlein im Hemd rumrennt,
das kann doch einen Seemann nicht
erschüttern ...«

Und die Leute werfen ihre Sachen in den Brunnen und rennen weg.

Wir hören, daß Flüchtlingstrecks von Osten kommen. Viele Hausbesitzer vernageln Türen und Fenster und machen »blinde Zimmer«, damit sie keine von denen aufnehmen müssen, viele erinnern sich an Verwandte und holen die ins Haus, damit sie keine fremden Volksgenossen einquartieren müssen.

Wie es abends an die Dielentür klopft, denke ich, die Flüchtlinge sind schon da, aber es steht ein großer Russe mit einer Maschinenpistole vor der Tür. Palomas Mann weicht bis ans andere Ende der Dielentür zurück und fällt beinah in Ohnmacht vor Angst. Er klappt die Taschenfutter seiner Jacke und seiner Hose nach außen, damit die Russen sehen, daß er nichts mehr hat, daß er arm ist, daß es sich nicht lohnt, hier zu plündern. »Frau krank«, sagt er, »Frau krank!« Und sonst schert er sich einen Dreck um Paloma. Wenn sie die Nächte durchjammert, liegt er neben ihr im Bett und schnarcht.

Der Russe mit der Maschinenpistole macht ein strenges Gesicht und geht bis in die Mitte der Diele, und hinter ihm kommen Russen und Russen und Russen ins Haus – die ganze Diele ist voll. Ich kann nicht aufhören zu lachen, und Momka denkt vielleicht, ich bin verrückt geworden, aber Momka hat Mitja noch nicht gesehen. Er hat noch die grüne Uniformjacke der Nebelsoldaten an, aber keine grüne Hose mehr. Er trägt eine Trainingshose, die mal einem sehr dicken Menschen gehört haben muß. Er hat sich einen Gürtel umgebunden und sieht aus, als würde er in einem Blumenkelch stecken. Mitja ist aus Jaschas Nebeltrupp. Mitja lacht genauso gern wie früher.

Mitja will mit seinen Kameraden bei uns bleiben, mindestens eine Woche, bis sich alles beruhigt hat. So haben wir einen Schutz vor Plünderungen, und sie müssen nicht mehr im Lager bleiben. Danach wollen sie der russischen Armee entgegengehen, wie Nikolai, der läßt schön grüßen, der ist schon weg, der konnte es vor Heimweh nicht mehr aushalten.

Der große Russe gibt seine Maschinenpistole einem anderen und geht nach draußen und kommt zurück mit einem Fahrrad für mich. Es ist wie für mich gemacht, aber Momka verbietet mir, darauf zu fahren, weil sie es bestimmt jemand weggenommen haben. Ich sage, vielleicht haben sie es Nazis weggenommen, aber Momka sagt, ich darf es nicht nehmen, egal was für Leute es sind. Von dem Brot und der Butter, die sie mitgebracht haben, darf ich essen. Das ist nur Mundraub, sagt Momka, und für Hunger gelten andere Gesetze.

Es sind zwölf Russen. Wir nennen sie »die zwölf Apostel«. Sie tragen Stroh in den großen Schuppen und schlafen da. Sie machen ein Feuer im Hof, aber mein Vater geht hin und sagt, sie sollen es lieber ausmachen, weil immer noch Tiefflieger kommen. Sie kochen Kartoffeln in Palomas Waschkessel. Abends singen sie Lieder, die einen zum Weinen bringen. Nach zehn Tagen ziehen sie weiter.

Weit weg auf der anderen Seite der Weser hören wir Kanonendonner, jeden Tag ein bißchen lauter. Im Radio sagt jemand: »Wer die weiße Fahne zeigt, hat den Tod zu erwarten!« Einige Nazis aus dem Dorf tragen rote Streifen an ihren Jacken. Damit wollen sie zeigen, daß sie keine Nazis waren, sondern Kommunisten und Sozialdemokraten. Jeder im Dorf kennt sie, aber sie schämen sich nicht. Solche Leute schämen sich nie, sagt mein Vater.

Palomas Mann hat gehört, daß Hitler tot ist. Er soll zuerst Eva Braun erschossen haben und dann sich. Leni und ich sammeln Holz für ein großes Freudenfeuer. Wir müssen lange suchen. Der Wald ist wie leergefegt von all den Holzsammlern im Winter.

Die Engländer schießen schon über die Weser, man kann die Abschüsse und die Einschläge genau hören.

Zwei Tage später fährt ein englischer Panzerspähwagen die Straße hinunter, wendet und fährt wieder zurück in Richtung Bremen.

Momka nimmt die Verdunklungsrollos von den Fenstern. Ich frage, ob jetzt Frieden ist. Noch nicht ganz, sagt Momka, aber in unserer Gegend schon.

Leni und ich machen abends unser Feuer an. Die Amseln singen bis weit in die Dunkelheit hinein, in manchen Häusern sind die Fenster schon erleuchtet. Leni sagt, so wie jetzt müßte es immer bleiben, sie will gar keinen richtigen Frieden haben, der bringt nur wieder neue Scherereien.

Peter Rühmkorf
Notizen zwischen den Kriegen

1. Anfang März 1945: sie kehren die Reste zusammen und schleifen uns endgültig sturmreif. Bildungserlebnis: »Werden euch jagen, daß euch das Blutwasser im Arsch kocht« (Bannführer B.) und »Heilig Vaterland in Gefahren / Deine Söhne sich um dich scharen« (R. A. Schröder) als unverbrüchliche Einheit.

Einlagerung in eine Cuxhavener Oberschule gestattet bei Alarm Entweichen in die gut ausgestatteten Chemieräume (niemals Angst vor Bomben, immer nur vor den eigenen Leuten). Für *die* speziell stellte ich mir noch einige Sprengcocktails her – im Falle eines Falles ... Zum Beispiel, was bedeutete nun wieder dieser neue Gebietsführer (einer von denen mit dem irren blauen Blick bis hinter den Horizont und Zähnen, frisch gewienert wie 'n Patronengurt)??? Auf jeden Fall nichts Gutes. Zeigte uns seinen Armstummel wie eine kostbare Trophäe vor, wie ein Beutestück. Wie ein Nationalheiligtum, auf das wir schwören mußten. Dann Abnahme Freiwilligmeldung einfach in Form von Jawoll-Parade. Konnten allerdings noch um die nächste Zwischenstation feilschen: entweder RAD kurz hinter der Front bei Aurich oder ins Wehrertüchtigungslager in die nahe Wingst. Nur Mut! Von der Straße nach Neuhaus runter konnte man den spitzen Kirchturm von Warstade sehen. Da wollte ich hin.

2. Ende März/Anfang April: Sofortmaßnahme Lagerräumung und kompletter Sortimentsumschlag. Hatten über Nacht hundertfünfzig minderjährige Kriegskrüppel herangekarrt, Armlose, Beinlose, Hirnverletzte, Rollkarrenjungens, Krückenbubis, vollbandagierte Vierzehnjährige mit Eisernen Kreuzen am Gips und silbernen Verwundetenabzeichen, das waren jetzt unsere Vorbilder. Man ließ uns auch sofort gemeinsam antreten, Auge in Auge. Verfügte, daß wir jetzt praktisch in den wichtigsten Kriegskünsten erfahren seien und uns um-

gehend zu einem Sondereinsatz melden sollten, freiwillig versteht sich. Allerdings – und dabei hob sich die Stimme unseres Lagerleiters Göthe zu wahrhaftiger Hitlerhöhe – dürfe er annehmen, daß die zum Heldentod für Führervolkundvaterland Entschlossenen schon dafür sorgen würden, daß die Drückeberger in der Heimat diesen Krieg nicht trocken überlebten. In diesem Sinne ließ er nur noch mal pro forma abzählen: Freiwillig? – Jawoll! – Freiwillig? – Jawoll! – Freiwillig? – das kam wie Granateinschläge immer näher und näher und staute sich schließlich wie eine ungeheure Druckwelle, wie eine Luftminenexplosionswelle vor mir auf: FREIWILLIG? – – – und: Nein. (Ihr könnt mir heute viel erzählen, ihr Brüder von der Offiziersgeneration. Von euch wird 'ne 1a-demokratische Führung erwartet, in alle Ewigkeit, und was Militär angeht, sollt ihr euer ganzes Leben lang die Schnauze halten.)

3. Waren unser drei oder vier von vielleicht hundertzwanzig, die sich nicht gemeldet hatten, und warteten eigentlich nur noch auf den Heiligen Geist in Form von Mord und Totschlag. Saß dann eine halbe Nacht lang – Spaten zwischen den Fäusten, Siebenfünfundsechzig in der Tasche – im Spind des Krankenreviers (wo die Neutralen lagen) und lauerte auf Kundschaft. Wurde vermutlich nur durch die absolut perfekte Organisation gerettet. Bestellte Lastwagen brummten heran, die bestellten Freiwilligkeiten in Empfang zu nehmen, und unsere todesmutigen Halbirren waren eher auf der Schlachtbank, als sie gedacht hatten. Am nächsten Morgen: Revieratmosphäre, doppelte Rationen, Hagebuttenkakao, Kunsthonig und Ausbilder von einer sehr bestimmten, höchst geschäftigen Geistesabwesenheit. Erfuhr dann später, daß sie sich samt und sonders nach Bayern abgesetzt hatten. Mit Zivil im Gepäck natürlich.

4. Die letzten paar Wochen, vielleicht nur noch Tage, *aber:* VORSICHT! VORSICHT! Ein paar Dörfer weiter hatte jemand aus der »Volksopfersammlung« (das war so der letzte zusammengekratzte Taschengrund des Volksvermögens) eine Feldflasche entwendet (einige sagten:

»Nur den Deckel!!!«), den hatten sie sofort unter Ausschluß des Rechtsweges umgelegt. Und ein paar Zimmer weiter im Schulhaus, das wir bewohnten, türmten sich solche Nachlaßschätze haufenweise. Machte mich ungeachtet der Lebensgefahr ans Requirieren. Entwendete und reprivatisierte erst mal einen ganzen Sack voll Ledergamaschen (zum späteren Stiefelbesohlen), dann Schützenjacken im Dutzend, SA-Mäntel, Wolldecken, Buntmetall, zwei Hirschfänger, einen Trommelrevolver (12 Millimeter), eine Elektrisiermaschine, eine Hängematte (für die schönen Friedenstage), Kochgeschirre, Angelruten, Maulwurfsfallen (mit was die alles noch den Krieg gewinnen wollten!). Und du meine hehre Nation, meine herrliche Volksgemeinschaft würdest jetzt mal 'n bißchen dalli zugrunde gehen und ohne dicke Regreßansprüche. Dabei gab es immer noch genug gemeingefährliche Beknackte. Jetzt hatten sie sogar noch zwischen Bülows und Früchtenichts Mauer eine Panzersperre hochgezogen, von wo aus ein übergekarrter Marineoffizier das Reich zurückerobern wollte. Auch ausgemergelte Volkssturmopas gondelten auf klapprigen Fahrrädern hin und her, von Pimpfen befehligt, mit Karabinern ausgerüstet und schwer mit Panzerfäusten behängt. Sie mußten aber schon pausenlos in Deckung gehen vor den flinken Jabos, die uns für diesen Blödsinn Bomben in die Gärten schmissen und Löcher in die Dächer schossen. Die forcht ich ja nun nit. Hatte nur einmal einen Anflug von Todesangst, als ich in meinem Oberstübchen beim Experimentieren war, und sie schossen mir mit Bordkanonen zwischen die Erlenmeyerkolben.

5. So. Jetzt ist alles klar. Hamburg hat kapituliert, der Gauleiter Kaufmann kampflos aufgegeben, und unser flaches Land zieht nach. Wo einmal Hitlerbilder hingen, werden die dunklen Stellen mit alten Hochzeitsfotos abgedeckt, mit frommen Bibelsprüchen. Und Tag und Nacht ziehen Bollerwagen durch das Dorf, auf die man die inzwischen wertlos gewordenen Glaubensartikel werfen kann: ›Mein Kampf‹, ›Mythus des 20. Jahrhunderts‹, ›Hilf Mit‹, ›Die Jugendburg‹, dem Hoffmann

seine diversen Fotobücher, Lyrikbändchen von Anacker, Vesper, Schirach (Baldrian von Schmierarsch, wie der höhere Volksmund damals sagte). Und ich nahm mir auch davon. 1. Weil die, die die anderen fürchteten, von mir sehnlichst erwartet wurden, und 2. um der sicher bald verblassenden Erinnerung mal hilfreich unter die Arme greifen zu können. Als um den 11./12. Mai die englischen Panzer einrollten, unwiderruflich, bestimmt, vom besten britischen Stahl, da ließen Bülow und ich die ganz großen weißen Begrüßungsbettlaken wehen. Wir hatten gesiegt.

6. Da standen sie nun herum vor Breuers Schafstalltür, als wären sie frisch da herausgekommen, und studierten die Bekanntmachungen der Militärregierung und die Plakate mit den KZ-Fotos: Nee, door hebbt wi nix von weeten. Aber als sie Jakobjud abholten, meine Damen und Herren Nixwisser?! Als sie Dantzer aus Otterndorf nach Neuengamme brachten und als der schließlich wiederkam, nach Jahren, den Mund vernagelt, und alle sich erzählten, der erzählte nichts. Als sie die Russenwaggons bei Stade auf dem Abstellgleis hatten verrotten lassen, und wie viele hatten das nicht weiter- und herumgeflüstert: die hätten zuerst noch Seife und schließlich sich gegenseitig angefressen. Oder als sie den Polen aufgehängt hatten, der eine Liebe gehabt hatte zu einem Mädchen aus Lamstedt. Und unser Freund Hans Knut, ein dorfbekanntes Herzblatt, der war doch auch nicht gerade schüchtern umgegangen mit seinen Erlebnisberichten: damals, im Generalgouvernement, die kleinen Judenmädchen, immer sehr behutsam, aber *massenweise*, »Komm, nimm doch mal dein Zöpfchen hoch« und dann: *Zack, weg!* Und jetzt war es keiner gewesen, keiner überhaupt was gewesen, hatte niemand was gewußt, nicht einmal der, den sie immer noch mit einem Hauch von Ehrerbietung »Aatsche« nannten.

7. Immerhin: »Die Idee war gut, nur die Ausführung schlecht«, mit solchen Eskamotagetricks rangen sie unermüdlich um ihre kaputte Identität. Und mit solchen zukunftsweisenden: Churchill selber sollte kürzlich ge-

sagt haben, eigentlich hätte man doch das falsche Schwein geschlachtet. Pack! Kroppzeug! Unbelehrbar außer vielleicht mit der Hundepeitsche. Vierteilen sollte man euch. Zumindest dieses Land, das euch hervorgebracht hat.

8. An Abrechnung, wie wir sie uns in schweren Stunden einmal vorgestellt hatten, war dabei nicht zu denken; die hatten sich überdies die Engländer vorbehalten, die nun in Haft nahmen und ins Umerziehungslager Fallingbostel brachten, was zufällig als dicker Dienstrang in ihren Listen stand. Zum Beispiel den Zahnarzt Braunstein, nicht zu fassen. Und zwei Dörfer weiter warfen sie einen Lehrer aus dem Amt, weil der den Schülern das Märchen ›Von einem, der auszog, das Gruseln zu lernen‹ vorerzählt hatte (»Mit Totenköpfen Kegel spielen – Verbrechen gegen die Menschlichkeit«). Und als wir alten Stibier nochmal auf dem Stader Flugplatz requirieren gingen, paar alte Wehrmachtsröhren sammeln, da stellten sie uns mit MPis und sperrten uns in Arrestzellen. Arschlöcher! Hier haben wir schon geplündert, als es euch noch gar nicht gab, das heißt, als ihr bestenfalls lustig von oben aus der Luft... Merkten bald, daß sie uns als Bundesgenossen gar nicht auf der Rechnung hatten. Die pickten sich selbst 'ne Art von Hautevolee raus, die mehr nach ihrer Mütze war, parteilose Musterschüler, liberale Lackaffen, Feintuer, Frommtuer, Schöntuer, pfäffische Neudemokraten, gepflegtes Bürgertum. Ging oft in ihre Diskussionsclubs, aber nur, weil sie da ihre Navycut- und Wild-Woodbine-Schachteln kreisen ließen (die Wohlverhaltenswahrung); aber als ich ihnen mal einen »christian communism« auf englisch ausmalte, vereisten gleich sämtliche Gesichter. Das Eis ist bis heute nicht gebrochen.

9. Inzwischen war das obere Niedersachsen zum Internierungsgebiet erklärt worden, und die entwaffneten Hitlersoldaten sickerten in Form von Mitbewohnern, Hausfreunden, Liebhabern, Nennonkels, Vaterersätzen, Organisationskanonen und Freizeitgestaltern in die von Männern entblößten Privathaushalte ein. Das Zusam-

mentreffen von Grundbevölkerung und Kapitulationstruppen bedeutete – und das im Gegensatz zum Gegensatz von Einheimischen und Flüchtlingen – die interessanteste Amalgamierung einer Ackerbau- und Viehzucht- und einer Jäger-, Sammler- und Wegelagererkultur. Offiziell in eine Zwangsbewirtschaftung mit Markenwesen, Bezugscheinregelung und Sonderzuteilungen eingespannt, entwickelten sich unterderhand bald wirtschaftliche Verkehrsformen abseits einer kaum das nackte Leben garantierenden Legalität. Entwendete Wehrmachtsbestände (Zeltbahnen, Fallschirmseide, Benzinkanister, Rohzucker, Butterschmalz) wurden, umgewendet (Tarnstoffjackeletts, durchsichtige Damenblusen, Destillationsapparate, Sahnebonbons), in den allgemeinen einfachen Tauschhandel eingebracht; Obst, Eier, Kartoffeln, Tabak, Zuckerrüben, Lebendvieh und Frischgemüse fluteten zurück, zum Teil, um später veredelt (zu Schnaps und »Swattem Krusen«) neu in den Handel neben dem Handel einzufließen. Bei alledem blieben kriminelle und halbkriminelle Versorgungsformen nahezu lebensnotwendig. Neben die Schwarzschlachterei trat gleichberechtigt der Viehraub und das Wilderertum, dem Stubbenroden gesellte sich die Raubholzung und der organisierte Überfall auf Kohlentransporte, und auch die unter alliierte Kontrolle gestellten Kleiderdepots und Rüböllager wurden in strategisch durchgeplanter Maßarbeit überfallen und ausgeraubt; und dieser Kampf ums bloße physische Überleben war es denn auch, der mich meinem Volk wieder sehr nahe brachte.

10. Entsprechend den vorläufigen und instabilen Wirtschaftsformen entwickelte Kultur sich ebenfalls als Ex-und-hopp-Kultur – ein irisierendes Sankt-Elms-Feuer über dem schwankenden Markt und den vibrierenden Tauschwerten. Dies war die große Zeit der Tausendkünstler, Brettlbegabungen und Kleinkunstspezialisten. Einem drittrangigen Schmalzgeiger konnte es gelingen, sich flüchtig zu paganinihaftem Ruhm hochzufiedeln; ein wendiger Strichtenor entfesselte Beifallsorkane mit zwielichtigen Vorkriegsreminiszenzen; Schnelldichter

und Schnellzeichner eroberten die Gasthausbühnen und, nebenbei, die Herzen der Kriegerwitwen und der auf Elitefiguren und Einzelkämpfer bereits vortrainierten BDM-Mädchen. So wurden im Zuge einer fast kopflosen Kulturenverschmelzung auch die bodenständigen Moralbegriffe unterminiert und eingefleischte Enthaltsamkeitstugenden durch Artistik zersetzt. Trotzdem war es für diese unsere kulturelle Trockenzone natürlich schon ein Kolonisierungserfolg erster Ordnung, daß sich so etwas wie ein Überbauleben entwickelte. Der Landkreis Hadeln, von tieferen Kultureindrücken oder feineren Luxusvorstellungen vergleichsweise unbehelligt, wann hatte er überhaupt in seiner Geschichte, wann zuletzt mit Kunst, Kultur und Geisteswesen Kontakt gehabt? Hier hatte Arp Schnitger mal eine Orgel gebaut, in Altenbruch, aber das war jetzt auch schon über zweihundert Jahre her; dann Voß, in Otterndorf, mit seiner Odysseeübersetzung; dann nach einer ganzen Weile gar nichts Alfred Vagts, der Expressionist aus Basbeck, der aber auch ja in Basbeck nicht geblieben war; und dann nur noch die Lesereise von Rudolf Kinau um den Dreh 42/43. Nun strömte es auf einmal aus allen Richtungen des ehemaligen Reiches herein, zwar immer noch graueröckig und beschränkt in seinen Ausstattungsmitteln, aber mit unzählbaren Zungenschlägen, seltsamen Talenten, nie gesehenen Fertigkeiten, ausgefallenen und unerhörten Pointen. Auf holprigen Dorfboulevards wetteiferten sämtliche deutschen Dialekte, in den von Tabakgirlanden gesäumten Schulstuben und Gemeindesälen produzierten sich Hypnotiseure, Philosophieprofessoren und Tierstimmenimitatoren, und auf der Almende, unter der Wotanseiche, konkurrierten bayerische Schuhplattler mit sächsischen Coupletsängern, Bauchredner aus dem Rheinland mit Tricktrommlern aus Berlin, Wiener Freiluftgeiger mit Hamburger Kontorsionisten. Eine Etage tiefer, eine Idee näher am Boden und an der powren Wirklichkeit herrschte aber auch noch Gesang. Der kam direkt vom niederen Volke her, aus dem Mund des Schützen Arsch, dem immer unten Gehaltenen, selbst jetzt im Frieden noch mit Strafexerzieren und Hängolin in der Graupensuppe:

»Den Mund zum küssän bereit!
Eine Hand unterm Kleid!
Ca-ramm-ba!«

11. Auf dem Schulhof vor unserm Haus allerdings nach wie vor Exerzierübungen, Morgen- und Abendappelle, Aufrechterhaltung Grußpflicht und Ahndung Disziplinverweigerung. Dann erste wichtige Einblicke in Zusammenhänge, anscheinend modellhafte, von militärischer Niederlage, physischem Hunger, sexueller Frustration, Egalitätsbegehren und Privilegiertenhaß auf seiten der Unteren – und konterrevolutionärer Abwiegelung von oben her. Als einem Gemeinen der Prozeß gemacht werden soll, weil er einem Oberleutnant die militärische Ehrenbezeugung verweigert hat, als man ihn gar im Trockenturm des Spritzenhauses einbunkert, stehen Meuterei und Revolution vor der Tür. Schwarze Listen mit Namen unliebsamer Offiziere gehen um. Auf Lühmanns Schleifstein werden bereits Standmesser (seinerzeit verboten) und Spaten angeschliffen. Dann heißt es plötzlich, daß hinter den Offizieren die Besatzungsoffiziere stünden, dann patrouillieren auf einmal schwerbewaffnete GIs vor den Krisenquartieren und Unruheherden. Dann werden Rationen reduziert und auch die Curfew radikal herabgeschraubt. Falle meinerseits von einem neuen Staunen ins andre.

12. Erst Mitte 46, als die Bahnen wieder regelmäßig fuhren, begann für uns wieder die alte Schule, das heißt das alte Elend. Schrieb es ihnen später andeutungsweise in den Abitur-Bildungsgang: »Da war viel Kokettieren mit der alten markigen Gesinnung oder schlecht geschauspielerte Demokratie.« Kotze! Es war natürlich viel schlimmer. Fortgeschoben, das hieß nicht *aufgehoben* waren gerade eben ihre übelsten Merksprüche »Wer ein Volk retten will, kann nur heroisch denken« und »Deutsch sein heißt, eine Sache um ihrer selbst willen tun« – und eher süffisant-zynisch als verlegen oder gar befreit wünschten sie uns nach dem letzten »Heil Hitler« jetzt den ersten neuen »Guten Morgen«. Sie versenkten sich in alles mögliche Alte, nur um nicht an die

jüngere Vergangenheit zu rühren. Sie verdonnerten uns zum sinnlosen Datenverarbeiten, um ja nicht Zeit zum Fragen aufkommen zu lassen. Und ein Deutschlehrer, der Begau hieß, konnte uns ohne Widerspruch von unten oder oben die Frankfurter Handelsbilanz von 1929 zum Aufsatz geben. Zwar versuchte ich, ihm in einem Nachwort das Thema und die Ignoranz solcher Themenstellungen überhaupt um die Ohren zu schlagen (»Was ist heute Frankfurt am Main? Eine Stadt, die in Trümmern liegt wie tausend andere. Keinem nützt es mehr, zu wissen, ob einmal brasilianischer Tabak und wieviel an chinesischem Reis eingeführt wurde. Nur manchmal lautet ein Schulaufsatz, als sei es Sarkasmus: ›Frankfurt am Main als Handelsstadt‹.«), nur wer dann wirklich rechtskräftig zuschlagen konnte und schlug, waren die Pauker, mit Schandzensuren und Gesinnungsnoten, damit hielten sie uns an der Leine. Als mich später gar Turn-Tiedemann (der hatte zur Zeit der Kakerlakenherrschaft mit antisemitischer Hetze promoviert) vom Barren runter-ohrfeigte, wußte ich endgültig, was die Stunde geschlagen hatte, mit Fraktur geschlagen: »Und Ihr habt doch gesiegt.« Das aber war der Text auf der alten weinbraunen 24+26-Pfennig-Nazibriefmarke von Dreiundvierzig. Das waren nicht wir.

13. 1946/47: Schwarzhandel anhaltend, nebenbei Versuche, als Stehgeiger auf Dorftanzböden Fuß zu fassen. Als Dichter und Denker allerdings nur von der Hemmoorer Falkengruppe akzeptiert. Schrieb für das interne Sangesbedürfnis deutsche Texte zu dämlichen Amischlagern und für den öffentlichen Dienst Agitationssongs, Antikriegslyrik.

Mit Herz und Hand

Mit Herz und Hand fürs Vaterland
Es bleibt das Hirn daheime
Das liebt nicht solche Reime

Mit Herz und Hand fürs Vaterland
Das Herz sitzt in der Sappe
Die Hand liegt an der Kappe

Mit Herz und Hand fürs Vaterland
Verbannt das Hirn das schlappe
Dann halten sie alle die Klappe

Ich aber sage

Ich aber sage euch: es wird Friede auf Erden
Erst wenn aus Stahlhelmen Nachttöpfe werden

Wenn die Soldaten aller Staaten
Wieder Friseure werden, Arbeiter, Bauern und Prälaten

Wenn die Reichen nicht mehr in Macht machen können
Wenn die Kasernen wie gestern die Synagogen brennen

Wenn an den Lokalen steht: für Patrioten
Eintritt verboten!

Wenn die letzte Uniform sich vorm maßlosen Lachen verkriecht
Wenn eine Frau nicht mehr den schmucken Folterknechten erliegt

Wenn das Volk, zu lange von Parasiten geplagt,
Seine Offiziere und Generäle in die Wüste jagt

Wenn als die letzten Befehle erschallen:
Friede auf Erden und den Menschen ein Wohlgefallen!

Der Feldherr

Der Feldherr hat sich gewaschen
Die Hände nach der Schlacht
Er säuberte seine Gamaschen
Und hat sich fein gemacht

Er leerte seine Taschen
Denn er hatte viel mitgebracht
Und leerte viele Flaschen
Der Feldherr nach der Schlacht

Die Damen kamen zu naschen
Der Feldherr hat gelacht
Die in der Verhaue Maschen
Schrien die ganze Nacht

Das Bleibende: gewissermaßen Urerlebnis von tanzwütigen Bauern, die unsere kleine Brettlbühne stürmen, die Dekorationen zerreißen und »Musiiiiik« schreien. Seitdem vorbehaltliches Mißtrauen gegenüber Bauern-Aktionen und nachhaltiges gegenüber »Musiiiiik«. In privater Konsequenz: Rückzug auf deutschen Expressionismus und subjektivistische Sachlichkeit.

14. Leitfossilien, Ende 47/Anfang 48, allgemeine und private: Die herausgeschlagenen Nazi-Embleme an den öffentlichen Gebäuden (aber auch als Negativ noch immer mit dabei) – Die Zigarette »Sondermischung« und die Fermentierdosen für den selbstgebauten »Schreberschreck« – Eine Schwimm- und eine Tonseife mit dem Aufdruck RIF – Die Zeitschriften ›Athena‹ und die ›Nordwestdeutschen Hefte‹, ›Die Aussaat‹ und der ›Pinguin‹ – Großvaters Stiefeletten mit dem Aufkleber, wo der große Zeh durchgewachsen war – Die ehemalige Wehrmachtsröhre RV 12 P 2000 und die amerikanischen Typen 12 A6 (im Austausch CL 2), 12 C2 (im Austausch EFB 11), 12 SK 7 (im Austausch CF 3) – Der ewige Alu-Kamm in der Wolldeckenhose mit aufgenähter Bügelfalte – Eine Rosinenpampe, die Schulspeisung hieß –

Das ›Manifest der kommunistischen Partei‹, Verlag NEUER WEG G.M.B.H., 1946, und Kurt Hillers ›Geistige Grundlagen eines schöpferischen Deutschlands der Zukunft‹, Rowohlt Verlag GmbH, Juli 1947 – Die Gummischarniere am Kaninchenstall und am Geigenkasten – Eine entschirmte Marinermütze als Wagner-Barett – Die großlippig-langnasige Concierge beim britischen Informations- und Propagandazentrum »Die Brücke« – Der Verkauf von selbstgebauten Radios im Hamburger Puff (eine Nummer plus Zweitausend Mark) – Das anmutige Geklapper von geteilten Holzsohlen auf dem Stader Bahnsteig – Lektüre Soergel ›Im Banne des Expressionismus‹ und zunehmend selbst gebannt – Herausgabe ›Die Pestbeule‹, Zeitschrift in einem Exemplar (Zusammen mit Ulrich Paar und Klaus von Borstel) – Privatistische und Tendenzlyrik alternierend ohne Möglichkeit, sich selbst und die Gesellschaft gemeinsam zu begreifen:

Verzeihung, haben Sie …

Verzeihung
Haben Sie den Menschen gesehn?
Zwischen Bittesehr und Dankeschön
Ein wenig Mode ein wenig Müller
Als Lieblingsdichter Friedrich von Schiller
Von 18–20 revolutionär
Pubertät zu Ende Abitur Militär
Zu Befehl!
Das Gewehr
98
Hat einen brünierten Lauf
Einerseits schießt man andrerseits spießt man
Lehrer Friseure Arbeiter auf
Was gibts sonst neues?
Kinos und Kirchen zur Erbauung
Das Herz intakt noch klappt die Verdauung
Bis auf die Juden –
Sonst Keller Storm und Meyer
Die Füße im Feuer

Und wie man's schreibt im Duden
NSU HSV SRP
DP NWDR
Dr. hc BBC
Fahn und Sä-
Bel und noch mehr
Und dann grüßen Sie bitte recht schön!
Aber vorher Füße abtreten!
Stiiiiistannnnn!
Wir treten zum Beten –
Verzeihung
Haben Sie den Menschen gesehn?

Homo sapiens

Lebt nie allein
Öfter zu zwein
Meist in 3er, 6er und 12er-Reihn
Lernt Sprechen um Kommandieren zu können
Lernt Laufen um Marschieren zu können
Im gleichen Schritt und Tritt
Irgendwo mit:
Erst in den Tempel dann aufs Pissoir
Erleichtert nachhaus Kartoffeln sind gar
Komm Herr Jesus und so weiter
Danket dem Herrn dann bleibt er heiter
Hände gewaschen Haare gemacht
Das Vaterland ruft rasiert in die Schlacht
Begeisterung:
Aus Betten gebrüllt
Ins Feld geschickt auf Flaschen gefüllt
Hurrah!
I-ah!
Wauwau!
Vivat!
Ein Arm ab made in Stalingrad
So hat dann jeder Tote
Seine persönliche Note –

FRIEDE
Trümmer und Schrott
Nun danket alle Gott
So ist's recht:
Die Idee war gut, nur die Ausführung schlecht
Nie wieder eine Weltanschauung
Nur noch Geschlechtsverkehr und Verdauung
Bald hat man sein altes Gewicht
Füllt wieder Anzug und Hut
Vielleicht einen Ärmel nicht
Doch Prothese steht manchem recht gut
Morgen ist alles vergessen
Bomben und Blut
Komm, und setz dich zum Essen!

15. Mitte 48: Währungsreform plus erste Anzeichen einer Zwangsneurose. Unternehme mit Ulrich Paar (siehe ›Pestbeule‹) eine Radwallfahrt nach Worpswede, meine erste Bildungsreise. In Farbe und plastisch die Erinnerung an mißtrauische Bauern, die das neue Papiergeld mit wahrhaftigen Pinzettenfingern anfassen. Ungebrochen gläubig dagegen Blick auf alte Eier-Währung. Schlafen nachts im dörflichen Beinhaus auf schwankenden Sargdeckeln. Beginnen Gespenster zu sehen und zerstreiten uns lebensgefährlich wegen kunstideologischer Meinungsverschiedenheiten. Sitze im Baum der Kulturgeschichte der Menschheit gerade auf dem ausladend einsamen Hiller-Ast, während Paar entschieden anarcho-vitalistische Anschauungen vertritt. Prügeln mit den Luftpumpen unserer Fahrräder aufeinander ein. Niederschläge der Hiller-Lektüre, außerdem in zahlreichen Schulaufsätzen.

16. Ostern 49 sitzengeblieben mit der Note Mangelhaft in: Latein, Mathematik, Geschichte, Biologie, Sport. Obwohl wir als Gruppe sitzenbleiben, wurde dennoch unser Kunsttrupp folgenreich auseinandergerissen. Ulrich Paar gab das Malen, von Borstel das Dichten auf, und ich blieb allein auf der Welt mit meinem Notizbuch: »Der Kalif von Kalifornien – in Sekten/Insekten –

Wortspieler/Sportwühler – Der Philphras – Das Niedersachsophon – TSV Sodom gegen FC Gomorrha – Herr Ober, zwei Lethe – Kunst ist wo man einen bei hoch kriegt – Einwortsonette herstellen: zum Beispiel: Bazillen / kommen / Pastillen / genommen und so weiter – Frohe Ostern, frohe Western – Mähmaschine Hein & Co – GOTT: Gottfried, Otto, Theodor, Theodor – Wir tragen den Tod in der Brust und eine Blume im Knopfloch – Drama ›Sodom‹ mit Figuren ›Herr Genügend‹, ›Fräulein Befriedigend‹, ›Frau Ausreichend‹ und so weiter – Meine Wirbelsäule als Weltenachse – Drei Worte nenn ich euch inhaltsschwer: ›Volk ans Gewehr‹ – Der Himmel hängt voller Galgen – Alle die Abende für Einsfuffzig und mehr – Dieses war das 3. Reich, doch das 4. folgt sogleich – Ode an Armstrong schreiben – Plastiken aus Pertinax herstellen – L'art pour l'art? Nein! Das Institut für Heimplastik bietet dem Liebhaber naturgetreuer Kunstgegenstände eine Anordnung von Haushaltsartikeln in garantierter künstlerischer Form, zum Beispiel Kaffeeservice, Handspiegel, Zigarettenreste, Präservative, leere Zahnpastatuben, Flaschenscherben: geschmackvoll komponiert und auf einer Unterlage befestigt ... Für Kriegsteilnehmer könnten wir etwa folgendes Arrangement empfehlen: EK I, Glasauge, Fahnenreste in den jeweils gewünschten Landesfarben, das Ganze, in Stacheldraht gerahmt und mit Original-Blutspuren versehen, dürfte eines starken künstlerischen Effekts auch auf Außenstehende ... Du Gott des Überwitzes / Die Ernte füllt das Haus / Wir harren nur des Blitzes / Streu du die Seuchen aus / Du Gott des Bruderseins / Wir sind uns alle eins – Zeitungsnotiz ›Rudel und Galland fliegen wieder‹ als Zitat montieren ...«

Rudel und Galland fliegen wieder
Vergeßt nicht über dem Großen:
Schmidt und Tietje hungern wieder
Und die andern Arbeitslosen

Ja, Schmidt und Tietje hungern wieder
Und das ist so ungeheuer

Viel wichtiger als daß Galland fliegt
Und Rudel sitzt am Steuer

Denn wenn Rudel fliegt und Galland fliegt
Die erheben sich über die Trümmer –
Aber Schmidt und Tietje bleiben unten zurück
Und hungern und lungern noch immer

Und ich war da

Und ich war da und da warst auch du
Und da hörten wir einen schrein
Dann banden sie ihm die Schnauze zu
Und ich war da und da warst auch du
und keiner von uns sagte nein

Und du warst da und da war auch ich
und wir wußten genau was geschah
Dann riefen sie mich und dann fragten sie dich
Du warst dabei und da war auch ich
Und dann sagten wir beide ja

Und ich bin da und da bist auch du
Und wir haben ein Menschengesicht
Bald binden sie uns die Schnauzen zu
Ich bin bei dir und bei mir bist du
Doch wir helfen einander nicht

Und du bist da und da bin auch ich
Als Diener am Schafott
Und wenn man auch uns die Wirbel bricht
Dann schrei nicht nach mir auch ich rufe nicht
Nach dir oder Gnade und Gott

Günter Seuren
Der Krieg stirbt langsam

Der Spruch auf der weißen Kachel an der Wand sollte uns Überlebenden den Rücken stärken: »Der Himmel bewahre uns vor Wetter und Wind und vor Kameraden, die keine sind«. In der Totenecke hing das übergroße Männerfoto, über der Bildkante ein schräger Trauerflor. Plötzlicher Heldentod durch Volltreffer auf Panzerabwehrkanone bei Smolensk 1941. Ein Onkel auf der Tapete. Der hatte versagt, der russische Panzer war ein paar Sekunden schneller, und deshalb hatten wir, aber das verschwieg ich, einen Erfolglosen unter uns, der schon tot war, bevor er selber einen Volltreffer verbuchte.

Wenn ich zu ihm hinsah, erdrückte der schattige Stahlhelm einen Gefallenen, der wie ein Verunglückter durch die Glasscheibe sah und sich entschuldigte für das vorzeitige Ende. Die Frauen wischten mit Staubtüchern den Fliegendreck vom Glas. Alles an ihm war auf einmal so untödlich, nicht mehr todbringend für die anderen, so unsportlich, nutzlos. Er hatte auf Manöverfotos so unschlagbar, so verliebt ins Siegen neben seiner kleinen, zähen Kanone gestanden, daß man dachte: Der bringt uns weit. Unaufhaltsamer Vorstoß. Der knallt Löcher in Stahl und Menschen, daß man durchschauen kann. Der Fußboden duftete nach Bohnerwachs, und ein Toter, der keinen Abschuß zu verzeichnen hatte, paßte mir nicht an der Wand. Abhängen konnte ich ihn nicht, dann hätten sie mich mit ihrem Staublappen geschlagen, die Frauen, die den Onkel putzten. Der Krieg starb langsam.

Der Großvater hat sein Leben lang in der jüdischen Lederfabrik gearbeitet, wo gelegentlich ein Arbeiter von der Walktrommel mitgerissen und zu einem blutigen Klumpen gewalkt wurde, während der Schrei im Walkgeräusch unterging. Den Juden verdankten sie die stinkenden Holzgaloschen und die feuchten Kartoffelsäcke um die Waden, und wenn man eines Tages die Gelegenheit haben sollte, würde man es ihnen heimzahlen, das stinkende Leben.

Die überstürzte Abreise war sehenswert, man durfte am Straßenrand stehen und zuschauen, wie die Juden ihre Koffer zum Bahnhof schleppten, aus ihren zerschlagenen Fenstern wehten die Gardinen, die Puppen saßen angenagelt auf dem Fensterbrett. Die Lederfabrik war ein Glück. Einmal haben nach Hause fliegende Bomber, die noch nicht alles abgeworfen hatten, über dem lederverarbeitenden Nest am linken Niederrhein abgeladen, mehr eine private Aktion der Piloten als ein Angriff, eine sportliche Laune am hellen Tag. Der Großvater sagte: »Die bombardieren uns nicht. Die fliegen über uns hinweg, weil wir eine jüdische Lederfabrik haben. Die lassen sie stehen, weil die Juden nach dem Krieg zurückkommen. Ist das nicht ein Witz? Wir haben die Juden bestraft, und jetzt beschützen sie uns.« – Die Lederfabrik blieb stehen, kein Kratzer auf den Backsteinen. Nein, es war keine Strafe, nur ein unvorhergesehener Witz der Piloten, die sich vor der Landung erleichtern wollten.

Der Großvater ging einkaufen, mit dem kommunistischen Parteiabzeichen im Portemonnaie. Meine Mutter und die Tanten hatten immer Angst, er könnte im Laden eines Tages irrtümlich statt mit einem Markstück mit dem Parteiabzeichen der KPD bezahlen. »Der alte Kommunist«, sagten die Frauen, »der legt sich am letzten Tag noch mit den Nazis an. Der zahlt seinen letzten Schnaps mit dem verdammten Abzeichen, der Blödmann, der alte.« Er hat aber nicht danebengegriffen. Und deshalb brauchte mein Vater auch nicht einzuschreiten.

Der Vater war ganz anders, das sah ich schon an dem silbrigen Totenkopf über seinem Mützenschirm, der Vater gab mir ein bißchen ab vom Glanz der Macht. Wenn ich neben ihm auf dem Bürgersteig ging, genoß ich das unterwürfige Wohlwollen der Passanten, die sich beim Anblick seiner Pistole geborgen fühlten. Sie grüßten dankbar. Schulterklopfen auf offener Straße, wenn uns seine alten Schulfreunde begegneten, man prüfte zwischen Daumen und Zeigefinger den Stoff seiner Uniform und sagte anerkennend: »Steht dir gut.« Das war kein anderer Mann, in seinen Sonntagsanzügen war er mir nie aufgefallen, ein Vater, der mit seinem Sohn spazierenging, um an einer Limonadenbude eine Wundertüte zu kaufen, für sich ein Bier. Er kam mir jetzt lebendiger vor als der Zivilist mit dem Kleingeld am Kiosk. Den Totenkopf an der Mütze hielt ich für sein Lebenszeichen. Das Leben war spürbar gewachsen, riesig geworden. Es lag immer etwas in der Luft – der Schwung, mit dem man schlendert und tötet.

Unsere Sonne heilte alles. Die kleinen Leute gingen ungern und erst in letzter Minute zum Arzt. Man hatte in den schlechten Jahren gelernt, Schmerzen zu verbeißen. Unsere Sonne unterstützte unser »gutes Heilfleisch«, wie man in der Familie sagte. Umarmungen der Eltern, Väter, die ihre Frauen zu Ende benutzten und mit der Uniform in die neue Größe flohen. Mein Vater schaffte das spielend. Ihm stand die neue Eitelkeit glänzend, gewichste Stiefel, ein hölzerner Stiefelknecht zu Hause, die Pistole am Kleiderhaken, wenn er seine Frau im Bett als Urlauber besuchte.

Ich habe von Hitler einen Vater bekommen, der nicht mehr gegen das Gefühl, unter seinem Wert zu leben, ankämpfen mußte. Wenn er seine Pistole reinigte, war ich sein glücklicher Augenzeuge. Ich wollte mit ihm gewinnen, den Krieg, das Leben, alles. Er lernte den Fangschuß ins Genick. Er praktizierte ihn. Wenn er heimkam, seifte er sich schön langsam im bereitgestellten warmen Wasser die Hände ab, was alle Befehlsempfänger gern tun, und was nicht bedeuten soll, daß sie etwas Besonderes abzuseifen hätten, sagte man später. Nach dem Händewaschen hat er die Finger mit Niveacreme eingerieben, damit sie geschmeidig blieben.

Nach dem Sieg, stellte ich mir vor, würde ihm meine Mutter eine Schüssel mit warmem Wasser hinstellen und ein sauberes Handtuch über die Stuhllehne hängen. Nach dem Sieg die abgeseiften Hände auf dem Tisch. Und seine Fingerabdrücke auf mir, zärtlich – Endsieg, Endlösung, Nivea für die ganze Familie.

Der SS-Mann Karl Seuren konnte lächelnd im Familienkreis sagen: »Wenn das alles schiefgeht, ist die letzte Kugel für mich.« Der alte Kommunist, dessen Tochter er geheiratet hatte, bot ihm ein Versteck an, bevor die Amerikaner kampflos den Ort besetzten. »Bleib hier, zieh die Uniform aus. Die schmeißen wir in die Scheiße. Hier zeigt dich keiner an. Die machen schon weiße Fahnen aus ihren alten Bettlaken.« Er wollte ihn im Keller unter den Kartoffeln verstecken. »Da hältst du es ein paar Stunden aus, Luft hast du genug, falls sie dich suchen. Aber«, hat der Kommunist gesagt, »sie dürfen nicht mit dressierten Schäferhunden kommen. Habt ihr dressierte Schäferhunde? Oder sind die auch schon alle draufgegangen? Hoffentlich.« Der Großvater hatte plötzlich Angst vor dem stummen Verlierer. Der alte Kommunist dachte: Wenn der dem Führer treu ist bis in den Tod, dann leg ich mir selber den Strick um den Hals. Dem will ich das Leben retten, und für den ist das Hochverrat. Dem empfehle ich Feigheit vor dem Feind, und das kann ich so einem nicht zumuten, nein, dafür muß er mich bestrafen, sonst ist er ein Deserteur, selber ein Verräter, der vor das Standgericht gehört.

In diesem Moment sagte mein Vater, er möchte sich noch einmal rasieren, bevor er zur kämpfenden Truppe zurückkehre. Der Großvater lieh ihm sein Rasiermesser. Der andere rasierte sich noch einmal vor dem Sterben und fuhr dann mit dem Zug nach Westen, in die Materialschlacht zwischen Eifel und Ardennen. Eine amtliche Todesnachricht ist nie bei uns eingetroffen, so daß er erst zu den Vermißten zählte. Nach jahrelangem Warten auf einen verspäteten Heimkehrer ließ ihn meine Mutter amtlich für tot erklären.

Ein Lebensmittelhändler bot ihr die Heirat an, er fütterte uns im ersten Hotel am Platz, im »Deutschen Haus«, mit Schweinesteaks. Als er mit ihr schlafen wollte und schon auf dem Eichenbett saß, das sich die Eltern gewünscht und ausgesucht hatten, konnte sie den Ladenbesitzer nicht berühren, sie hatte kein Gefühl in den Händen. Ganz kalt waren die Finger. Das habe der nicht begreifen wollen, sagte sie zu mir, daß sie kein Gefühl in den Händen hatte. Er ging und schlug die Tür hinter sich zu. Die Frauen hatten ihre Männer verloren, zu Hause saßen die heimlich verachteten Abstauber, die überlebenden Charakterschwächlinge. Die Toten, sagte man, waren die Besten, gegen die Toten kamen die Freier mit den Schweinesteaks und der neuen Zukunftsofferte nicht an.

1945 war ich dreizehn Jahre alt und hielt einem Toten die Treue, wenn ich sah, wie sich auf dem rheinischen Kirmesball eine Männerhand unter der Tischkante auf ihren Schenkel legte. Sie nahm mich mit zu den Festlichkeiten, um zu zeigen, daß sie einen Sohn hatte und nicht befingert werden wollte. Einmal ist der frühere Konkurrent meines Vaters, ein Holländer, über Nacht geblieben. Ich wurde aus dem Eichenbett, in dem ich als kleiner Stellvertreter die Matratze meines Vaters hütete, aufs Wohnzimmersofa verlegt. Am Morgen war der Holländer verschwunden, in der Schublade der Toilettenkommode fand ich eine Schachtel Präservative, deren Zweck ich mir vorstellen konnte. Ich haßte den Holländer.

Das war der Frieden. Ich fuhr mit der Straßenbahn zur Höheren Schule, weil mein Vater gesagt hatte, mein Sohn soll bei der Arbeit einmal eine Krawatte tragen. Wenn im Ort gestorben wurde, machte der Priester mit den Sterbesakramenten seinen Hausbesuch. Eines Morgens lief ich dem Priester in seinem Spitzenkleid über den Weg, als er den Leib Christi in einer kleinen Schachtel an die Brust drückte, neben ihm der Meßdiener mit den Sterbeglöckchen. Ich kniete mich nicht hin, weil ich sonst die Straßenbahn verpaßt hätte. Der Priester sah mich strafend aus seinem Todesnebel an, ich stolperte, schauderte, sprang in die Straßenbahn. Der alte Priester, den die Leute wegen seines strafenden Hochmuts fürchteten, kam zu uns nach Hause und machte meiner Mutter Vorwürfe, weil ich den Leib Christi beleidigte. Sie sagte in ihrer stillen Wut: »Wenn Sie mit Ihrem Sakrament vorbeikommen, soll er dann seine Straßenbahn fahren lassen? Sie haben Ihre Arbeit. Und er geht zur Schule.« Als der Gottesriese frech werden wollte, sagte sie: »Da ist die Tür.« Dann ließ sie sich einen traurigen letzten Trumpf einfallen: »Wenn Sie wollen, wenden Sie sich in den nächsten Tagen an meinen Mann. Er ist momentan nicht zu Hause.«

Da fiel mir ein, wie er mich beschützt hatte, als er noch lebte. Die Musiklehrerin bestrafte mich, weil ich in der Gesangstunde einmal nicht mitsang. Ich hatte keine Lust am Singen, und sie, eine graugelockte Mittvierzigerin, befahl mir, an ihr Pult zu kommen. Sie blickte mir in den Rachen, und als sie kein Anzeichen für Halsbeschwerden sah, die ich vortäuschte, ohrfeigte sie mich. Ich erzählte ihm die Geschichte. Er, in seiner Uniform mit der Totenkopfmütze, ging zur Musiklehrerin und warnte sie höflich, seinen Sohn jemals wieder zu schlagen. Für Beschwerden und Schläge sei *er* zuständig. Ich habe ausprobiert, ob sie dazugelernt hatte. Sie hatte begriffen, daß er eine nicht wegzudenkende Macht besaß, und wenn ich in der Gesangstunde wieder nicht mitsang, sah sie über mich hinweg oder aus dem Fenster, als würde da draußen ein Vogel viel besser singen als die ganze Klasse. Ich liebte meinen strengen, verschwiegenen Vater, der nie etwas über seine Arbeit sagte. Es genügte, daß ich ihm beim Reinigen der Pistole zusehen durfte, ich spürte, daß ich sein Mitläufer war, ohne seinen Stundenplan zu kennen.

Der Krieg geht nie ganz zu Ende in den Überlebenden. Wenn es stimmt, daß der Verzicht auf Glück Krebs erzeugt, dann ist meine Mutter am Leben tödlich erkrankt. Nach der Unterleibsoperation lebte sie noch fünf Jahre, die übliche Lebenserwartung nach der Gebärmutterentfernung, wenn Krebs vorliegt. Bevor sie Zahnbürste, Waschlappen und Nachthemd für das Krankenhaus einpackte, setzte sie sich todmüde auf das Ehebett aus Eiche und sagte: »Ich komm nicht mehr nach Hause.«

Ein Ortspolizist, der sie näher kannte, ein jüngerer Abstauber für Kriegerwitwen, regelte den Straßenverkehr, als das Trauerpferd mit der bekränzten Kutsche an ihm vorbeizog. Er legte die Hand an die Hosennaht, nahm seine Dienstmütze ab und erwies ihr die letzte Ehre.

Der Vater, habe ich nach dem Krieg gedacht, lebt vielleicht irgendwo und wagt nicht, nach Hause zu kommen. Später vielleicht. Ein alter Mann, der vor der Tür steht und behauptet, mein Vater zu sein. Dieser nie aufgefundene Mann, mit dem Gesicht nach oben im Dreck, langsam einsinkend in einem Landregen, zermatscht, im Frost, im Tauwind, ein nasser Fleck, auf dem Krähen herumstochern, auf Knöpfen, Hosenfetzen, an dem platten nassen Fleisch schlingen und nippen, bis die weiche Erde ihn ganz eingesogen hat.

Ich wollte nicht, daß er heimkehrte. Wozu? Ihm die leere Schußhand schütteln? Einen gewöhnlichen Heimkehrer wollte ich nicht, der eines Tages mit mir ins Ausland fahren würde, ich wollte nicht zusehen, wie er mit dem Finger in die Gegend zeigte und sagte: »Mein Einsatzgebiet.« Später beantwortete ich lästige Fragen nach seinem Ende mit dem Hinweis, vielleicht ruhe er irgendwo in einem Kameradengrab. Mit der gemütlichen Vokabel waren die Leute zufrieden, im Kameradengrab war alles bestens geregelt.

Ich wollte nicht, daß er von uns das Gnadenbrot bekam. Das Vaterland ist kein Tisch, an dem man gemütlich sitzen kann mit abgeseiften Händen und dem Wunder aus der Asche. Die Nazis sehen alle so aus, wie sie sprechen: »Ehrlich, anständig, treu und kameradschaftlich zu Angehörigen unseres eigenen Blutes.« Oben die Elite, unten die Handlanger, das bieten sie jederzeit als biologische Vernunft an.

Wenn ich später in den fleißigen Illustrierten, die die Vergangenheit im Schnellverfahren aufarbeiteten, die unscharfen Fotos von Todesschützen der SS-Erschießungskommandos sah und nach ihm suchte, hatte ich Angst, ihn wiederzufinden. Ich sagte mir: Der könnte es sein. Oder der da. Doch ich habe ihn nicht wiedererkannt, die schlechte Fotoqualität verhinderte ein Wiedersehen. – Er war immer in einem anderen versteckt, den Finger am Abzug des Karabiners, auf ein Genick im Massengrab zielend.

Das Bewußtsein, bei wem man in die Lehre gegangen ist, mit wem man als kindlicher Augenzeuge und Laufjunge Hitlers gewinnen wollte, ist alt geworden, aber nicht abzuschütteln. Die Leere, die der tote Vater hinterließ, hat mich erpreßt, ohne ihn zu gewinnen, anders, ganz anders. Das Leben, alles, was zu einer Existenz mit Schlips und Kragen gehört. Geschafft. Wunderbar. Ein Zustand geselliger Angst, der weder schmerzt noch tief beunruhigt, jedenfalls klinisch nichts Erfaßbares, eine Geborgenheit mit offenem Ende.

In den Zeitungen sehe ich die Fotos der neuen Rechten, schnüffelnde Genießer, haben jetzt schon ausgesorgt, gegen die waren Hitler und Himmler kleinbürgerliche Habenichtse. Aus der Presse sehen mich Luxusnazis an, die sich langweilen. Haben sie erst erneut die Zügel straff in die Hand genommen, die Juristen, Mediziner, Genetiker, Computer-Spezialisten, Psychiater, Architekten, die todsicheren Bessermacher in staatlichen Diensten, müssen sie ihre Opfer nur wieder in die rechte Stimmung versetzen. Etwas für die Augen, Massenzauber, daß man wie gehabt ins Staunen und Schwitzen kommt, dann darf die Seele wieder ausgehen – sie darf dann wieder alles. Sind wir unglücklich? Das nicht. Hungern wir? Nein. Fühlen wir uns minderwertig? Überhaupt nicht. Wir haben wieder alles erreicht. Oder was fehlt uns im Lande?

Jemand, der zu lange auf den Bildschirm gesehen hat, sagt: »Das macht mich wahnsinnig. Ich kann die Menschenfreunde im Fernsehen nicht mehr sehen. Da, da ist es wieder, schau dir das an, der hört sich überhaupt nicht mehr, sonst müßte er schamrot werden, er redet wieder in seiner toten Sprache.« Der Politiker, der momentan das Weltgeschehen »auslotet«. Die schönste neurotische Zwangsvokabel der Versager ist »ausloten«. Es fehlt zum alten Glück nur die frühere Fähigkeit. Und was ist menschenverachtender als die Rechtfertigung, Andersdenkende vernichten zu dürfen? Lange nach der väterlichen Dienstpistole in unserer Familie, lange nach seiner Abschußprämie sorgen andere für die laufenden Bilder. Die Täter treten wie immer als Menschenfreunde auf, im Auge das Heimweh nach dem Töten.

Gudrun Pausewang
Ein Maimorgen

Wir saßen, meine Schwester und ich, mit zerzausten Zöpfen und in Decken eingehüllt im Fichtendickicht und froren. Es war der Morgen des 10. Mai 1945, der zweite Morgen nach dem Waffenstillstand. Der Krieg war zu Ende. Uns war kalt.

Wir froren, weil die Morgenkühle durch unsere Decken drang. Wir froren noch mehr, weil wir Angst hatten. Am meisten aber froren wir, weil wir tief verstört waren. Da kauerten wir nun eng aneinander, eine Siebzehnjährige und eine knapp Dreizehnjährige, und verstanden die Welt nicht mehr.

Es war ein geradezu triumphaler Maimorgen. Die Wiesen leuchteten löwenzahngelb. Drüben die Ahornbäume entlang der Landstraße trugen schon grünen Flaum. Die Erde duftete. Die Bläue über uns war voll von Lerchengetriller. Nie, so lange ich mich erinnern konnte, war ein Frühling so schön gekommen wie dieser.

Die Sonne stand noch nicht hoch über dem Horizont. Im Mai geht sie schon sehr früh auf. Aber wir konnten nicht mehr schlafen. Wir hatten die ganze Nacht nicht viel geschlafen. Wer kann das auch, wenn er bei jedem leisesten Geräusch zusammenfahren muß?

Am Tag zuvor waren die Russen über diese Landstraße, die wir durch die Fichtenstämmchen des Waldrandes im Blick hatten, in unser Dorf eingezogen. Durch die Dachbodenluke unseres einsamen Hauses auf der anderen Waldseite hatten wir sie beobachtet, jeden Augenblick gewärtig, daß einer von ihnen aus dem Zug ausscherte. Aber unser Haus stand ein gutes Stück von der Straße entfernt, und dazwischen lag noch ein Teich. Nur ein einziger Russe war herübergekommen. Während ich mich mit meiner Schwester auf dem Dachboden in einen Wandschrank gekauert hatte, war er, noch keuchend vom Lauf, an der Haustür von unserer Mutter abgefangen worden. Er hatte ihr nur die Armbanduhr abgefordert und war wieder zur Straße zurückgerannt. Die Mutter hatte sich hinterher an seine Gesichtszüge nicht mehr erinnern können. Maßlos verblüfft hatte er uns zurückgelassen. Was – nicht mehr als die Uhr?

»Er hat keine Zeit für mehr gehabt«, war Mutters Erklärung gewesen. Und sobald es zu dämmern begonnen hatte, war ihr auch der Dachboden als Versteck zu unsicher erschienen. »Am Abend werden sie sich überall einquartieren«, hatte sie gesagt und uns mit Proviant und Decken in den Wald geschickt. Nur die vier jüngsten Geschwister waren bei ihr geblieben.

Jetzt saßen wir also mit angezogenen Knien im Fichtendickicht und starrten mit bangen Gedanken auf die Straße. Wie war es wohl der Mutter und den Geschwistern über Nacht ergangen? Alle die Greueltaten sowjetischer »Soldateska« in Ostdeutschland, die während der letzten Monate die Schlagzeilen der Zeitungen bestimmt hatten, kamen mir in den Sinn.

Aber noch wagten wir nicht, uns heimzuschleichen. Wie, wenn das Haus noch voll Russen war? Wir trauten uns nicht einmal, den Wald zu durchqueren bis dorthin, von wo man unser Haus sehen konnte. Denn außerhalb des Fichtendickichts standen die Bäume weit auseinander. Man hätte uns entdecken können.

Mit Schaudern erinnerte ich mich an die Fotos gefangener Russen, von deutschen Kriegsberichterstattern aufgenommen, eine Auslese abstoßender Gesichter. Die Russen: Abschaum. Das Böse. Das Böse hatte unser Land erobert, und nun hauste es. Alle diese boshaft grinsenden, verrohten Fratzen fielen jetzt über uns her. Wir waren ihnen ausgeliefert.

Nichts war mehr so, wie es gewesen war. Alle Maßstäbe, die vorher gegolten hatten, galten nun nicht mehr. Man fand keinen Halt mehr. Man wurde ganz schwindlig. So fühlte ich mich seit neun Tagen, seit der Nachricht von Hitlers Tod. Vor unserem Volksempfänger war ich in Tränen ausgebrochen.

»Und jetzt?« hatte ich die Mutter fassungslos gefragt. »Jetzt ist doch alles aus!«

»Nichts ist je ganz aus«, war Mutters Antwort gewesen. »Aber es wird eine schlimme Zeit kommen.«

Und nun war die schlimme Zeit da. Wir konnten sie sehen: Die Wiese zwischen dem Waldrand und der Straße war übersät von dem, was deutsche Soldaten als lästigen Ballast auf der Flucht vor der drohenden Gefangenschaft fortgeworfen hatten. Da lagen Gewehre, Uniformen, Mehl- und Zuckersäcke, Koffer und Tornister. Die Morgenbrise wirbelte die Akten einer ganzen im Stich gelassenen Schreibstube über den Löwenzahn. Im Straßengraben lagen mehrere umgestürzte deutsche Geschütze und Lastwagen – nicht erobert, sondern aufgegeben. Nicht weit davon weidete ein herrenloses Pferd. Und an dem, was wie ein Haufen alter Lappen aussah, machte sich eine Schar Krähen zu schaffen.

Hier waren sie vorübergehastet, Hunderte, Tausende flüchtender deutscher Soldaten, einige im Sattel, andere auf Fahrrädern, die meisten aber zu Fuß, querfeldein nach Westen, nur nach Westen, an den Türen um Zivilkleidung bettelnd – die kläglichen Reste unserer unschlagbaren Armee. Russen im Norden, Russen im Süden. Unser armseliges Adlergebirge, Grenzscheide zwischen Schlesien und der Tschechoslowakei, hatten sie zu besetzen nicht für nötig erachtet oder einfach vergessen. So war es für zwei oder drei Tage zu einem Korridor der Rettung für alle jene deutschen Soldaten geworden, die um keinen Preis in östliche Gefangenschaft geraten wollten.

Noch nach Einbruch der Dunkelheit waren dann schließlich die russischen Konvois an unserem Waldversteck vorbeigerollt, auf unser Dorf zu. Ein endloser Zug, eine kaum abreißende Lichterkette – Russen über Russen unsichtbar im Dunkeln, jeder einzelne eine Bedrohung.

Frauenschänder. Geschändet werden. Verlust der Ehre. Schlimmer als der Tod. Ich hielt diesen Ehrenkodex für den einzig existierenden. Würde ein Russe über mich herfallen, wäre ich erledigt für mein Leben. Dann bliebe mir nur noch der Strick.

Daß in dieser Nacht Mädchen und Frauen in unserem Dorf vergewaltigt worden waren, erfuhr ich erst später. Während der folgenden Wochen, als ich mit Mutter und Geschwistern zu Fuß über die schlesischen Landstraßen westwärts zog, sollte ich mehrmals nur mit knapper Not einer Vergewaltigung entgehen. Aber schon auf diesem Elendsmarsch fiel es mir wie Schuppen von den Augen, erfuhr ich vieles, was ich vorher nicht gewußt hatte, durchschaute ich manches, was mir vorher verschlossen geblieben war. Mir wurde klar, daß eine Vergewaltigung, so furchtbar sie auch sein mochte, nichts mit Ehrverlust zu tun hatte. Ich begegnete ehemaligen KZ-Insassen, von deren Existenz ich bisher nur hatte munkeln hören. Ich begriff, daß »russisch« und »sowjetisch« nicht ein und dasselbe ist. Ich hörte, daß wir Deutschen den Krieg vom Zaun gebrochen hatten und daß in seinem Verlauf Millionen von Zivilisten, vor allem in Rußland und Polen, auf entsetzliche Weise ums Leben gekommen waren. Die hatten wir auf dem Gewissen, wir Deutschen.

Aber an jenem Maimorgen waren mir diese Erkenntnisse noch fern. Noch war für mich die Welt eingeteilt in Herrenmenschen und Untermenschen, in wertvolles und wertloses Menschenmaterial, und ich wußte genau, wo ich hingehörte. So hatte ich's gelernt.

Die Landstraße lag still jetzt und leer in der Sonne. Kein Motorenlärm übertönte das Vogelgezwitscher, kein Hupen, kein Ruf hallte zu uns herüber. Nur ein einsamer Motorradfahrer, nach alter Gewohnheit noch mit dem Helm auf dem Kopf, brauste einmal vorüber. Die Krähen flattertern auf und krächzten eine Weile in den Ahornbäumen, bis sie sich wieder auf den Toten herabließen. Die Stille kehrte zurück. Lagen die Russen noch in ihren Quartieren? Sie hatten ja gesiegt, der Krieg war zu Ende, sie konnten ausschlafen.

Sie hatten gesiegt: auch etwas, das für mich unvorstellbar war. Nie während der fünf Kriegsjahre hatte ich diese Möglichkeit in Erwägung gezogen. Furcht und Ahnung hatte ich verdrängt. Wir hatten doch immer gesiegt, bis in die letzten Tage des siegreichen Rückzugs. Wie paradiesisch wäre unser Leben nach einem deutschen Endsieg geworden! All den Verheißungen hatte ich fest geglaubt. Der Skepsis unserer Mutter war ich empört entgegengetreten.

Jetzt war es aus mit all den Herrlichkeiten. Kein slawisches Dienstpersonal, keine riesigen Güter in der

Ukraine, kein großdeutsches Reich vom Ural bis zur Bretagne. Von jetzt an hatten wir Sklaven unter russischer Knute zu sein.

Ein Hase hoppelte über die Straße. Noch schliefen sie, die Sieger. Atempause, Gnadenfrist für uns. Träumten sie? Dachten sie nach? Empfanden sie Sehnsucht? Hatten sie Heimweh? Wir hatten nie gelernt, uns in einen Russen hineinzuversetzen. Erst ein paar Monate später, nach der Ankunft im Westen, vertiefte ich mich – durch das Erlebte sehr viel reifer geworden – mit brennendem Interesse in die Werke Tolstojs, Dostojewskijs und Gorkijs. Das Volk, das darin geschildert wurde, faszinierte mich. Untermenschen? Ich fand keinen einzigen. Im Gegenteil: Ich empfand mich als Nichts gegenüber so großartigen Gestalten wie Dostojewskijs Fürst Myschkin. Rußland – ein Volk unverwechselbarer Individuen. *Den* Russen gab es nicht.

Aber noch kauerte ich im Fichtendickicht vor der Szenerie des deutschen Zusammenbruchs und wagte mit meinen Gedanken zaghaft etwas zu umkreisen, das uns bisher verheimlicht worden war: das Herz des Russen. War ein Russe überhaupt imstande, jemanden zu lieben? Was empfand er als Sohn, als Bruder, als Familienvater? Einen Monat später sollte mir irgendwo auf der Landstraße ein solcher Familienvater begegnen, der meinen jüngsten Bruder, einen blonden, blauäugigen Vierjährigen, mit den deutschen Worten: »Der wie mein Kind. Frau tot, Kind tot. Rostow am Don. Krieg verdammt!« von unserem Flüchtlingskarren hob und zärtlich an sich drückte. Ein Satz und eine Geste, die ich nie vergessen werde. Bei Rostow am Don war mein Vater gefallen.

Ein trügerischer Morgen, so voll Frieden. Der Hase hoppelte auf unseren Waldrand zu. Jetzt durch den Wald heimschlendern und sich an den gedeckten Frühstückstisch setzen können...

»Dort kommt was«, flüsterte meine Schwester und deutete auf die Straße. Ich fuhr zusammen und spähte hinüber. Noch war die Straße leer, aber wir hörten Hufschlag aus der Ferne. Bald erschien über der Hügelkrümmung ein einzelner kleiner Panjewagen, auf dem ein Russe saß. Die Sicht war klar. Wir sahen, daß er jung und blond war und seine Mütze weit in den Nacken geschoben hatte. Er saß zurückgelehnt auf der Kutschbank, die Zügel lässig in der Hand, und schaute in den Himmel.

Als er fast an der Stelle angekommen war, die uns am nächsten lag, zog er plötzlich die Zügel an. Das Pferd blieb stehen. Der Russe stieg vom Wagen. Wir duckten uns. Wir wagten kaum zu atmen: Hatte er uns entdeckt?

Er sprang über den Straßengraben auf die Wiese. Die Krähen flatterten auf. Er bückte sich, pflückte zwei besonders große Löwenzahnblüten und kehrte mit einem federnden Sprung zum Wagen zurück. Die eine der beiden Blüten steckte er dem Pferd an den Stirnriemen, die andere schob er sich hinters Ohr. Und schon saß er wieder auf der Kutschbank, ergriff die Zügel und schnalzte. Der Wagen rollte weiter.

Dann begann der Bursche zu singen.

Wir lauschten mit offenem Mund. Es war eine uns fremde, etwas schwermütige Melodie, und wir konnten die Worte nicht verstehen. Aber der Bursche hatte einen herrlichen Tenor, der die ganze Landschaft füllte. Er warf den Nacken zurück und sang aus voller Brust. Wir hörten ihm atemlos zu, bis sein Lied hinter dem Wald verklang.

»Aber der ist ja wie wir ...«, sagte meine Schwester.

Ich nickte, ebenso erstaunt wie sie. Wir sahen uns verwirrt an.

»Komm«, sagte ich entschlossen, »laß uns heimgehen.«

Es zeigte sich, daß Mutter und Geschwister die Nacht gut überstanden hatten. Ein ganzer Trupp italienischer Kommunisten, die auf russischer Seite gekämpft hatten, waren am Abend, auf dem Heimweg nach Italien, in unserem Haus eingekehrt. Ein paar Russen waren dazugestoßen. Sie hatten mit meinen kleinen Geschwistern gescherzt und in unserem Heuschuppen geschlafen. »Freundliche Leute allesamt«, sagte die Mutter.

Sie war erleichtert, als sie uns wohlbehalten wiedersah. Ich erzählte ihr, noch immer aufgewühlt, von dem singenden Russen.

»Ja«, meinte sie, »die Russen sind berühmt für ihre schönen Stimmen.«

»Warum hast du uns das nie erzählt?« fragte ich betroffen.

»Ich weiß nicht«, antwortete sie. »Ich hatte es wohl ganz vergessen.«

Anton-Andreas Guha
»Bist narrisch, Bua, Heil Hitler geht nimmer!«

»Heil Hitler! I komm um'd Milch bittschön.« Wie jeden Samstag war ich in die rauchgebeizte, niedrige Stube des Rankl-Bauern getreten, um die ausgehandelten, eigentlich erbettelten zwei Liter Milch zu holen. Magermilch natürlich. Soweit ich mich erinnern konnte, hatte ich mit »Heil Hitler« gegrüßt, die rechte Hand seitwärts in die Höhe gereckt, das Kreuz stramm durchgedrückt, wie es alle taten. Alle im Ort grüßten so, das »Grüaß Gott« oder »Pfüad die Gott« waren ganz selten zu hören. Nur die alten Weiberleut benutzten es. Diejenigen, die man verdächtigte, »Sozis« zu sein, pflegten »Habedehre« zu sagen. Das verwirrte mich Achtjährigen. War etwa meine Mutter eine »Sozi«? Sie konnte nämlich fuchsteufelswild werden, wenn sie mich »Heil Hitler« sagen hörte. Ich schrieb es dem Umstand zu, daß sie Ungarin war und des Deutschen nicht sonderlich mächtig, geschweige denn des Niederbayerischen. Das genierte mich außerordentlich, weil mich deswegen meine Freunde verspotteten.

Der Rankl-Bauer verzehrte gerade sein Nachtmahl, als ich eintrat, ein Stück Geselchtes, das mir gewaltig vorkam. Doch diesmal hatte ich keine Zeit, den Duft des Fleisches wie sonst genüßlich durch die Nase zu ziehen, der den Hunger im Bauch weckte. Der Bauer starrte mich eine Sekunde lang an, das Kauen vergessend, dann wuchtete er plötzlich seine massige Gestalt mit einem Ruck hoch, so daß der schwere, speckglänzende Eichentisch einen Hüpfer machte und der halbe Laib Brot herabglitt. »Bist narrisch, Bua!« schrie er und stürzte krebsroten Gesichtes auf mich zu. »Bist narrisch g'word'n!« Er packte mich an den Schultern und schüttelte mich, daß der Deckel aus meiner Milchkanne sprang. Mit seinem keuchenden Atem spürte ich warme Spucke und zerkaute Stückchen des Geräucherten im Gesicht.

Der Rankl-Bauer merkte, daß ich ihn nicht verstand, sondern nur Angst hatte. Er beugte sich zu mir und zischte leise: »Woaßt, ›Heil Hitler‹ derf mer nimmer sag'n! D' Amerikaner san jo da. Wenn die dös hör'n tatn, g'feit hät sich's!«

Ich fand den Rankl-Bauern mit einem Male sehr feige. War er nicht mit dem schneidigen Ortsgruppenführer verwandt, der sein Schwiegersohn war? Auch die anderen Erwachsenen, dessen wurde ich mir nunmehr bewußt, drehten sich seit heute morgen verlegen ab, wenn ich mit meinem »Halitler« daherkam. Jeder zog plötzlich den Kopf ein und tat so, als hätte ich den Gottseibeiuns beschworen, wie es der dicke, rotbäckige Pfarrer Weinzierl tat, wenn er auf die »Bsuffenen, ja weil's grad a Schand is« wetterte, nachdem diese wieder einmal, mehrstimmig singend, um ein Uhr nachts durch den Ort gezogen waren. Es war noch nicht so lange her, als er die letzte Messe für den Sieg und den Erfolg des Führers gelesen hatte, gleichzeitig die Verdammnis auf die Amerikaner herabflehend, obwohl diese, wie Hamsterer berichteten, schon vor Regensburg standen.

Die Amerikaner hatten eine furchtsame Neugier geweckt, obwohl sie doch der Feind waren. Zwei Tage lang blieben sie auf ihren Panzern, Lastwagen und Jeeps hocken, bis die rund zweihundert SS-Männer, die vor einigen Tagen plötzlich aufgetaucht und sich in die Wälder rings um den Rachel zurückgezogen hatten, die Waffen ablegten und sich gefangennehmen ließen. Erleichtert sprangen sie dann von ihren eisernen Ungetümen und standen bald in Gruppen herum, lässig, die Hände in den Hosentaschen, unablässig Kaugummi kauend. Kein Strammstehen, keine lauten Kommandos, keine Hände an die Hosennaht, wenn ein Offizier, den man als solchen kaum erkannte, herantrat. Da hatte unsere Dorf-HJ mehr Zack-Zack gezeigt. Bald begannen die Boys hinter unseren Dirndln herzupfeifen. Nach einigen Tagen verzögerte sich deren Schritt, wenn sie ein »Hello, Siße, come here!« hörten. Einige blieben sogar stehen, drehten sich um, lächelten verlegen und fingen mit raschem Griff die halbvolle Zigarettenschachtel auf, die ihnen einer der fremden Soldaten zugeworfen hatte. Vor allem die Schwarzen übten eine starke Faszination aus; ihre Zähne blitzten so gesund und ihre Bewegungen waren von einer Eleganz, wie ich sie bis dahin an Männern nicht gesehen hatte.

Was waren das für spannende Tage! Plötzlich war alles verwandelt und man wußte nicht warum, außer daß es mit den Amerikanern zusammenhing. Der plötzliche Wandel bewirkte ein rasches Vergessen. Was gestern noch unnachsichtig uns als selbstverständlich galt, war jetzt überholt, ja falsch. Die Menschen paßten sich rasch an, die Amerikaner waren nun einmal die Sieger und sie führten sich erstaunlicherweise als Menschen auf. Die drei Dorfgendarmen und die Förster des Barons kamen jetzt in Zivil daher, leutselig grinsend. Die alten, hölzernen Offiziere des RAD-Ausbildungslagers waren verschwunden, der Bürgermeister sagte zum ersten Mal freundlich nickend: »Habedehre, Guha-Bua!« Selbst der schneidige Ortsgruppenführer machte sich mit den Amis gemein und versuchte, ihnen bayerische Witze verständlich zu machen, obwohl doch noch gekämpft wurde! Im Radio hatte ich gehört, daß der Führer jeden Deutschen, ob Mann oder Frau, zu gnadenlosem Widerstand aufrufe; Pardon werde nicht gegeben. Feiglinge würden sofort erschossen.

Den Hirtreiter Schorsch schien das nicht mehr zu beunruhigen. Vor zwei Wochen hatte er die Panzersperre nach Zwiesel bauen lassen. Er war der Kommandeur des Volkssturms. Zur Ermunterung der Mannen, die hinter dem gewaltigen Steinhaufen Posten bezogen und eine grimmige Miene aufgesetzt hatten, erzählte er zum x-ten Male, wie sie beinahe die Flandernschlacht gewonnen hätten. Aber leider sei er damals verwundet worden. Jetzt entpuppte sich der Hirtreiter als alter Freund der Amerikaner. »Se san scho Hund, de Amis«, sagte er ein ums andere Mal und ließ es in seinem Wirtshaus hoch hergehen.

Der fette Kommerzienrat Kastl ging zwar wie stets jeden Morgen schwer schnaufend die paar Meter von seiner Villa zur Glasfabrik, die er in den zwanziger Jahren, während der Inflation, für ein Butterbrot gebaut hatte, aber das Parteiabzeichen glänzte nicht mehr auf seinem schwarzen Überzieher. Am stärksten überraschte mich, daß sogar die Mater Damascena, die Nonne von den Englischen Fräulein, die uns jeden Morgen drohend zu fragen pflegte, ob wir die Frühmesse besucht hätten, das »Grüß Gott!« freundlich erwiderte, wenn sie mit wehendem Schleier und flatternden Röcken in die Kirche zur Beichte eilte. Zwei Jahre später sollte sie uns das Bruchrechnen verkniffenen Gesichts mit dem Rohrstock einbleuen, wie sie es halt gewohnt war.

Der Wandel begann mich aber doch zu verwirren. Ich kam nicht mehr mit. Gerade diejenigen, die noch vor wenigen Tagen als strenge Amts- und Respektspersonen durch die Dorfstraßen stolziert waren, biederten sich den Besatzern am unterwürfigsten an – als ob vorher, und ich war tatsächlich überzeugt, daß es tausend Jahre gewesen seien, nichts geschehen wäre. Wo waren die unzähligen schwarz-weiß-roten Hakenkreuzfahnen? Sogar die Masten vor dem Gemeindehaus hatten sie kurzerhand abgesägt, so daß nur noch drei Stümpfe eine Handbreit aus dem Boden ragten. Auch die Plakate mit dem Führer und dem Kohlenklau waren weg. Das mochte noch angehen, aber daß der Pfarrer Weinzierl die Amis plötzlich als Befreier pries und für sie eine Messe las, weil sie uns angeblich von dem Bösen, das uns Deutsche heimgesucht habe, befreit hätten! Und meine Mutter war plötzlich keine »Böhmin« mehr, also eine Fremde. Man grüßte sie im Gegenteil sehr höflich.

Das hing offensichtlich damit zusammen, daß sie den Ortsgruppenleiter Bauer einmal, außer sich vor Zorn, eine aufgeblasene Null genannt hatte. Der war ihr, als sie eines Tages vom Gemeindehaus kam, in den Weg getreten und hatte sie angeherrscht, warum sie sich weigere, für den Endsieg zu spenden. Ihm bleibe nichts verborgen, hatte der Ortsgruppenleiter gesagt und drohend hinzugefügt, es sei ihm zu Ohren gekommen, sie habe unserer Nachbarin, der Frau Linzmaier geschworen, daß ihr Ältester, also ich, niemals zu den HJ-Pimpfen dürfe, auch wenn der Krieg bis dahin nicht aus wäre. Als der »Vertreter des Führers«, wie er sich gerne zu bezeichnen pflegte, herausfordernd um sich blickte, um die Wirkung seiner Autorität bei den umstehenden Frauen abzuschätzen, und dann drohte, sie ins Feuerwehrhaus sperren zu lassen, schrie ihn meine Mutter an: »Sie sind eine aufgeblasene Null, Sie! Und Sie werden es bald merken!« Dem Bauern, der bei den Totengedenkfeiern so beeindruckend reden konnte, sogar mit einem Anflug von Hochdeutsch, verschlug es die Sprache. Er starrte sie eine Weile an und stapfte dann aufs Gemeindehaus zu, wo er neben dem Bürgermeister sein Büro hatte. Da rief ihm meine Mutter, es war unerhört, hinterdrein: »Sie halbe Portion, Sie halbe.«

Überhaupt die Totenfeiern. Mindestens einmal die Woche, nicht selten zwei- oder gar dreimal, mußten wir von der Schule aus zum Kriegerdenkmal marschieren, weil wieder einer gefallen war. Dann sprachen der Pfarrer Weinzierl und der Ortsgruppenleiter vom süßen und ehrenvollen Tod für Führer und Reich, vom Dank des Vaterlandes, vom notwendigen Opfer für die Heimat. Die Reden kannten wir alle längst auswendig. Die Gendarmen schossen dreimal in die Luft. War der Gefallene ein Unteroffizier oder gar ein Leutnant wie der Vater vom Lomitzky Sepp, schossen sie aus einer alten Kanone, die vier Männer unter dem Kommando des Volkssturmführers Hirtreiter herbeigezogen hatten. Die Blaskapelle spielte das Lied vom guten Kameraden. In den letzten Wochen ließ Hirtreiter die Kanone neben dem Kriegerdenkmal stehen, weil der Herr Bauer angeordnet hatte, für jeden »im Endkampf« Gefallenen Salut zu schießen; das wäre eine besondere Ehrung.

Fast alle Frauen trugen schwarz, und jeder zweite meiner Klassenkameraden hatte den Vater verloren. Die Stimmung war gedrückt, ehe die Amis kamen. Dazu die vielen Flüchtlinge, die uns nicht verstanden, weil sie so ein komisches Deutsch sprachen. Das Dorf war – zunächst – nicht gut auf sie zu sprechen. Erst beschlagnahmten die Nazis Wohnraum für die Flüchtlinge, dann – unter Berufung auf die Amerikaner – die sozialdemokratische Gemeindeverwaltung. Vor allem aber machten sie uns Konkurrenz beim Hamstern. Die Fremden aus den deutschen Ostgebieten, »die Preißn«, schienen cleverer und vor allem härter im Existenzkampf zu sein als wir biederen Niederbayern. Sie boten den Bauern technische Kenntnisse und Dienstleistungen an – gegen Naturalien. Sie reparierten nicht nur

Pflüge, Eggen und Traktoren, sondern – da sie häufig selber Agrarfachleute waren – berieten auch unsere Waldbauern in moderner Landwirtschaft. Beim Großbauern Maurer auf der Häng arbeitete bald der Gutsverwalter Archibald von Henneberg, der in Ostpreußen die Besitzungen eines Grafen »dirigiert« hatte, die, wie er zu erzählen pflegte, so groß waren wie der ganze Landkreis Regen.

Die vielen Flüchtlinge aus dem Osten stürzten aber vor allem Pfarrer Weinzierl in eine schwere Krise. Zeitweise schien es, als habe er die Orientierung verloren. Sein Hirtenamt, das er bis dahin souverän und unangefochten versehen hatte, wurde auf eine schwere Probe gestellt, denn die Neuankömmlinge waren durchweg Protestanten. Weinzierl sah sich den Attacken des Leibhaftigen ausgesetzt, als diese, in seinen Augen wenig mehr als Heiden, nach einem Raum Ausschau hielten, in dem sie ihren Sonntagsgottesdienst abhalten konnten. Kategorisch weigerte er sich, zuzulassen, daß der Schuldirektor einen Klassenraum der Volksschule zur Verfügung stellte. Ortsgruppenleiter Bauer hatte sich seiner geistlichen Autorität noch gebeugt und die Flüchtlinge mußten jeden Sonntag zu Fuß in das acht Kilometer entfernte Zwiesel pilgern, wo es eine evangelische Kirche gab. Nach dem Einmarsch der Amerikaner erteilte jedoch der Verwaltungsoffizier Brown kurzerhand die Order, den Protestanten einen Klassenraum zu überlassen. Wochenlang wetterte Weinzierl daraufhin wider den Antichrist, der nunmehr in unsere »friedliche Idylle« eingebrochen sei.

Die »Preißn«, das waren freilich vorwiegend Frauen und Mädchen; viele kamen aus großen Städten, deren Namen uns seit einigen Wochen aus der Kriegsberichterstattung des Radios geläufig geworden waren: Königsberg, Dresden, Breslau. Feine, vornehme Frauen und hübsche Mädchen. Der Berndl Ignaz, HJ-Führer im Ort und für mich ein »Großer«, verstummte auffallend. Seit er die Roswitha von Körner kannte, beendete er den Schlußappell nach einer HJ-Übung nicht mehr mit dem Bekenntnis, sich als Freiwilliger an die Front zu melden, sobald er sechzehn sei. Schließlich zog er die HJ-Uniform mit dem Schulterriemen und dem Kurzdolch nur noch zu Übungen und Appellen an, wobei die eine oder andere immer häufiger auszufallen pflegte. Es hieß, die Roswitha habe die ganze HJ als »Schmarrn« bezeichnet.

Am 8. Mai – die Amerikaner waren gerade drei Wochen im Ort – meldete der Rundfunk, daß der Krieg aus sei; die Wehrmacht habe bedingungslos kapituliert. Meine Mutter erklärte es mir: Wir hätten den Krieg verloren. Sie schien glücklich zu sein. Nicht mehr in den Himmel starren zu müssen, wenn die Bomber über uns hinwegflogen nach Prag und Wien, oder englische Jäger die mit Hamsterern überfüllten Züge von Bayerisch Eisenstein nach Plattling angriffen. Es hatte oft Tote und Verletzte gegeben.

Unten im Hof hörte ich den Pinter Karli schreien: »Der Kriag is goar, der Kriag is goar!« Der Pinter Karli war für mich ein richtiger Held, wir Buben verehrten ihn. Jetzt hüpfte er auf einem Bein im Hof umher und sah aus wie ein Narr; die Krücken hatte er fortgeworfen. Der Pinter Karli war gerade neunzehn geworden. Als Siebzehnjähriger hatte er sich freiwillig zum Barras gemeldet, weil er etwas ausgefressen hatte. Nach zehn Monaten kam er wieder, der rechte Arm und das linke Bein waren weg. Er war auf eine Mine getreten. Bisher hatte er stets seine Wehrmachtsuniform getragen, den rechten Ärmel und das linke Hosenbein säuberlich nach oben geklappt und mit Sicherheitsnadeln angeheftet. Jetzt sprang der Pinter Karli in der Lederhose auf einem Bein durch den Hof, die beiden Stümpfe zuckten im Rhythmus mit. »Der Kriag is goar! Der Kriag is goar!« Der Pinter Karli war plötzlich ein anderer Mensch geworden.

Nach dem 8. Mai begannen die Amerikaner mit den Verhaftungen: Der Ortsgruppenleiter Bauer, der Kommerzienrat Kastl, der Bürgermeister und einige andere Nazi-Größen des Ortes wurden aus den Häusern geholt. Diese Respektspersonen, bei deren Anblick man sich bis vor kurzem die Mütze vom Kopf gerissen und stramm und laut »Halitler« gerufen hatte, stiegen gebeugt und unrasiert in einen Jeep, der sie, wie es hieß, nach

Deggendorf brachte. Dort sollten sie vor ein Gericht gestellt werden. Ganz klein waren die Dorfgewaltigen plötzlich, hilflos grinsend kletterten sie in die Jeeps. Nur der massige Kommerzienrat Kastl schritt hocherhobenen Hauptes, niemanden eines Blickes würdigend, durch die Gasse der neugierigen Kinder. Dann zerrten zwei Amerikaner den feisten, schwer schnaufenden Fabrikanten in den engen Jeep. Wir waren überzeugt, die Amerikaner würden sie erschießen.

Nach einigen Tagen waren sie alle wieder da und es war, als habe sich nichts begeben. Meine Mutter hatte sich geirrt, der Bauer machte ein Fuhrunternehmen auf und wurde Vorsitzender des Eisschieß-Klubs. Kommerzienrat Kastl schien noch feister geworden zu sein. In seiner Glasfabrik wurde bald mit Hochdruck gearbeitet. Auch war Glas ein beliebtes Tauschobjekt, mit dem sich bei den Bauern ein paar Pfund Butter holen ließen.

Ein paar Tage lang hatte der Ort vor den russischen Kriegsgefangenen und den Frauen aus der Ukraine gezittert, die vier Jahre lang in einem Lager an der Flanitz gehaust hatten. Sie waren zu Arbeiten aller Art herangezogen worden, weil doch unsere Väter im Krieg waren, jetzt freilich ebenfalls in Gefangenschaft. Man hat die Russen und Ukrainerinnen grausam behandelt, ihre ausgemergelten Körper zeugten davon. Ob sie Kartoffeln ernteten oder Holz sägten, sie arbeiteten langsam und mußten immer wieder keuchend einhalten. Auch ich hatte geglaubt, daß die Russen faul seien und uns Deutschen nicht das Wasser reichen könnten, bis zum Januar. Damals hatte uns die Gemeindeverwaltung fünf Russen zugeteilt, die acht Ster Holz sägen und kleinhacken sollten, die uns das Pferdefuhrwerk des Barons in den Hof gekippt hatte. Das Holz war vereist, und die Russen hielten sich bald die blau-roten Hände vor den Mund und hauchten warme Luft auf die klammen Finger. Ihre Bewacher, zwei junge Reichsarbeitsdienstler, trieben sie an, obwohl sie selber froren. Da kam meine Mutter und holte die Russen gegen den Protest der RADler in die Stube. Da sie auch Slowakisch sprach, konnte sie sich mit ihnen verständigen. In der Küche mußten die Gefangenen behilflich sein, in unserem größten Topf eine dicke Suppe zu kochen, während meine Mutter aus einem alten Mantel Fäustlinge nähte. Im Backofen steckte bereits ein dicker Hefezopf.

Als die Suppe aufgetragen wurde, fingen die Russen an zu weinen, sie fielen vor meiner Mutter auf die Knie und küßten ihre Hände. Dann fingen sie an zu essen, erst vorsichtig, denn die Suppe war heiß, dann immer schneller, gierig schnaubend, stieren Blicks, wie Wölfe zuletzt. Nach dem zweiten Teller schickte Mutter sie wieder in den Hof mit der Bemerkung, sie dürften erst später wieder essen, da sie sonst krank würden.

Am nächsten Tag erschien Ortsgruppenleiter Bauer und schrie meine Mutter an, was ihr einfalle, dieses Gesindel zu füttern. Wenn es noch einmal geschehe, werde er dafür sorgen, daß uns die Lebensmittelmarken gekürzt würden. Jetzt hatten alle Angst vor dem russischen »Gesindel« und den ukrainischen »Schlampen«. Aber seltsam, sie taten den Dörflern nichts. Eine Gruppe Russen war lediglich vor das Haus des Ortsgruppenleiters gezogen und hatte Lieder gesungen, lachend und triumphierend. Sie schienen freilich nicht zu wissen, daß Bauer diejenigen, die bei einem Fluchtversuch erwischt worden waren, persönlich fortgebracht hatte, um sie, wie man sich erzählte, erschießen zu lassen. Nach einigen Tagen zogen die Fremden in Reih und Glied zum Bahnhof und fuhren fort. Vier von den fünfen, die unser Holz gesägt hatten, kamen und verabschiedeten sich, indem sie meine Mutter, meinen Bruder und mich umarmten und küßten.

Wir Kinder identifizierten uns bald mit den lässigen, kaugummikauenden, feine Zigaretten rauchenden, Weißbrot und Schokolade essenden, auf flinken Jeeps daherflitzenden Amerikanern. Beim Kriegsspielen mochte niemand mehr ein Deutscher sein. Die ersten Soldaten kehrten zurück. Als sie fortzogen, wußte ich, wer sie waren, stramme, junge Burschen wie der Wiesinger Michl. Jetzt kamen dünne, stoppelbärtige Männer mit schlürfendem Gang, ohne Achselklappen und Abzeichen an den Uniformen, nicht wiederzuerkennen. Ob mein Vater auch so zerlumpt daherkommen würde?

Diejenigen, die den Amerikanern etwas bieten konnten, waren die gröbsten Sorgen los, vor allem mußten sie nicht hungern. Die Frauen und Mädchen, die sich mit einem »Dschiai« eingelassen hatten, wurden nur anfangs als Huren beschimpft, vor allem von den alten »Weibsleuten«. Doch man vergab ihnen schnell, weil sie »Chesterfields« hatten, Zigaretten, für die zehn Reichsmark bezahlt wurden, sofern sie überhaupt zu kaufen waren. Amizigaretten waren die neue Währung, mit ihnen konnte man alles kaufen, auch Menschen. Ein rauchender Soldat war bald von mehreren Buben umringt, die darauf lauerten, daß er die Kippe fortschnippte. Fand ich eine Kippe auf der Straße, hüpfte mein Herz vor Glück. Für eine Streichholzschachtel voll Tabak aus Amizigaretten gab der Rankl-Bauer ein Kilo Butter oder drei Laib Brot.

Die in den beiden Glashütten Beschäftigten schmuggelten die Kelche, Vasen und Bierseidel packenweise durchs Werkstor. Die Amis zahlten gut und mit Zigaretten.

Wir hatten nichts anzubieten, das sich in Zigaretten hätte umtauschen lassen. Aber der Caspary Xaver, der die Blaskapelle dirigierte und ein Freund meines Vaters war, erlaubte meinem Bruder und mir, nach den Tanzveranstaltungen im alten Kino, das die Amis beschlagnahmt hatten, die Zigarettenkippen einzusammeln. Ein Säckchen Tabak wurde dabei »geerntet«. Dem Rankl-Bauern ging die Pfeife nicht aus und uns plagte der Hunger etwas weniger.

Die Erwachsenen hatten sich so rasch geändert, daß sie mir fremd wurden. Sie hatten einfach alles vergessen, was sie bis vor wenigen Tagen und Wochen taten, dachten oder sagten. Ich spürte zwar, daß der Kampf um das tägliche Brot in dieser armen Waldgegend alle Kräfte für das Hier und Heute beanspruchte, aber konnte man alles, was gestern war, einfach abwerfen und so tun, als sei nichts gewesen? Schließlich waren fast alle Männer fort, von sechzehn bis fünfundvierzig, gefallen, gefangen oder vermißt. An die wöchentlichen, oft täglichen Trauerfeiern unten am Kriegerdenkmal schien sich niemand mehr erinnern zu können. Die Dörfler waren es gewohnt, mit dem Tod zu leben. Kerzen im Fenster verkündeten, daß drinnen jemand starb. Man konnte hineingehen und dem Sterbenden noch etwas sagen, ihn grüßen, ihm zeigen, daß man bei ihm ist. Wenn die Jungen nach der Volksschule in der »Hütt'n« als Schleifer oder Glasbläser anfingen, wußten sie, daß es ihnen bald so ergehen würde wie ihren 35- oder 40jährigen Vätern: Blut aus der Staublunge hustend oder sich vor Nierenschmerzen krümmend, weil sie trotz allem nicht so viel trinken konnten, wie sie am Schmelzofen ausschwitzten.

Die Dörfler behielten ihre Toten in ihrer Erinnerung. Sie sprachen lange von ihnen in den Wirtshäusern, es war, als gäbe es eine unsichtbare zweite Dorfgemeinschaft, die in biographischen Anekdoten fortlebte.

Nur die Gefallenen und Vermißten des Krieges waren wirklich tot, ausgeschieden aus der Gemeinschaft wie Fremde. Eine seltsame Unfähigkeit zu trauern hatte sich jetzt der Mütter, Väter und Ehefrauen bemächtigt. Die Vergangenheit, die man mitgestaltet hatte durch Zustimmung, Aufmärsche, Feiern, Singen und Taten, erschien plötzlich als Alptraum, der einen heimgesucht hatte und den abgeschüttelt zu haben jeder froh war. Die toten und vermißten Soldaten – Väter, Söhne, Brüder – waren Teil dieses Alptraums.

Drei Jahre später kam mein Vater zurück – als Fremder in eine ihm fremde Welt.

MANFRED FRANKE
Ende. Ein Anfang

9. Mai 1945: »... Seit Mitternacht schweigen nun an allen Fronten die Waffen. Auf Befehl des Großadmirals hat die Wehrmacht den aussichtslos gewordenen Kampf eingestellt. Damit ist das fast sechsjährige heldenhafte Ringen zu Ende. Es hat uns große Siege, aber auch schwere Niederlagen gebracht. Die deutsche Wehrmacht ist am Ende einer gewaltigen Übermacht ehrenvoll erlegen.

Der deutsche Soldat hat, getreu seinem Eid, im höchsten Einsatz für sein Volk für immer Unvergeßliches geleistet. Die Heimat hat ihn bis zuletzt mit allen Kräften unter schwersten Opfern unterstützt.

Die einmalige Leistung von Front und Heimat wird in einem späteren gerechten Urteil der Geschichte ihre endgültige Würdigung finden. Den Leistungen und Opfern der deutschen Soldaten zu Lande, zu Wasser und in der Luft wird auch der Gegner die Achtung nicht versagen. Jeder Soldat kann deshalb die Waffe aufrecht und stolz aus der Hand legen und in den schwersten Stunden unserer Geschichte tapfer und zuversichtlich an die Arbeit gehen für das ewige Leben unseres Volkes.

Die Wehrmacht gedenkt in dieser schweren Stunde ihrer vor dem Feind gebliebenen Kameraden.

Die Toten verpflichten zu bedingungsloser Treue, zu Gehorsam und Disziplin gegenüber dem aus zahllosen Wunden blutenden Vaterland.«

In getragenem Ton gibt der Sender Flensburg das Ende des Zweiten Weltkrieges bekannt, pathetisch-verlogen wie immer.

Mittags um zwölf stand ich vor dem Gymnasium, die Sirenen heulten letzte Entwarnung. Ein paar Amis stürzten auf den Vorplatz und sahen zum Himmel. Ein GI umarmte mich, lachte mich an und sagte, ich solle mitkommen. Wir liefen hinauf in die Aula, in der Theateraufführungen und Konzerte stattgefunden hatten, all die Vortragsabende, Schüler- und Elternversammlungen, und die Parteikundgebungen und Siegesfeiern, bei denen wir gesungen hatten: »Heilig Vaterland, in Gefahren deine Söhne sich um dich scharen ...« Schlafsäcke und Decken lagen herum; die Stuhlreihen waren über- und durcheinander geworfen worden; Konservendosen rollten über den Boden; Munition und Maschinenpistolen lagen da und Berge von Schallplatten. Ein Grammophon, irgendwo requiriert, stand daneben. Zum ersten Mal hörte ich: ›In the mood‹. Der GI schob mir eine Zigarette zwischen die Lippen, hielt mir Feuer hin. Und zum ersten Mal atmete ich den neuen Rauch ein: Lucky Strike. Ein anderer GI warf mir ein Päckchen zu. Ich riß es auf, roch an der weißen, biegsamen Masse, fing an zu kauen: Chewing Gum. Die GIs lachten. Sie redeten auf mich ein, fragten mich unaufhörlich irgend etwas, und ich stotterte meine Antworten daher. Die GIs taten so, als verstünden sie mein Schulenglisch. Fortwährend sagten sie: Okay.

Der Stadtkommandant gibt Befehle aus: Wer über die Hauptstraße in östlicher Richtung zu gehen beabsichtigt, muß den südlichen Bürgersteig benutzen; wer sich in westlicher Richtung über die Hauptstraße fortzubewegen gedenkt, muß den nördlichen Bürgersteig wählen. *Rechts gehen* lautet die Vorschrift. Wer indessen in ein Haus gelangen will, das nicht anders zu erreichen ist, als daß er *links* zu gehen gezwungen ist, muß dennoch *rechts* gehen, und zwar bis er dem gewünschten Haus gegenüber angelangt ist. Dann darf er die Fahrbahn im *rechten* Winkel überqueren.

Wir gingen mal rechts, mal links; überquerten die Straße in spitzen und stumpfen Winkeln. Die schwer bewaffnete MP kümmerte das wenig. Die mit Trillerpfeifen ausgerüsteten deutschen Hilfspolizisten feierten lautstarke Orgien.

Der Stadtkommandant ordnet an, jeder Einwohner habe sich registrieren zu lassen, einen vorläufigen Ausweis in Empfang zu nehmen und in allen Häusern sei eine jedermann zugängliche Liste zu befestigen mit den Namen aller Personen, die dort wohnen oder eine vorübergehende Unterkunft gefunden haben.

Drei Amerikaner kontrollierten unser Haus. Im Flur versammelten sich alle Mieter und Untermieter. Ein schwarzer GI zog einen Zettel aus der Tasche und fragte in phonetischem Deutsch, wem das Haus gehöre. Meine Großmutter sagte leise: »Mir.« Er winkte sie heran. »Come on«, sagte er und durchsuchte mit ihr alle Zimmer und Abstellkammern, den Speicher, die Kellerräume. Wir warteten im Flur. Die Soldaten, die uns bewachten, verglichen unsere Ausweise mit der aushängenden Liste; für die Geburtsdaten der Frauen interessierten sie sich am meisten. Dann steckten sie sich Zigaretten an. Ein neuartiger Geruch verbreitete sich. Mein Vater, auf knappste Tabakration gesetzt, muß Qualen durchlitten haben. Als der schwarze GI mit meiner Großmutter zurückkam, sagte er: »Okay.«

No fraternization: hat Eisenhower angeordnet. Der Stadtkommandant setzt Sperrstunden fest: Je nach Laune oder Vorkommnissen dürfen Deutsche zwischen 21.00 und 5.00 Uhr, zwischen 20.45 und 4.45 Uhr, zwischen 21.15 und 5.15 Uhr die Straßen nicht benutzen. Wer dem Befehl zuwider handelt, wird im Jeep vorgefahren.

Hildegard, die in dem Tabakladen gegenüber arbeitete, stieg aus, ein Sergeant folgte ihr. Hildegard schloß die Tür auf, machte Licht und verschwand mit dem Sergeanten im Haus.

Der Stadtkommandant setzt den bisherigen Bürgermeister ab und nimmt Verbindung mit unbelasteten Kreisen auf. Er sucht einen neuen Bürgermeister, überträgt einem Kaufmann das Amt. Der braucht Schreibkräfte, Boten, Polizisten, Fachleute für das Transportwesen, die Lebensmittelbeschaffung, für das Rechtswesen, das Schulamt ... Der neue Bürgermeister verzweifelt; springt überall selbst ein; hat die Befehle der Besatzungsmacht auszuführen; will helfen und muß hart bleiben; kann den Stadtkommandanten nicht übergehen; zieht sich aus allen Affären.

Plötzlich hieß es: auf dem Markt seien zwei Lastwagen vorgefahren. Jemand wollte Kartoffeln, ein anderer Gemüse gesehen haben. Es hieß: das Gemüse, die Kartoffeln würden frei verteilt – ohne Marken! Mit Rucksäcken, Einkaufs- und Aktentaschen rannten wir zum Markt. Die beiden Lastwagen standen da, eine Menschenschlange hatte sich gebildet, wir stellten uns an – um Rhabarber nach Hause zu tragen. Stunde um Stunde brachten wir in brütender Hitze, eisigem Wind und in Regenschauern zu, winzige Punkte in einer langen Reihe, die kaum merklich vorrückten zu einem Viertelliter Milch, zu 175 g Nährmittel, 50 g Fett, 125 g Brot. Mehr als einmal taumelte ich, jemand fing mich auf. Kilometerweit bin ich gegangen, um Erbsen zu pflücken. Ich schnitt Löwenzahnblätter, zupfte Himbeeren. Am Waldrand sah ich den Kunstseidenfabrikanten mit der Baronin aus dem Osten. Und bei den letzten Bauernhöfen, weit vom Stadtrand entfernt, ging ein Getöse los. Entsetzensschreie und Hurrä-Rufe drangen herüber. Die »Ostarbeiter«, vor Jahren in Polen und Rußland zwangsrekrutiert, in Waggons verladen und als billige Arbeitskräfte »ins Reich« deportiert, begehrten auf. Sie wollten sich rächen für die Gewalt, die ihnen angetan worden war, für das Leben, das sie hatten fristen müssen. Mit Stecken, Äxten und Mistgabeln drangen sie in Häuser ein, schlugen wahllos zu. Die Amerikaner hielten sich zurück, überließen den Deutschen das Feld. Der Aufruhr dauerte bis zur Dämmerung. Ich sah die Hilfspolizisten in einem offenen Wagen zurückkommen, blutüberströmt, die Köpfe verbunden.

Der neue Bürgermeister ordnet an, alle ehemaligen Mitglieder der NSDAP oder einer der ihr angeschlossenen Organisationen müßten sich registrieren lassen.

Drei Hilfsschreibkräfte saßen in einem Klassenzimmer. Die Bänke waren im Flur gestapelt. Der Wandtafel gegenüber, so weit wie möglich von der Tür entfernt, hatte man die Tische mit den Schreibmaschinen aufgestellt. Papier lag bereit. Hinter einer der Schreibmaschinen saß ich. Mit uns waren einige Aufsichtspersonen anwesend, darunter ein älterer Mann. »Ich bin Kommunist«, sagte er, »aber das tut jetzt nichts zur Sache. Wir machen Inventur, wollen wissen, wer da und wer zu gebrauchen ist. Jeder kann sich selber stellen, soll seine Chance haben. Und merk dir«, erklärte er mir, »du darfst nur schreiben, wenn ich dabei bin. Alle haben ein Recht darauf, ihre Angaben unter Zeugen zu machen. Du tippst: Name, Vorname, Geburtsdatum, Geburtsort, Adresse, Beruf, Organisation, Rang oder Funktion. Du hast keine Fragen zu stellen und keine Gespräche zu führen. Laß dir die Namen buchstabieren.« Der erste, den ich schrieb, lautete: Weyland, Andreas, Stadtinspektor. Ich kannte alle, die zwei Tage lang anklopften, freundlich grüßten und langsam den weiten Weg von der Tür zu einem der Tische zurücklegten. Wir hatten viel zu tun. Alle habe ich gesehen: die Unternehmer, die um ihre unzerstörten Werkhallen bangten; die Rechtsanwälte, auf deren Rabulistik noch mancher würde angewiesen sein und von denen einer die CDU mitbegründete; meine Lehrer, die sich jovial gaben, zu verhaltenen Scherzen aufgelegte ältere Herren, die wieder dringend gebraucht werden würden. Und die Goldfasane kamen, die Zellenleiter und Blockwarte. Drei stadtbekannte Persönlichkeiten fehlten: der Doppelgänger, der Ortsgruppenleiter und der SA-Sturmführer. Er wird bald verhaftet. Und schon während der Untersuchungshaft wird ans Licht kommen, daß er es gewesen ist, der in der »Reichskristall-Nacht« einen Juden erstochen und dessen Mutter »den Rest gegeben« hat. Der Doppelgänger, der wie der Führer frisiert gewesen war, den Bart wie der Führer getragen und wie der Führer den Arm erhoben hatte in einer Uniform im Führerlook, wurde endlos lange verhört, von Lager zu Lager gefahren und dann nach Hause abgeschoben – eine harmlos-komische Figur. Nur der Ortsgruppenleiter blieb verschwunden. Von der MP festgenommen und in ein Internierungslager eingeliefert, dann ins Lazarett verlegt, war er schon im Juni entlassen worden (der Mann, der zwischen 1922 und 1935 siebenmal rechtskräftig verurteilt worden war und trotzdem seinen Posten behalten hatte). Es hieß: am Niederrhein sei er untergetaucht; lebe bei einer Witwe; arbeite auf einem Bauernhof. Erst 1948 wird er erneut verhaftet und vor Gericht gestellt werden. Die Anklage lautet: als Rädelsführer bei dem Pogrom 1938 aufgetreten und Verbrechen gegen die Menschlichkeit begangen zu haben.

Alle Menschen sind gleich vor dem Gesetz. So kann auch der Ortsgruppenleiter den *Be*lastungszeugen seine *Ent*lastungszeugen gegenüberstellen. Die Umstände kommen ihm zu Hilfe: wichtige Zeit- und Parteigenossen haben das Kriegsende nicht überlebt. Und: der Ortsgruppenleiter ist ein wohlhabender Mann. Bis zum Freispruch nach der Revisionsverhandlung leistet er sich einen fähigen, teuren Anwalt, den vorübergehend zum stellvertretenden Bürgermeister aufgestiegenen Mitbegründer der CDU.

Nur die wenigsten müssen sich vor ordentlichen Gerichten verantworten. Die meisten kommen mit der

Entnazifizierung davon und glauben, nach der Beantwortung von 131 Fragen sei das Zeitalter der Konzentrationslager und der Unterjochungsfeldzüge, der Verfolgungen und des Rassismus »bewältigt«. Wer aber trotzdem an sich selbst Zweifel hegt, wer denn doch meint, zwölf Jahre lang die Nase etwas zu weit vorgestreckt zu haben, läßt sich von guten Freunden ein bißchen helfen: Alte Bekannte setzen sich für alte Bekannte ein, Patienten sprechen für ihre Ärzte, Buchhalter für ihre Fabrikherren – *das* Dokument der »Stunde Null« ist der *Persilschein,* das eigens zur Vorlage bei den Spruchkammerverfahren geschriebene politische Leumundszeugnis. Wem das noch nicht genügt, bringt Geschichten über seinen »Widerstand« in Umlauf. Und Memoiren entstehen. Der Stadtinspektor Weyland beginnt 1946 mit der Niederschrift seiner kleinstädtischen Erinnerungen. Vorausschauend wie immer, begnügt er sich damit, sein Werk als Manuskript für die Freunde vervielfältigen zu lassen.

Wahrheitsgemäß hatte er in dem leer geräumten Klassenzimmer zu Protokoll gegeben, am 1. Mai 1933 Pg. geworden zu sein. Er war Leiter der Stadtbücherei; hatte die Ressorts für Familienunterhalt, Wirtschaft und Ernährung mit übernommen; erwarb sich als Lokalhistoriker Verdienste; gab heimat- und stadtgeschichtliche Jahrbücher heraus. 1940 notierte er in einer Anmerkung: er sehe es als eine der vordringlichsten Aufgaben der Heimatgeschichtsforschung an, das Entstehen, den Sieg und die Aufbauarbeit der nationalsozialistischen Bewegung im örtlichen Bereich für die Mit- und Nachwelt festzuhalten. Doch er hielt nichts fest, er ließ *festhalten; wollte sich nur ein Alibi gegenüber der Partei verschaffen. Vor dem Entnazifizierungsausschuß mußte er zusehen, wie er damit zurechtkam. In seinen Memoiren gab Weyland die Zweideutigkeit seiner Formulierungen zu: alles, was während der Diktatur zu Papier gebracht worden sei, habe mißverstanden werden können. Widerstand gegen die elementare Sturzflut sei zwecklos, seine Mitgliedschaft in der NSDAP die beste Tarnung gewesen; zu offiziellen Anlässen habe er sich ein Parteiabzeichen borgen müssen. Er schrieb: er habe weitergelebt, bis sich die Flut verlaufen hätte.*

Weyland wird zum Beigeordneten gewählt, verantwortlich für das Kultur- und Schulwesen unserer *aufstre-*

benden Stadt. Er brüstet sich damit, alter Marxist zu sein und tritt der SPD bei.

Auch unser Direktor, seit 1941 Leiter des Gymnasiums, wurde Sozialdemokrat. Für ihn, der im Unterricht vehement nationalsozialistische Überzeugungen propagiert hatte, wurde nach einer Karenzzeit der Weg freigeschaufelt in die alte Position. Wie so manche seiner Kollegen ging er zur Tagesordnung über: er fuhr im Pensum fort.

Im kulturellen Leben sind Konzerte mit ernster Musik nach wie vor äußerst beliebt: das Barock blüht auf. Dichterlesungen kommen hinzu: junge Autoren treten kaum in Erscheinung, dafür so altbekannte wie Hans Grimm und Josepha Berens-Totenohl. Heinz Erhardt ist für Humor zuständig, reisende Rezitationskünstler für Poesie: sie tragen Balladen vor, Naturlyrik und politische Gedichte. Brecht fehlt im Programm. Die Dichter der inneren Emigration erhalten den Vorzug: »Und alles, alles war Lüge!«, schmettert ein vor Sprechtechnik berstender Rezitator in den Saal.

Bei Außentemperaturen von minus zwanzig Grad qualmte Kohleschlamm im Ofen. Bis auf die letzte Kartoffel heruntergekommen, trat die Katastrophe ein. Der Morgenthauplan war ad acta gelegt, die Demontage stand bevor. Meine Großmutter hustete bei vierzig Grad Fieber. Sie wird das angekündigte Care-Paket nicht mehr erhalten. In dem kleinen Zimmer, in dem vier Personen bequem Platz finden konnten, saßen nun elf. Sie aßen Hefeaufstrich und Kunstleberwurst; schnitten Tabak und ließen Fotos verschwinden; schrieben lange Briefe und flüsterten miteinander. Knappste Andeutungen schwirrten durchs Zimmer; Gebete wurden gesprochen; Ausbrüche fanden statt – erbitterte Repliken auf hämische Bemerkungen. Sätze aus dem Gallischen Krieg übersetzend, eine Gleichung mit zwei Unbekannten der geforderten Lösung näherbringend und in die Wahrnehmungen Hans Castorps aus dem Nebenzimmer vertieft, wo eine Jagd um die Möbel herum stattfand, ein Stuhl polterte und – Herrgott, Donnerwetter! – ein Klatschen und Küssen zu hören war, bekam ich die Schwierigkeiten beim Umgang mit der Entnazifizierungswahrheit mit und die Sorge um einen Soldaten aus einer gewissen Einheit; wurde Zeuge, wie eine Ehe an den Rand ihrer Existenz geriet und dennoch fortbestand. Ich ging hinaus: ins Kino zu den Gesichtern der neuen Stars; ins Gemeindehaus, wo die Heizung brannte, eine Tischtennisplatte stand und der Pfarrer auf alle Fragen der Zeit seine ewig gültigen Antworten herunterschnurrte. Und ich ging ins Theater. In einem abgetragenen Mantel, den Kragen hochgeschlagen und Atemschwaden vor dem Gesicht, sah ich, wie der General, der Flieger Harras, in herrlicher Uniform soff und fluchte, sang und flirtete, bis er Oderbruch begegnete. Und ich sah einen Mann nach Deutschland zurückkommen: hinkend auf seinen teck-tock-Krücken, Gasmaskenbrille im Gesicht; einer von denen, deren Bett besetzt ist, und der aus dem Bett, das er sich freimacht, herausfliegt – der Unteroffizier Beckmann, der nicht mehr Beckmann sein will; der seine Verantwortung los werden möchte, aber niemand nimmt sie ihm ab; Beckmann, vor dem alle Türen zuknallen, der draußen steht, draußen vor der Tür: »Gibt denn keiner, keiner Antwort??«

Vetter Ockes ist der Mann der Stunde. Seine kleine Karriere, in letzter Stunde noch begonnen, als er, Herbst 1944, zum Westwall dienstverpflichtet wird, aber keine Panzergräben aushebt, sondern für die Verpflegung zuständig ist – Ockes' kleine Karriere fällt weder ins Gewicht noch gänzlich ins Wasser: sie schafft Verbindungen, ermöglicht den Anschluß an ein im Verborgenen ausgezeichnet funktionierendes System kommunizierender Röhren. Ockes räumt die Versicherungspolicen, Rechnungen, Briefe, Beitragsmarken vom Schreibtisch, stellt Kisten und Pappkartons in seinem Arbeitszimmer auf, sorgt für einen Paravent, mit dem er den Raum teilt: vorne türmen sich alltägliche Angebote, im hinteren Teil liegen die besseren Sachen. Regelmäßig spuckt das Röhrensystem Lieferungen aus. Morgens schläft Ockes lange, frühstückt im Morgenmantel, telefoniert und wird angerufen. Bei Anbruch der Dämmerung kleidet sich Ockes an, die Klingel steht nicht still. Langsamen Schrittes, mit gekrümmtem Rücken, die Oberlippe zur Nasenspitze aufwölbend, geht er zur Tür, öffnet sie einen Spalt weit und schiebt den kahlen Kopf vor. Er nickt und läßt ein oder schüttelt den Kopf und drückt energisch die Tür zu. Leute mit langen, weiten Mänteln kommen zu ihm, Koffer schleppend, Rucksäcke auf dem Buckel, Leute, die schnell gehen, und Leute, die hinken, an Stöcken und Krücken daherkommen, ehemalige Leutnants, Unteroffiziere, Gefreite. Auf jede Frage erhalten sie von Ockes eine Antwort.

Wir kauften Hülsenfrüchte und Camel bei Vetter Ockes, Butter und Schuhe, Weinbrand und Hülsenfrüchte, Chesterfield und Nylonstrümpfe, Kartoffeln und Persil, Jacken und Hülsenfrüchte, Pall Mall und 4711 und Kunsthonig. Vetter Ockes war ein umsichtiger Geschäftsmann. Er organisierte diskret und bediente diskret, Einzelabfertigung war garantiert. Als ich eines Abends in seinem Warenlager stand, wurde er hinausgerufen. »Moment«, sagte er. Ich sah hinter den Paravent: da lag neben Seife, Socken, Schnaps und einem Karton mit Präservativen Ockes' Schwiegermutter aufgebahrt. »Endlich«, sagte Ockes, als er zurückkam. Er nahm den Präservativkarton, holte einen zweiten aus der Ecke und legte ein paar Stangen Zigaretten dazu. »Tut mir leid«, sagte er beim Zusammenpacken, »aber ich brauche endlich den Sarg.«

Nach der Musik von Igelhoff, Kreuder, Llossas, Kalman, Lehár, Strauß Vater, Strauß Sohn und Oscar Straus erlernen die Töchter und Söhne bürgerlicher Eltern nicht nur das Tanzen, der Maître de Plaisier ist auch für die Etikette zuständig. Er erläutert den Grad der Verbeugungen (nicht zu lässig, aber auch nicht zu tief); den Plausch, den man hält (nicht zu tiefgründig, aber auch nicht anzüglich); die Haltung der Schultern, den Abstand zum Partner (nur ja nicht zu eng).

Wir tanzten auf Mittel-, Schluß- und Hausbällen, und eines Tages machten wir mit dem Tanzen Schluß. Zum Entsetzen unserer Eltern hörten wir Glenn Miller und George Gershwin, Count Basie und Benny Goodman, Louis Armstrong und Duke Ellington. Wir lasen Steinbeck und Thomas Mann, Hemingway und Plivier, Benn, Kafka und Stefan Andres, machten einen Abstecher zu Freud, gingen zu Camus über und fanden zu Sartre. Existenzialisten waren wir plötzlich, Baskenmützen tragende Besucher verräucherter Kellerkneipen. Berauscht von der Stimme der Greco, ihren langen Haaren und weiten Pullovern, vergaßen wir die Schule. Wir lernten viel, aber was wir lernten, gehörte nicht zum Pensum. Schuld erkennend und Verantwortung bestimmend, räumten wir mit der Vergangenheit auf. Wir analysierten die Gegenwart und schmiedeten Pläne für die Zukunft. Unsere Ansich-

ten waren entschieden. Wir wußten genau, was unter keinen Umständen mehr sein dürfe. Doch was sollte sein? Begeistert von unseren Argumenten, die uns so neu erschienen, als hätten wir sie eben aus dem Himmel heruntergedacht, redeten wir uns die Köpfe heiß. Kaum merkten wir, daß wir immer tiefer unter der Oberfläche des Alltags versanken. Über uns blieb die Misere, die wir überwinden wollten, allein zurück. Mit überzeugenden Rezepten gedachten wir zurückzukehren, irgendwann einmal. In grenzenloser Fülle lag die Zeit vor uns. Als wir aus unserer Kellerwelt wieder auftauchten, stellten wir überrascht fest, daß niemand uns vermißt hatte. Die Tagesordnung lag bis in Einzelheiten ausgearbeitet vor, und der wichtigste Punkt wurde eben in Kraft gesetzt:

> »§ 1.1. Mit Wirkung vom 21. Juni 1948 gilt die Deutsche Mark-Währung. Ihre Rechnungseinheit bildet die Deutsche Mark, die in hundert deutsche Pfennige eingeteilt ist …«

Klaus Staeck
Karbid und Feuerstein

Bei Kriegsende war ich sieben Jahre alt. In diesen Tagen bestand unsere Verbindung zum Rest der Welt in einem großen Blaupunkt-Radio, an dem immer jemand herumdrehte. So meldete sich Anfang Mai häufig ein gewisser Herr Dönitz mit den so vertraut gewordenen Phrasen vom Endsieg und den Wunderwaffen, die schon die Wende noch bringen würden. Solche Nachrichten können ein Kind schon verwirren. Schließlich hatten es sich im Stockwerk unter uns schon etwa zwanzig Amerikaner bequem gemacht und verteilten an uns Kinder freundlich Schokolade. Die größeren ergatterten auch schon mal eine Packung Chesterfield, ein königliches Tauschobjekt.

Bitterfeld war schon vor dem 8. Mai von den Amerikanern ganz undramatisch eingenommen worden. Bevor sie mit ohrenbetäubendem Lärm ihrer dreihundert Panzer in die kleine Stadt einrollten, hatten sie aus sicherer Entfernung noch drei Tage eventuellen Widerstand abgewartet. Der aber hätte nur noch von einem Dutzend Volkssturmmännern kommen können, die am Vorabend des letzten Tages in die Richtung zogen, aus der man den Feind erwartete. Ich werde diese alten Männer nie vergessen, die ganz unmilitärisch im Gänsemarsch, sichtbar müde, an unserem Haus vorbeizogen. Sie hatten alle einen Stahlhelm auf, einige schleppten eine Panzerfaust mit sich. Zwei waren offenbar so gebrechlich, daß sie nicht einmal mehr das Gewehr tragen konnten. Sie hatten ihre Enkel mitgebracht, die ihnen diese Last abnahmen. Nein, das waren sie nicht, die Helden, die ich aus den Zigarettenbilderalben kannte. Diese müden Opas sollten achtzehntausend Einwohner einer Industriestadt verteidigen, als längst alle wußten, daß längst alles verloren war. Ursprünglich hatten sie sogar vor, sich in unserem Nachbarhaus, dem Finanzamt, zu verschanzen. Aufgeregte Nachbarn konnten sie aber dann doch überreden, noch weiterzuziehen, möglichst vor die

Stadt, damit das zu vermutende Unheil wenigstens in Grenzen gehalten werden konnte. Ich habe nie erfahren, was aus den alten Männern geworden ist. Vielleicht waren sie doch so schlau und haben außerhalb der Stadt einen Haken geschlagen und sich verdrückt, hoffentlich.

1945 bewohnte ich mit meiner Mutter, Großmutter und den beiden zweijährigen Brüdern eine Etage eines großen Mietshauses in der Kaiserstraße, der späteren Walter-Rathenau-Straße. Da die Stadt in einer Einflugschneise der Bomberverbände lag, habe ich die Nächte der letzten Kriegsjahre ausschließlich im Keller verbracht. Das klingt schlimmer, als es tatsächlich war. Ich hatte mit dem Zubettgehen schon von klein auf Probleme, und so jubelte ich regelmäßig beim Aufheulen der Sirenen. Mit meinen gleichaltrigen Spielkameraden aus dem Hause hatte ich mich immer schon für die kommende Nacht verabredet.

Am Ende des Krieges stellte sich heraus, daß auf ganz Bitterfeld nicht eine Bombe gefallen war, sieht man von der Beschießung eines Munitionszuges im Bahnhof ab. Das war sogar im Kriege logisch. Die großen chemischen Werke gehörten zur IG Farben, in der wiederum amerikanisches Kapital steckte.

Ich erlebte das Ende des Krieges eher als banales Ereignis. Die sogenannte Ordnung schien schon vor dem Anrücken der Amerikaner aufgelöst. Zwei Tage herrschte so etwas wie deutsche Anarchie. Das hieß, jeder versuchte, sich so gut es ging, auf die vor allen liegende Zeit der Unsicherheit vorzubereiten. In unserem Falle hieß das konkret: eine ganze Wagenladung von Kisten mit Käsekonservenbüchsen aus Armeebeständen wurde unter den Hausbewohnern aufgeteilt. In unserem Hof befand sich eine große Spedition. Dem tschechischen Fahrer des letzten Pferdegespanns wurde erklärt, er sei ja nun kein Kriegsgefangener mehr, womit er auch der Verantwortung für die Käseladung enthoben sei, die er eigentlich noch hätte auf die Geschäfte verteilen müssen. Das war aber auch schon der einzige Akt von Gruppen-Auflehnung, an den ich mich während meiner frühen Kindheit erinnern kann. Unser Käsevorrat reichte, bei zeitgemäß sparsamem Umgang, fast drei Jahre.

Die Amerikaner blieben nur kurz. Nach zwei Monaten rückten sie wieder ab und die Russen kamen: sehr abenteuerlich mit Troika, Panjewagen und Balalaika, vor der ersten Kolonne ritt ein Kosakengeneral mit einem wallenden Umhang, außen schwarz, innen rot. Zu uns Kindern waren sie ebenso freundlich wie die Amerikaner, zu verschenken hatten sie allerdings nichts. Mit den Russen kam für uns das Zusammenrücken in einem Zimmer. Die restlichen fünf Zimmer unserer Wohnung bewohnte ein russischer Major. Eines Tages brachte er einen riesigen Butterblock von mindestens fünfzig Kilo in die Wohnung, was wir Kinder bald spitz bekamen und uns mit Löffeln darüber her machten, was meiner Mutter wiederum um ein Haar eine Diebstahlsanzeige einbrachte.

Was sonst noch geschah, ist Dutzendschicksal: der tägliche Kampf gegen den Hunger und im Winter gegen die Kälte, Vater erstmal verschollen, irgendwann einmal ein Brief aus der Gefangenschaft. Mein oft verzweifelter und vergeblicher Versuch, der Mutter den Familienvater zu ersetzen.

Mit sieben Jahren gehörte ich als Benjamin einer Kinderbande an, eine Art Fortsetzung des Jungvolkes in eigener Regie. Es ging kindlich-militärisch zu. Als Jüngster hatte ich den niedrigsten Rang und wurde nur zum Schmierestehen eingeteilt. Wir räumten Eisenbahnwaggons eines nahegelegenen Rangierbahnhofes aus. Meiner Stellung in der Gruppe gemäß bekam ich auch immer ein entsprechend kleines Deputat von der Beute. Bald erschien ich zu Hause mit zwei Kilo Sago, bald mit einem Karton Rasierpinseln. In diesen Tagen wurde nicht viel nach dem Woher gefragt, als Tauschobjekt war alles willkommen. Der drohende Hunger rechtfertigte alles. Als schließlich bei einem dreisten Beutezug die Bande hochging und die sechzehnjährigen Anführer ins Gefängnis wanderten, hatte ich Glück, daß ich noch so klein war.

Immerhin hatte ich bei dieser Art von Überlebensspielen so viel gelernt, daß ich nun auch alleine zurecht kam, wenn auch die Diebereien zeitweise pathologische Züge annahmen. Mitunter hatte ich mich in der Wahnvorstellung verrannt, allein von mir hinge das Überleben der ganzen Familie ab. Als mein Vater schließlich ausgemergelt aus der Gefangenschaft zurückkam, konnte ich meine erworbenen Kenntnisse hauptsächlich beim Kohlenklauen einsetzen. Ich stand wieder meist Schmiere, während er sich an den Waggons zu schaffen machte, oft am hellichten Tage.

Eines Tages trafen wir zwischen den Bahngleisen einen großen Sirupsee an, in dem schon mehrere Schuhe zurückgelassen worden waren. Ständig befanden sich auf dem Rangierbahnhof Waggons mit Rübensaft, die aus der nahen Zuckerfabrig Zörbig kamen. Ganz eilige hatten mit einer Bohrmaschine den Kübelwagen angebohrt, ein paar Eimer daruntergehalten und den Rest des riesigen Behälters auslaufen lassen: eine tückische Falle für alle nächtlichen Besucher, weil man automatisch kleben blieb, und eine schreckliche Vergeudung.

Noch im Jahre 1945 hatte meine Mutter, die nicht wußte, wie sie uns alle ernähren sollte, ein kleines Geschäft aufgemacht mit handgeschnitzten Brieföffnern aus alten Zigarrenkisten, Gürteln aus Uniformstücken, allerlei Unnützem aus Igelit, eine Art Resteverwertung jeder Art.

Den bescheidenen Grundstock für die Geschäftsgründung erwarb sie sich auf dem Schwarzen Markt. Eines Tages hatte sie in Leipzig einen Platz entdeckt, auf dem viele Leute meist aus Koffern alle möglichen Gegenstände zum Kauf anboten. Zuhause angekommen waren bald ein paar Schuhe, die keinem mehr paßten, eine alte Uhr, ein paar Sammeltassen und noch gut erhaltene Babywäsche gefunden, mit denen sich meine Mutter wieder auf jenen Platz begab. Und das Geschäft lief gut. So blieb sie auch, im festen Bewußtsein, nichts Unrechtes zu tun, ruhig stehen, als plötzlich die Polizei während einer Razzia auftauchte und alle davonliefen. Übrig geblieben wurde sie mit der Grünen Minna ins Gefängnis gebracht. Am nächsten Tag konnte sie dem Kriminalkommissar tatsächlich glaubhaft machen, daß sie diese Art Markt in der Not der Nachkriegszeit durchaus für eine nützliche Einrichtung halte, die sie deshalb für völlig legal gehalten habe und schließlich aus diesem

Grunde ja auch nicht weggelaufen sei. So bekam sie gegen eine Geldbuße von dreihundert Mark sogar alle Sachen wieder ausgehändigt. Schließlich hatte doch alles seine Ordnung, auch in der größten Unordnung.

Die Zauberformel hieß damals – aus Kriegstagen in den armen Frieden hinübergerettet – organisieren. Man stahl nicht, man organisierte. Das klang versöhnlicher und der Organisator konnte einer gewissen Anerkennung sicher sein, je besser er sich auf dieses Organisieren verstand. Es war die große Zeit der Tauschwirtschaft: Reitsattel gegen einen Zentner Mohn, Fahrradschlauch gegen Glühbirnen, Autoersatzteile gegen Karbid, Karbid gegen Feuersteine. Das ging so bis zur Währungsreform. In einem rätselhaften Vertrauen auf jene Ordnung, die vor allem die Leute, die man die Kleinen nennt, regelmäßig um das wenige Hab und Gut brachte, hatte meine Mutter in ihrem Laden bis zur letzten Minute das gesamte Inventar verkauft und keine Ware zurückbehalten, wie andere das getan hatten. Tags darauf bestand der Gegenwert nur noch in vierzig Mark.

In der Schule hatte ich anfangs große Probleme. Kurz vor Kriegsende war meine Mutter mit uns für kurze Zeit aufs Dorf geflüchtet. Dort schienen wir vor den Bomben sicher und es gab ausreichend zu essen. Bei Kriegsende wollte dann aber doch jeder wieder auf seinem angestammten Platz sein. So wurde ich in einer zweiklassigen Dorfschule eingeschult, mußte dann aber schon bald wieder in die Stadt wechseln. Ich kannte mich zwar gut aus in Pilzen, Beeren und Tieren, war aber in fast allen Fächern bald hoffnungslos zurück. So zurück, daß mein Onkel Oswin, von Beruf Lehrer, sich so arg schämte, daß er mir kostenlos und reichlich Nachhilfeunterricht erteilte, um mich vor dem Sitzenbleiben zu retten. Die Schande wurde tatsächlich abgewendet. Schwierigkeiten hatte ich immer, was zu jener Zeit vor allem politisch eher zu den Selbstverständlichkeiten gehörte, das heißt, es sich einfach gehörte, daß man Schwierigkeiten hatte.

Das hing unter anderem damit zusammen, daß ein nicht unbeträchtlicher Teil unserer Lehrer, die zuvor stramme Nazis gewesen waren, nun genauso stramm in Kommunismus machten. Diese Art Opportunismus wirkte auf uns Schüler wenig überzeugend und löste eher Verachtung aus. Viele von uns nahmen die »Brüder zur Sonne, zur Freiheit«-Parolen trotzdem ernst. Geschockt von dem Erfahrenen waren viele tatsächlich Antifaschisten geworden, trotz der Gebetsmühlenhaftigkeit der einäugigen und oft penetranten Propaganda.

Zum Unterricht gehörten damals relativ viele Filme. So wurde eines Tages die ganze Schule in einen Dokumentarfilm geschickt über die Naziverbrechern in verschiedenen Konzentrationslagern mit Menschenversuchen, Massenerschießungen, Folterungen, Gasöfen und immer wieder Leichenbergen. Dieser Film hat mich als Kind ungeheuer erschreckt, die Verachtung gegenüber jeglicher nationalsozialistischer Ideologie verstärkt, aber zugleich auch große Angst ausgelöst vor dem, was Menschen anderen zufügen können, wenn man sie läßt. Zumal wir schon als Kinder sehr schnell mitbekamen, wo auch im neuen Staat die Grenzen gezogen waren. Erfolg hatten in jener Zeit oft die ewigen Mitmacher, die nicht soviel fragen, die Lobhudler, die Heuchler. Dazwischen aber auch immer einige, die nicht alles mit sich machen ließen, lieber einmal auf einen Karrieresprung verzichteten, andere nicht denunzierten, nicht jeden Unsinn priesen, sich nicht bei jeder Gelegenheit verkauften, die zu Hause die Spiegel nicht zu verhängen brauchten. Zugegeben: das war manchmal gar nicht so einfach in einer Epoche, die man die Zeit des Stalinismus nennt. Aber es war möglich.

Klas E. Everwyn
Ein Begriff von Freiheit

Es war Mitte April 1945, als ein Feldwebel der Luftwaffe, Träger des Deutschen Kreuzes in Gold und anderer Auszeichnungen, im Dorf Balkhausen bei Solingen auf mich zukam und sagte: »Sieh zu, daß du nach Hause kommst, bevor hier die Scheiße richtig losgeht.«

Doch »Zuhause«, wo war das? In Köln, wo ich bis vor einer Weile mit den Eltern gelebt hatte, jedenfalls nicht mehr, soviel war sicher. Dort war alles zu Bruch gegangen, und die Mutter hauste inzwischen auf einem Bauernhof in der Nähe von Waldbröl. Ich aber trug die Uniform der deutschen Wehrmacht, war eben fünfzehn geworden und gehörte seit neuestem der 156. Infanterie-Division an, deren Reste sich bei Solingen sammelten. Davor war es eine etwas merkwürdige Einheit gewesen, die 1. leichte Fronthelfer-Flakbatterie »Köln«, die mir eine Art Zuhause geboten hatte. Deren Geschütze und übrige Gerätschaften aber waren auf einem Acker bei Olpe stehen geblieben.

Kommandiert wurde der Haufen aus Lehrlingen und Schülern von jenem Feldwebel der Luftwaffe, der mir jetzt den Befehl zum Abhauen gegeben hatte. Acht Monate lang war er nicht müde geworden, mich und die anderen Leute unserer Einheit auf den Endsieg vorzubereiten, uns anzuschnauzen und zu schleifen und uns mit dem Kriegsgericht für den Fall zu drohen, daß jemand ans Abhauen auch nur dachte. Und nun hatte er mich auf diesen Gedanken gebracht und damit alles in Frage gestellt, was sich jahrelang in mir aufgebaut und fest verfugt hatte.

Stets war ich, Einzelkind und Sohn eines Polizisten, Musterschüler einer höheren Lehranstalt und Jungvolkführer, auf der Höhe meiner Zeit gewesen. Und den Krieg, den hatte ich längst als eine ganz natürliche Lebensform begriffen. »Nur der Freiheit gehört unser Leben!« hatte ich gesungen und es auch so verstanden. Denn wie sollte wohl ein freieres Leben aussehen als das, was ich führte: weg von den Eltern, weg von Zuhause, heute hier, morgen da. Im Sudetenland war ich gewesen, in der Tschechei, in Schlesien, Bayern, und wenn es auch meist Jungvolklager gewesen waren mit Aufmärschen, Exerzierübungen, Zapfenstreich und Wecken, das alles gehörte so unverbrüchlich zu einem »freien« Jungenleben meiner Zeit, daß Zweifel bei mir erst gar nicht aufkamen, gar nicht aufkommen konnten. »Wir erziehen uns selbst!« war eines der Schlagworte, die wir Erwachsenen gern entgegenschleuderten, wenn sie uns »dumme« Fragen stellten.

Deshalb war es nur folgerichtig, daß ich mich, nach all den Lageraufenthalten kaum wieder in Köln, im Jahr 1944 freiwillig als Brandschutzwache meldete und meine Nächte fortan mit gleichaltrigen Kameraden in Luftschutzbunkern verbrachte, die Edelweißpiraten und ihre wilden Lieder kennenlernte, »In Junkers Kneipe« grölte, ihre Redensarten annahm, ihre Gewohnheiten nachahmte und dennoch nichts dabei fand, die Jungvolkuniform anzuziehen und den Aufruf ernstzunehmen, auch ich, ein Junge von vierzehn, sei durchaus in der Lage, das bedrohte Vaterland mit der Waffe in der Hand zu verteidigen. So landete ich auf dem Umweg über ein Westwallschanzlager bei dem Haufen, der sich zunächst HJ-S-Stamm, dann aber, etwas großspuriger, 1. leichte Fronthelfer-Flakbatterie nannte.

Wir waren keine Luftwaffenhelfer und trugen deshalb auch nicht deren taubenblaue Uniform. Uns steckte man in alle möglichen Uniformteile der deutschen Armee, sogar das Khaki des Afrikakorps war darunter. Uns verband ein Kombattantenausweis, der uns zu Soldaten der deutschen Wehrmacht ernannte, und eine gelbe Armbinde mit entsprechender Aufschrift. Für alle anderen aber, die uns marschierend und singend und Gewehre tragend daherkommen sahen, hießen wir nur »Deutschlands letzte Hoffnung« und boten Grund für Gelächter. Bei diesem Haufen lernte ich einiges: auf Stroh und in jeder Lage zu schlafen, zu Drillingen gebündelte 2-cm-Kanonen und doppelläufige Maschinengewehre auf feindliche Jagdbomber zu richten und damit zu schießen, mich an irgendeinem Bach oder überhaupt nicht zu waschen, auf Befehl zu kriechen und wieder aufzuspringen, Wache zu schieben, Erdlöcher auszuheben und mich vor alldem auch zu drücken. Und ich lernte, tote Kameraden zu begraben, Ehrensalut eingeschlossen. So war es in Titz und Ameln, in Gymnich und Kerpen, in Weiß am Rhein, Troisdorf, Osberghausen und Olpe und schließlich in Balkhausen an der Wupper. Hier waren wir gestrandet, das Ende unseres Weges vor Augen, aber immer noch nicht bereit oder einfach nicht in der Lage, die Konsequenzen daraus zu ziehen. Bis es mir ein Luftwaffenfeldwebel befahl. Ich gehorchte, das hatte ich gelernt, auch diesem Befehl und machte mich auf die Suche nach dem neuen Zuhause.

Das Dorf hieß Bladersbach. Dort war die Mutter untergekrochen, dort stellte sich nach mir auch mein Vater ein. Die Familie war wieder vollzählig beisammen. Eigentlich hätten wir nun eine Weile glücklich miteinander sein können, allein weil wir den Krieg heil überstanden hatten. Doch da waren die näheren Umstände, von der Mutter »Misere« oder auch »Enge« geheißen. Anstelle einer geräumigen Drei-Zimmer-Wohnung in Köln bestand das Zuhause nunmehr aus zwei winzigen Zimmern ohne Wasseranschluß gleich neben dem Kuhstall, vollgestopft zudem mit dem einst nach Großstadtmaßen gekauften Mobiliar. Auch war der Vater kein Schutzmann mehr, ich nicht mehr Schüler einer höheren Lehranstalt. Hier auf dem Dorf sah alles sehr anders aus. Mir gefiel es.

Wenn mich nicht die pure Not der Familie zu den Bauern aufs Feld und den Acker trieb, wo ich Mehl oder Kartoffeln verdiente, lebte ich in den Tag hinein, freigestellt von allen Schul-oder anderen Pflichten. Der Vater ging jetzt dem Beruf eines Waldarbeiters nach, magerte rasch ab und schien sich dennoch wohl dabei zu fühlen. Manchmal erklärte er es mir: er sei froh, endlich die »Verantwortung« los zu sein. Ich wußte nicht genau, was er damit meinte, aber er benutzte das Wort häufig, und so wird es sicher für ihn eine große Bedeutung gehabt haben.

Einzig meine Mutter mochte dem neuen Dorfleben keinen Geschmack abgewinnen. Es verging kaum ein

Tag, an dem sie dem Vater nicht in den Ohren lag, ihn zwang, Bittgänge nach Köln anzutreten und Fragebogen auszufüllen. Als Tochter eines Kölner Bierkutschers und einer Wäscherin aus der Altmark hatte sie einen sonderbaren Drang zum Höheren entwickelt und war anscheinend auf die einstmals als »schneidig« empfundene Polizeiuniform des Vaters mehr hereingefallen als auf den Menschen, der drinsteckte. Jetzt trug dieser Mann keine Uniform, sondern ein bunt zusammengestelltes Zivil; auch brachte er unbekannte Gerüche aus dem Wald mit in die »Enge«; die beiden Zimmer waren bald von ihnen durchdrungen: Harz und Gerbsäure, ein schlimmes Gemisch.

Ihre Betten trennten die Eltern schon bald; in den vormals elterlichen Betten schliefen der Vater und ich, die Mutter bevorzugte ein hartes Brettergestell in der Wohnküche als Nachtlager. Kurz darauf folgte zwischen ihnen auch die Trennung des Tisches. Meine Mutter beschloß, diesen schlimmen Verhältnissen einfach aus dem Weg zu gehen und uns zu verlassen.

Eine Schwarzmarktverbindung, die uns Kaffee und Zigaretten gegen Kartoffeln beschert hatte, wies ihr den Weg in den Haushalt eines Geschwisterpaares mit Kramladen im nahen Waldbröl, wo belgische Besatzungsoffiziere und andere Geschäftemacher verkehrten und wo das stattfand, was meine Mutter als »Lebenskultur« begriff: beispielsweise mit einer Zigarette in der Hand und einem Gläschen Cognac auf dem Tisch dasitzen und lauschen, wie Beethovens Romanze in F-Dur vom Plattenteller schnurrt. »Himmlisch!« rief sie dann gern aus.

Ich hätte an diesem Leben teilhaben können, die Mutter lud mich dazu ein. Aber ich wollte nicht; vielleicht weil ich all die Leute nicht mochte, die es in diesem Laden gab, diese Schieber und Stenze, vielleicht aber auch, weil ich einfach in Ruhe gelassen werden wollte. Die Zeichen dafür standen günstig. Denn der Vater war inzwischen in seinen Polizistenberuf zurückgekehrt, war in Düsseldorf eingestellt worden, und die beiden Wohnräume in Bladersbach gehörten nun mir.

Zwar ging ich wieder zur Schule, aufs Hollenberg-Gymnasium nach Waldbröl, das war nicht zu umgehen gewesen. Doch es hing von mir ab, ob ich morgens tatsächlich zur Bahnstation hinunterging und zur Schule fuhr oder nicht. Die Entscheidung darüber wurde mir allerdings dadurch erleichtert, daß Mädchen in der Klasse waren. Die hatte es in meiner alten Kölner Schule nicht gegeben. Allein ihretwegen ließ ich die vielen Klassenarbeiten und das Pauken unregelmäßiger Verben über mich ergehen, den Satz des Pythagoras und die mathematischen Potenzen. Niemand verlangte gute Noten von mir, und so sahen sie auch aus.

Ich war meine Eltern los, lebte allein und freute mich dennoch meines Daseins. Mittags, wenn ich von der Schule nach Hause kam, fachte ich den Ofen an und kochte ein Essen, das meist aus einer Milchsuppe oder aus Bratkartoffeln bestand. Und wenn sich die Eltern alle vierzehn Tage in »meiner« Wohnung trafen, ließ ich sie dort sitzen und über Geld und die Welt reden und verzog mich ins Dorf.

Denn da hatte sich, beflügelt durch den Fund einer alten Pauke auf dem Dachboden der Gastwirtschaft, eine kleine Band zusammengefunden. Um den Schlagzeuger mit der Pauke scharten sich ein Akkordeon- und ein Gitarrespieler, und ich war ihr Sänger und Melodienbeschaffer geworden, saß vorm Radio in der Wirtsstube und nahm Texte und Melodien in mich auf: ›Don't fence me in‹ und ›In the mood‹ und ›Haibaberiba‹. Abends sang ich sie den anderen vor, und sie versuchten, hinter meinem Gesang herzuspielen. An Auftritte dachte dabei niemand, nur an den Jux, den wir miteinander hatten.

Sonntags spielte ich Fußball auf den Dörfern, hinterher schwang ich das Tanzbein auf den Tanzböden der Umgebung, lernte Mädchen kennen, liebte, kam gegen Morgen heim, wenn's an der Zeit war, zur Schule zu gehen. Dort dann wieder Unfug, Herumtollerei, Fußball auch hier, Mädchen, anschließend Kino, im Sommer die nahe Badeanstalt. Irgendwann auch wieder nach Hause, wo ohnehin niemand auf mich wartete, es sei denn das Bett.

Die aus den Kölner Trümmern geretteten Möbelstücke gingen bei diesem Leben natürlich nach und nach drauf. Erst der nutzlose Teppich, der zusammengerollt auf dem Kleiderschrank gelegen hatte. Dann der ebenso nutzlose Staubsauger, das erste Radio, ein zweites Radio. Alles wurde zu Butter und Zigaretten gemacht; der Küchenschrank ergab einen Wintermantel. Ich lebte von Milchsuppen und Maisbrot. Ab und zu, wenn der Hunger gar zu arg wurde, verdiente ich mir bei den Bauern ein Mittagessen, ein Frühstück, ein Abendbrot. Es war ein »phantastisches« Leben.

Ich hatte zu schreiben angefangen, Gedichte, Geschichten, Tagebuchnotizen. Ich versuchte, meinen Gedanken feste Formen und eine Ordnung zu geben. Zu wirr lief das Leben vor mir ab, als daß ich es hätte fassen können. Wo war das andere geblieben, das der Aufmärsche und Exerzierübungen, der Marschlieder und Zeltlager? Hatte ich es nicht einmal auch als ein freies Leben verstanden? Es schien hinter mir versunken zu sein.

Nach und nach ging mir auf, daß man mir über Jahre hinweg mit all dem Klimbim und Brimborium wie Uniform und Abzeichen und einer verquasten Heldentumschwärmerei den Blick verstellt hatte. Nun war er frei für die Einsichten, die mir erlaubten, dahinter die große Lüge zu erkennen, mit der ich vereinnahmt worden war für Führer, Volk und Vaterland. Und für eine Freiheit, die es gar nicht gab. Nicht daß ich in der Schule oder auf dem Sportplatz herumtollte und mich austobte, war das Überwältigende und Großartige, sondern daß ich mich entfalten konnte, nach eigenen Regeln leben durfte und mich selbst dabei entdeckte. Das alles ergab für mich einen Begriff von Freiheit. Auch wenn ich im Geäst einer ausladenden Buche im hintersten Winkel des Brölscheid saß und schrieb, den Wolken zusah, wie sie dahinfetzten, und dem Rauschen der Bäume zuhörte, selbst dann spürte ich etwas davon. Dann wurde es ruhig in mir, und ich erkannte endlich die Dinge hinter den Dingen oder hoffte zumindest, daß es so sei. Vollends klar wurde mir das alles aber erst, als ich das Dorf verlassen mußte.

Der Vater hatte eine Wohnung in Düsseldorf aufgetrieben und für mich eine Stelle als Angestellter einer Behörde ausfindig gemacht. Zur Überraschung aller fanden wir uns eines Tages in Düsseldorf als Familie wieder. Dafür war alles, was meine Freiheit ausgemacht hatte, von mir zurückgelassen worden: der Fußballverein, die Schule, die Mädchen, die Band, vor allem aber das Dorf. Jetzt hatte ich keine Freunde mehr, sondern nur noch Kollegen, ich beschriftete Karteikarten, trug Autokennzeichen und andere Merkmale darauf ein. Stunden über Stunden saß ich an einer Schreibmaschine und tippte Karteikarten voll, Tag für Tag, Woche für Woche, Jahr um Jahr.

Einzige Freude in diesem tristen Einerlei: Alle vierzehn Tage zog ich los, kaufte für das wenige verdiente Geld eine Fahrkarte und fuhr ins Dorf zurück. Für ein Wochenende borgte ich mir die dort hinterlassene Freiheit aus, ehe ich lernte, sie mir auch in der Stadt, im Beruf, in meinem abermals erneuerten Leben zu erobern. Aber das wäre eine andere Geschichte.

Jürgen Lodemann
Lebenskunde

Das Wort »Beziehung« hatte damals eine andere Bedeutung. »Vitamin B« nannte es die Mutter. Unsere Stielmus-Beziehung wohnte oben unterm Dach. Dort hauste ein Ehepaar, von dem ich hörte, »er« sei Kommunist. Ich schaute mir den Mann mit Vorsicht an. Und war enttäuscht. Schon wieder hatte Großvaters Weisheit nicht gestimmt. Auch dieser Kommunist trug keine »Kommunisten-Tolle«, hatte nicht nur kein langes, sondern überhaupt kein Haar. Der war auch nicht kräftig und brutal und kein heimlicher Kinderfresser, sondern sehr nett – ein dünnes Männlein, ein wendiges und witziges.

Das auffallendste an ihm ist seine enorme Frau. »Die Dickste von Essen«, murrt Mutter, »gut durch 'n Winter gekommen.« Diese Kommunistenfrau thront nun unten im Waschraum oder im Hof vor unserer Küche und putzt Stielmus. Ich weiß von ihr nur noch, daß sie immerzu diese grünen, langstieligen Pflanzen entblättert und zerschnitten hat. Sie sitzt auf einem Stühlchen, rings um ihren großen Leib häuft sich der Gemüse-Abfall. Die brauchbaren, die zarten Blätter und Stengelspitzen füllen Eimer und Zinkwannen; auch wir bekommen einen Spankorb voll, »für lau«. Mutter kocht das und es schmeckt garstig. So was essen also solche. Geschmacklos.

Dennoch, mich fasziniert dieser behende Mann. Der springt da unten im Hof um die Massen aus Grünzeug herum, in deren Mitte seine Frau sitzt. Während sie emsig ist und stumm, diskutiert ihr Mann mit dem Vater. Vor allem über die höheren, über die politischen Dinge. Über die wissen nur Männer was, die Frauen versorgen Gemüse. Vom Vater höre ich Wörter wie »Führerprinzip« und »Irrtum«. Das mit dem »Führerprinzip«, das müsse er zugeben, das sei ein Fehler gewesen, ein verhängnisvoller. Aber im übrigen ...

Und nun kommt schon damals, in meiner ersten Erinnerung an Vaters Politik, jener Satz, den er die dreißig

Jahre, die er nach 1945 noch zu leben hatte, so oft wiederholte, in Gesprächen wie in Briefen, daß ich am Ende, wenn er wieder damit anfing, Atemnot bekommen werde. Ich fürchtete, so einer nimmt die anderen entweder nicht ernst oder nicht einmal wahr, was wohl auf dasselbe hinausläuft. So stolz er darauf war, aus der Kirche ausgetreten zu sein, so stolz war er zugleich, unter unseren direkten Vorfahren »fast fünfzig Pfarrer« gefunden zu haben – sein Wiederholzwang muß was mit dieser Erbmasse zu tun gehabt haben. Denn die Prediger haben bekanntlich angefangen mit der Propaganda (»-fidei«), und die lebt vom Wiederholen.

Sein Kehrreim also lautete: »... und im übrigen sind alle Menschen von Natur aus verschieden«. Daraus folge, sagt er unten im Hof dem redelustigen Kommunisten, daß all diese Gleichmacherei, wie sie der kollektivistische Osten betreibe, vom Übel sei, entwürdigend und widernatürlich. Solche und andere schwierige Wörter kommen dann. Und Vater zeigt sein ernstestes, sein Wahrheits- und Nachrichten-Gesicht.

Der kleine Glatzenmann hat sich das ruhig angehört. Ich seh ihn sogar lächeln und mir zuzwinkern. Und dann, plötzlich – ich muß nicht genau genug aufgepaßt haben – mit einem Mal ist der Dünne an der Reihe und fragt den Vater, wer denn wohl die Menschen je »gleicher« gemacht habe als sein Hitlerstaat. Das fragt der nicht bloß, sondern zeigt's ihm zugleich, marschiert es ihm vor, im Stechschritt rund um diesen Berg aus Gemüse, aus dem oben die starke Frau herausschaut. »Und nun der Amerikaner!« redet der pfiffige Mann und reißt die Beine hoch, der Amerikaner werde uns alle erst recht gleich machen, zu Witzfiguren, zu Mickymäusen, zu Coca-Cola-Männchen, jawohl, merken Sie sich das! Nicht wahr, du mein Kleiner, du jedenfalls siehst das irgendwann mal ein, daß dieser komische Onkel rechtgehabt hat. Er hält an, schnauft und erklärt, die übelsten Gleichmacher, das seien nun mal – und dann kommt wieder ein schwieriges Wort. Ich vermute, dann kam »Monopolkapitalisten«. Oder so ähnlich, ich muß das rekonstruieren.

Jedenfalls hat dann auch der Vater wieder was gebrummelt, was ich nicht verstanden habe; das ging so hin und her, bis der Kommunist ohne Haar-Tolle es aufgegeben hat, mit Vater zu philosophieren und lieber wissen will, was denn ich »mal werden« wolle. Auf dem Balkon habe er mich tippen sehen, auf der Schreibmaschine, was ich denn da geschrieben hätte.

Da bin ich verlegen. Vater geht lieber weg, durch die Waschküche in den Trockenkeller, wo sein selbstgezogener Tabak hängt, »Eigenheimer«. Mutter ruft aus der Küchentür, ich solle nun hereinkommen. »Gedichte«, bringe ich noch rasch heraus. »Oh, Gedichte schreibt Ihr Kleiner? Unbedingt was draus machen! An die Zeitung schicken, das gibt Geld, zeigen Sie mir doch mal, was er da so ...«

Mutter zieht mich weg von dem. Als die Küchentür geschlossen ist, höre ich: »Der is nich echt.« – »Warum denn nich?« – »Ich möchte nicht, daß du mit denen zusammen bist.« – »Warum nich?« – »Ich *möchte* es nicht.«

Mein erster deutscher Kommunist. Seine Frau hat sich noch wochenlang durch die Stielmusberge gearbeitet, diese stumme, seufzende Frau. Sie kocht das alles im großen Waschkessel, füllt es dann in Einweckgläser. Was will ihr lustiger Mann mit dieser wortlosen Frau. Und mit all dem scheußlichen Stielmus. Tauscht und verkauft er's en gros? So wie ich meine gereimten Buchstabensachen verkaufen soll?

In der verwitterten Akte von damals finde ich fast hundert Erklärungen, von Nachbarn und Kollegen. Alle beteuern, bei den Nazis nicht mitgemacht zu haben, dennoch, über den »Blockleiter« und »AEG-Obmann« könnten sie nichts Negatives sagen. Im Gegenteil, die zählen gute Taten auf, rühmen Vaters »soziale« Arbeit, seine »Kameradschaft«. Und da finde ich eine handgeschriebene Notiz, kaum zehn Zeilen auf liniertem Papier. Er als Untermieter in Drosselstraße 24 – ja, das ist er, der Stielmusmann. Der Gleichheits-Marschierer. Er teilt der Entnazifizierungsbehörde mit, daß Vater ihn und seine Frau schon 1944 zu anderen Untermietern in seiner Wohnung aufgenommen habe. »Obwohl er wußte, einen Antifaschisten vor sich zu haben.« Und dann, ebenfalls wörtlich: »In seinen ehrlichen und etwas weltfremden Gedankengängen konnte er sich überhaupt nicht vorstellen, wie die Nazis arbeiteten.«

»Die immer Betrogenen, die unwissend Hoffenden.« Peter Weiss (in der ›Ästhetik des Widerstands‹).

Der Rücken war grün. Die Buchstaben darauf schwarz. Auf grünem Leinen wuchs das schwere, schwarze »L«. Wie ein Baumstamm.

Ich war aus der Schule gekommen, war allein. Die Eltern machten Besorgungen. Der Vater sollte Holz heranschaffen, hatte im Stadtwald einen Buchenstamm zu zerspleißen. Die Muttter war im Münsterland bei den Großeltern, hamstern. Der älteste Bruder noch in französischer Gefangenschaft, der andere schon »Heimkehrer«, jetzt bei der Mathematik-Nachhilfe, lernte fürs Abitur. Die Wohnung still, das Radio. Die Bücher. Der breite grüne Rücken mit dem schweren »L«. So fing unser Name an, auf den Urkunden. Hier eröffnete es das Wort »Lebenskunde«.

Vorn im Buch bestaunte ich den Ruhr-Arbeiter. Den mit dem dicken Hammer auf der Schulter. Der schaute energisch empor, obwohl im Hintergrund finstere Wetter zogen. Der blickte fast wie Vater, wenn er die Nachrichten hörte. Welch ein Blick, aber auch welch ein Hals. Sehnig und muskulös. So mußte man wohl sein. So einer wollte auch ich werden, Muskeln würde ich haben, stark sein und unbeirrt gucken können.

Wollte ich? Doch, doch. Ein wichtiger Führer würde dann auch unter mein Bild in stämmigen Buchstaben drucken lassen: »In Zukunft wird es in Deutschland nur noch einen Adel geben, den Adel der Arbeit. – Adolf Hitler«.

Ein bißchen Sorge hatte ich allerdings auch. Warum schaute dieser Mann mit dem dicken Hals nach oben und nicht freundlich zu mir? War der »einer von den Besseren«, von denen Mutter redete? »Lebenskunde« war modern ausgestattet, mit anschaulichen Fotografien. Mich fesselte die Riesenschlange. Die konnte ihren Oberkiefer so weit vom Unterkiefer wegsperren, daß ein ganzes Rehkitz hindurchpaßte. Das verschwand da einfach, in Schlund und Schlauch. Auf mehreren Fotos konnte ich sehen, wie das Kitz im Leib der Schlange weiterwanderte, wie die Verdickung allmählich kleiner wurde. Am Ende war alles »verdaut«. Ich sah mir das immer wieder an. Eine Bildgeschichte. Ich war das Rehkind?

Weiter hinten im Buch gab es keine Tierbilder mehr, da waren es wieder Menschenfotos. Am häufigsten betrachtete ich eine Aufnahme, die zwei Jungen zeigte. Die waren in meinem Alter, standen nebeneinander, vor einer Wand. Ich schaute sie an und versuchte herauszukriegen, ob der Größere wirklich, wie die Unterschrift behauptete, der Bessere sei. Ich sah mir die Gesichter an, die Kleidung, wollte unbedingt den Unterschied erkennen. Der Größere war blond und trug eine Turnhose, eine knappe Turnhose und ein Sporthemd. Vielleicht war er ein Pimpf, wie ich einer hatte werden wollen? Ich war erst neun gewesen, als die Pimpfzeit beendet wurde.

Der andere war kleiner, hatte dunkles stoppelkurzes Haar. Er steckte in einer Hose, wie auch ich sie tragen mußte. »Borbecker halblang« nannte das die Mutter. Auch diese Hose hier war viel zu groß, reichte bis fast an die Knie. Wie die, die ich von meinen Brüdern auftragen sollte. Dieser Dunklere, Kleinere, der hatte ein rundliches, trauriges Gesicht. Seine Rasse sei »minderwertig«, sagte die Bildunterschrift.

Der Größere war auch auf einem anderen Foto des Biologie-Buches zu erkennen. Dort boxte er, mit richtigen Boxhandschuhen. Beim Boxen konnte man stark werden und Muskeln kriegen, wie der Arbeiter von Adel.

Auf den Schulzeugnissen der großen Brüder hatte ich gesehen, wie neben ihren Leistungen in Latein oder Lebenskunde auch ihre »Muskulatur« beurteilt wurde.

Mir tat der Schwächere sehr leid. Aber werden wollte ich wie der Blonde. So unbehaglich mir auch war. Heimlich tastete und schaute ich nach – hatte ich Muskeln? »Von fünfzig Pfarrern stammen wir ab.« Erbt man da Muskeln? Vater hätte einen Bauernhof erben können und hatte ihn nicht haben wollen.

Nur wenige Jahre später, da sah ich die großen Blonden alle wieder. Auf strahlenden Plakaten, sportlich und schön. – Die »Lebenskunde« hatte im Anhang auch eine Tabelle, auf der man ablesen konnte, daß die »Minderwertigen« in Berlin vierzig Prozent der Ärzte stellten, fünfzig Prozent der Rechtsanwälte und sogar achtzig Prozent der Theaterleiter. Rechtsanwälte und Theaterleiter, etwas Furchtbares, ganz klar.

Der Bruder, der fürs Abitur lernte, ging oft von seiner Arbeitsecke hinüber zum Klavier, das uns ein Einquartierter zurückgelassen hatte. Immer wieder sah ich, wie der blasse, große Bruder in seinem dunklen Marinezeug sich vor die Tasten setzte, um mit Hingabe eine bestimmte Melodie zu spielen, stets dieselbe. Das war ein Lied, von dem ich damals nur die erste Zeile kannte. »Ich hab mich ergeben...« – diese traurigen Worte hatte ich gut verstanden. »Ergeben«. Entscheidend im Krieg der Großen wie der Kinder. Den anderen »umkriegen«. Ihm dann solange zusetzen, bis er sich ergibt.

Keine Ahnung hatte ich, daß der Bruder damals, kaum aus der »Kriegsmarine« zurück, ein hochnationalistisches Lied spielte. Exakt das Gegenteil von Trauer und Niederlage. 1946 spielte er – »jetzt erst recht«? – das Lied eines Jahn-Jüngers, eines fanatischen Franzosen- und Judenhassers, der sich eben nicht dem Frieden »ergeben« wollte, sondern: »... mit Herz und mit Hand... dem teuren Vaterland«. Ein zweites Deutschlandlied war das. Ein klammheimliches.

Ich, zum Glück, hörte es anders. Sah nur immer den bleichen, müden Bruder, der, soeben noch der Katastrophe entronnen, mit dem Leben davongekommen, seine Niederlage bekundete.

Zarte, traurige Töne, so höre ich sie. Während er immer wieder dies einzige spielt, was er sich auf dem Klavier beigebracht hat, lese ich, in den dicken, stämmigen Buchstaben, ›Der Nibelungen Not‹. Unter den melancholischen Tönen seh ich vor mir den letzten Zug der Wormser, von dem als einziger der Hagen weiß, daß diese Reise die letzte sein wird. Den geraubten Reichtum wirft er in den Rhein. Unter dem kindlich-düsteren Lied seh ich dann diese älteste und traurigste aller

Schlachten, diese unausweichliche und konsequente gegenseitige Ausrottung zwischen Hunnen und Burgundern. Die deutschtümelnde wehmütige Weise, für mich spielt sie der Bruder als Todesmarsch.

Josef Ippers
Zacharias Zachary

Plötzlich erschien Herr Saueressig im Türrahmen. Er sah so aus, wie er hieß – der Name ist nicht erfunden! –, und er war wütend. Er klopfte niemals an, das hatte er nicht nötig, er war der Hauseigentümer. »Was rummst denn hier so?« Die Türklinke war gegen die Wand geprallt.

Zacharias Zachary war erschrocken. Sein Herzschlag hatte einen Augenblick ausgesetzt, seine Hände zuckten, das Zucken ging in Zittern über, und als er höflich aufstand, spürte er es auch in seinen Knien. Flüchtig dachte er daran, daß Herr Saueressig und seine Schwester, die Frau Derich, vor kurzem noch miterlebt hatten, wie nördlich ihres Hauses auf der Kölner Straße mehr als die Hälfte unserer Stadt in Trümmer »gerummst« wurde. Jetzt störte es sie schon, wenn der Sohn ihrer Mieterin mit dem Handballen auf Papierstreifen tupfte, die er in eine Hauptbuchkladde kleben wollte – der Kleister taugte nichts ...

»Das hat aufzuhören!« befahl Herr Saueressig.

Der Junge nickte stumm. Er war hinter dem Wohnküchentisch hervorgekommen; seine Haltung drückte Demut aus. Herr Saueressig machte kehrt und schlurfte die Treppe hinunter; er trug Filzpantoffeln. Die Zimmertür hatte er aufstehen lassen. Der Junge ging zur Tür. In jäh aufwallendem Zorn warf er sie zu – doch im letzten Moment schnellte seine linke Hand zwischen Tür und Rahmen, fing das Türblatt auf, und fast geräuschlos schob er die Tür ins Schloß.

Das Wohnungsamt hatte sie, nachdem sie auf der Furth ausgebombt waren, hier zwangseinquartiert. Zwei nebeneinanderliegende, aber nicht miteinander verbundene Zimmer; die Toilette im Parterre benutzten sie mit den Eigentümern gemeinsam; kein Bad; der Trokkenboden unterm Dach war noch nicht wieder benutzbar; die Waschküche befand sich im Keller.

Zacharias Zachary betrachtete seine Sachen auf dem Tisch. Er war zufrieden gewesen mit seiner Arbeit. Er hatte auf der Zinkhütte einen Unfall gehabt, »feierte« zur Zeit krank. Das, was er gerade eben noch getan hatte, was er lieber als alles andere machte, nannte außer ihm niemand Arbeit – niemand, den er kannte. Sie hätten ihn ausgelacht, falls er es so genannt hätte. Alle hätten geschimpft und ihn bestraft, wenn sie gewußt hätten, daß er es schon wieder tat – alle, die er kannte. Er war fünfzehn Jahre jung und nahezu jeder besaß Gewalt über ihn – jedenfalls kam ihm das so vor.

Es klingelte unten. Zacharias Zachary lauschte angespannt. Eine Männerstimme sprach in fragendem Ton seinen wirklichen Familiennamen aus. Herr Saueressig antwortete, sein Baß war unverwechselbar. Schritte auf der Treppe. Zacharias Zachary rief nicht »Herein«, als es klopfte, er öffnete die Tür und sagte: »Ja?« und »Bitte?«

Soeben ließ sich ein Deutscher Schäferhund vor der Schwelle nieder. Der schlacksige Mann, der die Leine in der Linken hielt, schien etwa doppelt so alt zu sein wie der Junge und war ihm fremd. Seine rechte Hand stak in Leder, die Finger waren zur Klaue geformt und starr. Der Hund hatte tiefschwarzes, wunderschön glänzendes Fell. Seine Lichter funkelten gelb-grünlich.

Der Junge mochte Tiere.

Der Mann war mit den Augen seinem Blick gefolgt. Er stellte den Hund vor: »Das ist Satan!«

Als der Hund seinen Namen hörte, sah er zu dem Mann auf, wedelte mit dem Schwanz und hechelte. Die Zunge hing aus seinem Maul, schlappte über die Reißzähne.

»Komme vom Vormundschaftsgericht«, sagte der Mann. »Bin dein neuer Vormund. Hab' mit dir zu reden. Fraktur!«

Zacharias Zachary sah ihn an und schwieg.

»Damit wir uns gleich richtig verstehen – halt mich bloß nicht für 'ne lahme Ente!« Sein zweiter Vormund schwenkte den rechten Arm, fuchtelte mit der Klaue. »Das hier – das ist massiv deutsche Eiche! Steckt mehr Wucht drin als in 'ner Keule!« Er bückte sich und tätschelte mit seiner lebendigen Hand den Kopf des Hundes. »Und für den Fall der Fälle ist da noch Satan...!«

Der Hund stellte die Ohren auf.

Zacharias Zachary konnte nichts erwidern. Er preßte die Kinnladen so fest aufeinander, daß ihm die Wangenmuskeln schmerzten, blinzelte und schnaufte mühsam durch die Nase. Angestrengt mußte er seine Knie durchdrücken, damit sie nicht unter ihm nachgaben. Unversehens wurde ihm klar, daß er sich nicht länger zu beherrschen vermochte. Er bebte vor Angst – das Beben war ein Flattern in seinem Bauch.

Der Mann richtete sich auf. Er und sein Hund befanden sich dicht vor der Wohnküchentür, gerade noch draußen auf dem Treppenpodest.

Zacharias Zacharys Schuhkappe traf die Kehle des Hundes. Die Wucht des Fußtritts wirbelte Satan bäuchlings hoch, schleuderte ihn die Treppe hinunter. Kein Japsen, kein Jaulen, nichts. Dann krachte Zacharias Zacharys Faust auf den Mund des Mannes. Dessen Lippen platzten. Das Krachen kam von Zähnen, die brachen. Der Mann stolperte rückwärts, ruderte mit den Armen. Er trat ins Leere, und das Treppenhaus widerhallte vom Poltern seines Sturzes von Stufe zu Stufe.

Unten kreischte Frau Derich hinter geschlossener Tür.

Der Junge umklammerte mit beiden Händen den Handlauf des Geländers.

Auf seinem rechten Handrücken war Blut. Zacharias Zachary stemmte seine Knie gegen die Geländerstäbe. Er schwitzte und keuchte wie nach raschem Lauf.

Jetzt winselte der Hund. Der Junge hörte, daß unten die Wohnungstür geöffnet wurde. Stimmen tuschelten, er unterschied den Fisteldiskant Frau Derichs und den Baß ihres Bruders. Er verstand aber nur, was sein zweiter Vormund krächzte. »Das wird dem noch leidtun! Einen Kriegsversehrten ...! Das soll der büßen! Das kommt den teuer!« Ehe die Haustür zufiel, nuschelte der Mann noch: »Besserungsanstalt!« Mit seinen lädierten Zähnen war das Wort anscheinend schwierig auszusprechen.

Zacharias Zachary tastete sich das Geländer hinunter – er mußte sich festhalten, so unsicher war er auf den Beinen. Er war schwindlig vor Aufregung.

»Um ein Haar hätt' das Halsband das arme Tier erwürgt!« hörte er Frau Derich zu ihrem Bruder sagen.

Sein Zeigefinger, den er um den Riegelbügel des Haustürschlosses hakte, angelte zweimal daneben; seine Finger waren so schweißnaß, daß er beinah abglitt.

Durch den Spalt ihrer Stubentür beobachteten Frau Derich und Herr Saueressig, wie Zacharias Zachary fortging – im Hinausgehen sah er die zwei halben Gesichter im Türspalt, bleich, eines über dem anderen, und aus jedem glotzte übergroß ein stumpfes Auge.

Auf einmal mußte ich lachen.

Das war im Mai 1946.

»Angekränkelt von des Gedankens Blässe«, zitierten sie geringschätzig. Weil ein Kerl, ein zackiger Pimpf und guter Deutscher nicht zu denken pflegte. Die mich mochten, hatten es spöttisch und besorgt gesagt, die anderen höhnisch und voller Mißtrauen. Sie sahen ganz richtig, daß ich nicht klüger war als sie, und es irritierte sie, daß einer mit unseren Mitteln zu denken versuchte. Ich hingegen war der Meinung, daß unsere Mittel dazu ausreichen müßten. Schwachsinnige gab es unter uns ja nicht mehr. Sie waren von Staats wegen zum Nutzen der Nation, zwecks Säuberung der Rasse ausgemerzt worden. Das war gesetzlich, also rechtens gewesen. Meine Verwandten und Bekannten hielten es immer noch dafür ...

Selbstverstandlich war ihnen das geflügelte Wort vom Volk der Dichter und Denker geläufig. Darauf konnte gelegentlich hingewiesen werden – das war die blanke Vorderseite einer Medaille mit peinlich brüniertem Rükken. Aber die Dichter und die Denker waren doch nicht Leute wie unsereins! Das waren ganz andere gewesen, und die lebten nicht etwa anderswo, sondern in der Vergangenheit. Ungefähr wie Drachen und Feen und Hexen und Juden und Zigeuner und Kommunisten. Es war lächerlich, daß heutzutage einer von uns versuchte, ihnen nachzueifern. »Als ob wir nichts Besseres zu tun hätten!« Das Land lag in Trümmern. Wiederaufbau war das Gebot der Stunde. Zupacken war gefragt!

Allerdings, wem es gelang, sich dem Gebot der Stunde erfolgreich zu entziehen, wer mit deutscher Tüchtigkeit als Schieber ein Vermögen anhäufte, der wurde bewundert, der verdiente Achtung.

»Denken« war zu nichts nütze. Wer bildungsbeflissen war, Wissen erwerben und Einsicht gewinnen wollte, erschien ihnen suspekt, nicht zugehörig. Vor ihrem Unverständnis retteten sie sich in Verachtung. Nichtzugehörige bezeichneten sie als blaß, unmännlich, unweiblich sowieso, untüchtig, undeutsch. Denken war kränklich, nachgerade krankhaft. Die davon Befallenen galt es zu heilen. Neuerdings! Seit es nicht mehr gesetzlich, also rechtens war, sie einfach auszumerzen, wie kürzlich noch die Schwachsinnigen und die Bibelforscher und andere Volksschädlinge.

Ich war ein Kind und wußte nicht so recht Bescheid. War voller Zweifel an der Umwelt, an mir selbst. Manchmal hätte ich gerne widersprochen, war mir aber selten sicher genug. Ich fühlte mich sehr allein.

Vater war nicht mehr da. Er war für Führer, Volk und Vaterland nach Rußland marschiert, seine Pflicht zu erfüllen. Obwohl er eigentlich gar nicht dahin wollte und er bis zum Schluß nicht begriff, inwiefern sein Mitmachen, seine Pflichterfüllung in Rußland dem Führer, dem Volk und dem Vaterland dienten. Trotzdem hatte er gehorcht. Er war ein einfacher Mann mit einfachen Wünschen, der seine Frau und seinen Sohn liebte. Er sparte für ein Eigenheim und einen Volkswagen und fuhr gern mit dem Kraft-durch-Freude-Schiff auf dem Rhein. Er war Nationalsozialist, Träger des Goldenen Parteiabzeichens, Mitgliedsnummer unter 1000. Und er vertraute der Obrigkeit, die ihn gelehrt hatte, er sei ein Herrenmensch. Das hatte ihm gefallen. Oft sagte er kopfschüttelnd, zuweilen sogar zähneknirschend: »Wenn *das* der Führer wüßte ...!« Schließlich zerfetzte ihn eine Granate.

Mutter war katholisch. Sie betete zum Heiland und verabscheute Nazis und Bolschewiken gleichermaßen. Sie haßte den Krieg, als wäre der eine Person; sie haßte ihn so dumpf, wie im Mittelalter die Seuchen personifiziert und gehaßt worden waren. Daß die Priester ihrer

Kirche sowohl die deutschen als auch die französischen Kanonen mit Weihwasser segneten, verstand sie nicht; sie hatte in der Kino-Wochenschau Aufnahmen von Feldgottesdiensten gesehen, und auf unserer Seite waren die Altäre mit Hakenkreuzfahnen geschmückt gewesen. Sie sagte: »Zweifel muß man niederringen!« Das hatte ihre Kirche sie gelehrt. »Bete und arbeite«, so lautete ihre Devise. »Nachdenken bringt unsereins nur durcheinander«, sagte sie, »soweit darf man es nicht kommen lassen!«

Sie warf sich selber vor, daß sie nicht aufgemerkt hatte, als es mit mir anfing. Bereits im Kindergarten, als ich in einer Ecke mit dem Rücken zur Wand stand, und die anderen Kinder hockten im Halbkreis um mich herum, und ich erzählte ihnen Geschichten. Kühn versetzte ich Figuren aus den Büchern, aus denen mir vorgelesen worden war, in meine kindliche Welt. Beispielsweise führte ich den starken Samson aus Mutters Bibel und den Adolf Hitler aus Vaters ›Mein Kampf‹ und das Rotkäppchen aus dem Märchenbuch der Nonne, die den Kindergarten leitete, am Sonntag in der Neußer Straßenbahn zusammen, wo ich ihnen dann begegnete ... Den Kindergärtnerinnen hatte das zugesagt; ich sorgte für Ruhe.

Damals erlebte ich die einzige glückliche Phase meiner Kindheit.

Erst der Lehrer machte meine Mutter aufmerksam. Er sprach uns in Kaisers Kaffeegeschäft an, wenige Tage nach meiner Einschulung. Lobend äußerte er sich über meine scharfe Beobachtungsgabe – ich hatte ihm von unserem Hündchen erzählt und daß es sein Bauchweh selber kuriere, indem es im Garten Kräuter fresse, und wie tapfer der Dackel seinen Freßnapf verteidigte, gegen wen auch immer, einmal gegen einen vermeintlichen Angriff des Herrn Pfarrers – »Haha!« Meine arme Mutter war entgeistert. »Wir haben keinen Hund, hatten niemals einen!«

Vermutlich fühlte sich der Lehrer von einem Lausebengel auf den Arm genommen. »Der Junge lügt!« erklärte er gewichtig und ermahnte meine Mutter: »Das müssen Sie im Keim ersticken!«

Als wir heimkamen, schlug mich Mutter.

Ich verstand nicht, warum.

Am nächsten Tag, in der Schule, schlug mich auch der Lehrer.

Ich verstand wieder nicht, warum.

Bald konnte ich auf das mündliche Lügen verzichten, das mir bloß Schläge eintrug; ich konnte es mir abgewöhnen. Nachdem der Lehrer mir das Schreiben beigebracht hatte, schrieb ich meine Lügengeschichten auf Papier. Ich begriff, das verlieh ihnen sogar Dauer.

Mutter war verzweifelt.

»So was kommt vom Lesen«, versicherte der Lehrer weise, »das verdirbt nicht nur die Augen!« Er war humanistisch gebildet, das Wort »Fabulieren« und sein Sinn müssen ihm vertraut gewesen sein – doch er brachte es nicht in Verbindung zu einem Arbeiterjungen. Meiner Mutter riet er, mir das Lesen auszutreiben.

»Das bringt dich auf dumme Gedanken«, sagte Mutter – als ob Gedanken dumm sein könnten! – und sie schlug mich jedesmal, wenn sie mich beim Lesen ertappte. Aber ich konnte mir weder das Lesen noch das Schreiben abgewöhnen. Nicht einmal meiner Mutter zuliebe! Sie verbrannte, was ich aufgeschrieben hatte. Ich versteckte das Geschriebene hinter Fußbodenleisten, unterm Linoleumteppich. Sie suchte danach ... Ich las außerhalb des Hauses. Wenn es regnete, kroch ich unter eine Parkbank im Rosengarten und las im spärlichen Schutz der schmalen Sitzbretter. Die Bücher mußte ich stehlen ...

Mutter wäre es lieber gewesen, ich hätte mich bei den sogenannten Geländespielen des Jungvolks bewährt, wo echt gekämpft wurde; ich war aber zu feige, auf andere einzuprügeln. Sie verweigerte mir die Brille, die ich dringend gebraucht hätte; sie wollte keinen Sohn, der aussah wie ein Intellektueller.

In der Schule beanstandete der Lehrer an meinen Aufsätzen die wildwuchernde Phantasie. Er schlug mich nahezu täglich – immer, wenn ich wieder einmal behauptete, ich hätte schlechte Augen und könnte aus meiner Bank heraus nicht erkennen, was er an die Tafel geschrieben hatte ...

»So wie im Marmorblock die Form, verschlossen / in Urform, harrend nach Erlösung schmachtet / so fühl auch ich in mir, zutiefst verdrossen / mich selbst in Urform grabestief umnachtet / und such zur Form mich endlich loszuringen ...« An dieser Stelle fehlen mir ein paar Zeilen. Dann folgt: »Ich fühle mich von Menschen und von Dingen / drangvoll umgeben, und ich hör mit Grollen / ihr unwillkommnes Bröckeln, Splittern, Pochen / die Stümperschläge, die mich bilden sollen / und wittre die Gefahr, zu Nichts zerbrochen / den tausend Schöpfern endlich zu erliegen / zu Schutt statt Form gewandelt ...« Ich weiß nicht mehr, wie es weitergeht und ausklingt.

Das Gedicht heißt ›Lebensdrang‹ und ist von Walter Flex. Es war Zacharias Zacharys Lieblingsgedicht. Und noch ein Vers daraus fällt mir ein, den Zacharias Zachary oft im Kopf – nie auf der Zunge! – hatte: »Und meine eingeborne Form verachtet / die Stümper, die in mein Gefängnis dringen / und, unerschaffen selber, schöpfen wollen ...« Er schätzte die Rohlinge richtig ein, die uns nach ihrem Ebenbild zu deformieren trachteten; er ahnte, wir wären aus viel zu sprödem Material für ihre Ungeschicklichkeit. Zacharias Zachary erkannte instinktiv: uns drohte Zerstörung, Vernichtung!

In der Zeit, als wir zur Schule gingen und insgeheim Gedichte lasen, in Büchern, die aus der Leihbücherei auf der Furth gestohlen waren, standen dem, was meine Erzieher meine Lesewut nannten, keine besseren Autoren als Walter Flex zur Verfügung. Die Leihbücherei Schmitz führte in diesen Jahren zwischen 1938 und 1945 keine wahrhaftigen Bücher. Ich konnte damals nicht ahnen, daß es sie früher bei uns gegeben hatte und anderenorts nach wie vor gab. Doch etwas in mir vermutete, sie müßten zu schreiben sein.

Um das zu versuchen, erfand sich der Junge, der ich damals war, das wohlklingende Pseudonym und den starken Charakter Zacharias Zachary.

Er war erheblich stärker als ich und zielbewußt und sicher. Er war es, der uns das Lesen und das Bemühen um Erkenntnis nicht verbieten ließ, weder das Ausdenken noch das Aufschreiben von Geschichten und auch nicht das wachsame Augenmerk auf die Wirklichkeit. Er widersetzte sich und hielt durch, er widerstand und hielt aus, so lange es ging, und als es unerträglich geworden war, trat und schlug er um sich und floh.

Ich alleine hätte das niemals geschafft.

Mit dem Zusammenbruch des sogenannten Dritten Reiches fiel meine Generation aus der Normalität, in die sie hineingeboren, in der sie aufgewachsen, für die sie erzogen war. Der Krieg, das heißt willfähriges Töten und Tötenlassen, war uns natürlich erschienen; während der gesamten Zeit unseres bewußten Daseins, so weit unser Erinnerungsvermögen und die uns gewährte Kenntnis von Historie in die Vergangenheit zurückreichten, hatten wir nichts anderes erfahren.

Der neue Zustand hatte anfangs viele Reize. Wir hielten ihn für Frieden, obzwar er nichts dergleichen war und es bis heute nicht geworden ist – nicht werden kann, so lange noch das Vokabular von Sportlern, Geschäftsleuten, Politikern die Entfernung des kriegerischen Jargons aus unseren Hirnen blockiert, in unserer Sprache daher ständig Krieg stattfindet, der Krieg somit »denkbar« erscheinen muß ... Die Ungewißheit der Verhältnisse, die wir der endlichen, längst überfälligen Rat- und Hilflosigkeit der Erwachsenen verdankten, die uns bis dahin mit unerschütterlicher Bestimmtheit gepredigt hatten, alles Heil läge im Sieg, dieses nunmehrige Chaos, die Unordnung lag uns Jugendlichen. Wir waren ja für nichts und niemanden verantwortlich, noch nicht, im Gegensatz zu den Älteren. Jedoch verschiedenes verwirrte uns. Mich zum Beispiel verstörte vor allem das, was sich wider Erwarten als beständig erwies.

In der Schule wurden die Lehrer ausgetauscht. Die alten Nazis verschwanden – zunächst, bis auf weiteres – aus unserem Gesichtsfeld. Künftig sollten uns jüngere Leute erziehen – die ihrerseits von den alten Nazis erzogen worden waren ... Unser neuer Religionslehrer war ein junger Kaplan, einbeinig, hochdekorierter Ex-Kampfflieger, ein Held. Wir Jungen verehrten ihn – wir waren der Heldenverehrung noch nicht entwöhnt, das gelang nicht so schnell. Er war rothaarig und hieß Hahn;

wir nannten ihn den Roten Hahn. Er strotzte vor Energie und gutem Willen. Er gründete in Neuss die erste Pfarrjugendgruppe. Ich ging hin, war danach ziemlich konfus. Angeführt vom Kaplan veranstalteten sie sogenannte Geländespiele, wobei echt gekämpft wurde; der Kaplan schimpfte mich einen Feigling, weil ich unfähig war, auf andere einzuprügeln …

Unser neuer, junger Klassenlehrer lachte, als ich ihm das Formular zurückgab, worauf ich meinen Berufswunsch hatte angeben sollen; wir gehörten einer Schule an, deren männliche Zöglinge nach ihrer Entlassung Maurer, Zimmerleute, Dachdecker werden wollten, Autoschlosser oder Mechaniker mit Vorzug, auch Installateur, Elektriker, Bäcker und Metzger, Schuster und Schneider. Da war keiner so dreist, etwa Architekt, Arzt, Rechtsanwalt, Ingenieur oder gar Lehrer werden zu wollen. Ich hatte mittlerweile erfahren, daß es den Beruf des Schriftstellers gab – den hatte ich aufgeschrieben.

Lachend berichtigte der Lehrer meinen Irrtum.

Folglich schickte mich meine Mutter in die Schriftsetzerlehre.

Zacharias Zachary bewahrte mich davor, zu zerbrechen. Er zerbrach nicht einmal, als mein Lehrmeister ihn davonjagte … »Achthundert Blätter!« stammelte mein erster Vormund verblüfft. Er war ein Stotterer, und sein künstliches Auge wirkte stets, als ob es tränte. In Wahrheit tränte die Augenhöhle. Wir und Mutter weinten wirklich. Mutter schluchzte vor Enttäuschung – »Schande! – diese Schande!« jammerte sie. Ihr Sohn hatte abermals sein Versprechen gebrochen, sie fühlte sich von ihm betrogen. Ich weinte vor Schuldbewußtsein. Zacharias Zachary weinte aus Mitleid mit mir und Mutter. »Es ist stärker als ich!« Die melodramatische Erklärung überforderte Mutter genau so wie Onkel Carl, meinen ersten Vormund. Carl mit C, wegen der Vornehmheit.

Der Druckereibesitzer hatte seinen Setzerlehrling davongejagt, nachdem er ihn beim Diebstahl von achthundert Blättern feinen Schreibpapiers erwischt hatte, Vorkriegsware, DIN-A4-Format.

»Was wolltest du mit dem Zeug?«

»Ich wollte – ich will doch Bücher schreiben!« antwortete Zacharias Zachary.

Mein erster Vormund tippte sich an die Schläfe.

Hernach sprach Onkel Carl beim Jugendamt vor und legte seine Vormundschaft nieder; mit einem Kriminellen, der zu alledem auch noch bekloppt war, mochte er sich nicht belasten.

Der zuständige Beamte des Jugendamts ließ mich auf meinen Geisteszustand untersuchen. Der Medizinalrat, der mit dieser ambulant durchgeführten Untersuchung beauftragt worden war, empfahl eine gründlichere Untersuchung stationär durchzuführen; er verfügte meine Einweisung in die Bonner Landesanstalt für Jugendpsychiatrie.

Wir gingen freiwillig hin.

Mutter hatte mich bedrängt. »Du willst doch geheilt werden«, hatte sie beschwörend gesagt, »ein gesunder Junge!« Meine seltsame Leidenschaft für die Literatur und das bedrückende Schuldgefühl loswerden, das wollte ich in der Tat. Außerdem liebte ich meine Mutter und mich quälte ihr Kummer.

Zacharias Zachary warnte mich nicht. Er war ein Abenteurer, lebensgierig, erlebnissüchtig. Er war gespannt auf die neuen Erfahrungen in der Irrenanstalt.

Sie hatten fünfzig an Gemüt und Nerven kranke Jungen unseres Alters in zwei Sälen zusammengepfercht, dem Schlafsaal und einem Tagesraum. Die Türen waren verriegelt, die Fenster vergittert. Ich erinnere mich an einen Mitpatienten, der nach jeder Mahlzeit sein Essen in seinen Blechnapf erbrach und es dann genüßlich ein zweites Mal löffelte. Sie ließen uns hungern, so daß morgens nach dem Frühstück, mittags und abends wüste Kämpfe um die Krümel entbrannten, die auf die Tischplatte gefallen waren und mit angefeuchteter Fingerkuppe aufgepickt wurden. Ich war der einzige Gesunde unter fünfzig Kranken. Ich war knapp fünfzehn Jahre jung und nicht minder hungrig als die Kranken, aber ich durfte mich weder an den Kämpfen um die Krümel noch an den Spielen der anderen oder ihren Freundschaftsbündnissen beteiligen. Nonnen, Pfleger und Assistenzärzte bewachten und belauerten uns, Tag und Nacht, in jeder Sekunde, sie notierten jede Geste, jede Grimasse, jeden Seufzer, und nach ihren Berichten wurden wir beurteilt, und diese Urteile entschieden, wie lange wir bleiben mußten und ob wir anschließend freigelassen oder an geschlossene »Heime« noch schlimmerer Art zum »Verwahren« überwiesen wurden. Es kam darauf an, sich von allen übrigen zu unterscheiden! Aber das fiel schwer, denn jede Krankheit offenbarte sich bei jedem Patienten in anderer Weise. Ich mußte mich normal benehmen! Doch wie beweist sich Normalität in einer solchen Umgebung? Ich hätte resigniert – ohne Zacharias Zachary.

Er nahm den Kampf auf, schlau, mit List und Ausdauer und unerhörter Selbstdisziplin – und er gewann.

Ohne ihn wäre ich damals zerbrochen.

Nach sechs Wochen bescheinigten sie mir geistige Gesundheit und entließen mich.

Diese sechs Wochen sind so grauenvoll gewesen, daß ich bis heute außerstande geblieben bin, näheres darüber zu erzählen oder zu schreiben ...

Damals in Bonn habe ich erkannt, daß nicht *ich* der krankhaft Gestörte war, sondern jene, die mich dorthin abgeschoben hatten. Doch mit dieser Erkenntnis war fast schwieriger zu leben als mit der Furcht vor der Möglichkeit des eigenen Wahnsinns!

Nach meiner Freilassung arbeitete ich im Drei-Schichten-Wechsel täglich zehn Stunden als Schmelzer an einem Hochofen der Nievenheimer Zinkhütte. Für einen Wochenlohn erhielt man zu jener Zeit auf dem Schwarzen Markt in der Düsseldorfer Altstadt ein Päckchen amerikanischer Zigaretten. Ohne den Nachweis einer geregelten Erwerbstätigkeit wären mir die Lebensmittelkarten entzogen worden ... Zacharias Zachary schrieb über unsere Erfahrung in der Zinkhütte die Erzählung ›Verdammte Nacht‹.

Immer, wenn wir allein zu Hause waren, schrieb er, korrigierte vorher Geschriebenes oder las – ausschließlich, wenn wir alleine waren ... Dann kam der Tag, als er den Rasierpinsel meines toten Vaters in eine Tasse mit gesprungenem Boden und abgebrochenem Henkel tunkte; er löste in lauwarmem Wasser harten Kleister und strich mit dem Quast über die rot linierten und mit blauen Ziffern bekritzelten Seiten einer stockfleckigen Hauptbuchkladde. Das alte Buch roch muffig, das Wasser stank nach Chlor und der Kleister nach Kadaver. Doch das schadete nichts. Zacharias Zachary hatte kurze Abschnitte und längere Passagen eines Manuskripts auseinander geschnitten und setzte sie jetzt in neuer Anordnung wieder zusammen, klebte die Streifen mit beinah zärtlicher Sorgfalt in den monströsen Folianten. Er war hungrig. Er hatte unter Lebensgefahr ein Care-Paket aus einem von bewaffneten Industriepolizisten bewachten Schuppen am Güterbahnhof gestohlen, die Nahrungsmittel aber nicht meiner Mutter überlassen, sie statt dessen gegen diese grau eingebundene, gebrauchte Kladde und etwas Tinte, einen dünnen Stapel holzspänigen Schreibpapiers und einen Kleisterklumpen eingetauscht.

Zacharias Zachary hatte den Gedanken an Mutter verdrängt, die sich in der Metzgerei Wilms auf der Kapitelstraße für einen Ring minderwertiger Blutwurst, die der Metzger selber nicht aß, krumm schuftete. Ich war Zacharias Zachary und in dieser Rolle frei von Schuldgefühlen.

Wir brauchten über unseren Text nicht nachzugrübeln, die Versatzstücke waren fertig numeriert, und Zacharias Zachary war völlig versunken in den Traum, an dessen Verwirklichung wir arbeiteten. Der Traum hieß »Mein Erster Roman«. Das war unser Großer Traum, und indem wir an seiner Verwirklichung arbeiteten, war er für uns bereits erfüllt, war Wirklichkeit. Selbstverständlich besaß weder ich noch sonst jemand in meinem Bekanntenkreis eine Schreibmaschine. Darum war das Manuskript säuberlich in Blockbuchstaben gemalt, denn meine Handschrift war nahezu unleserlich. Zudem kaschierte das raffiniert meine Unsicherheit bei den Groß- und Kleinschreibregeln. Die Tinte war trüb, von schlechter Qualität, und ich hätte sie verwischt, wenn ich die Manuskriptstreifen auf der Hauptbuchseite glattgestrichen hätte. Daher tupfte ich behutsam mit dem Handballen darauf.

Bis auf einmal der Herr Saueressig im Türrahmen erschien …

Ungeachtet der Tatsache, daß ich gar nicht mehr erreichbar war, bestellte mir das Jugendamt einen dritten Vormund. Lorenz Beus hatte promoviert, also war ihm Intelligenz beurkundet, und so etwas respektierte meine Mutter. Sie zeigte ihm einen Text, den ich geschrieben und versteckt und den sie gefunden und noch nicht verbrannt hatte, und sie glaubte dem Herrn Doktor, wenn auch mit Verwunderung, als er versicherte, dieser Text sei durchaus akzeptabel. Dr. Lorenz Beus trug meine Geschichte zur Redaktion der Neuss-Grevenbroicher-Zeitung, und wahrhaftig druckten sie die ›Verdammte Nacht‹. Sie schickten an die Adresse des Autors ein Belegexemplar und per Postanweisung ein Honorar von dreißig Reichsmark.

Mutter war stolz auf ihren Sohn. Den Empfängerabschnitt vom Quittungsblock des Geldbriefträgers bewahrte sie lange auf und zeigte ihn herum. Meine Geschichte zeigte sie niemandem.

Sie benutzte das Belegexemplar zum Feueranzünden.

Nach meiner Flucht von daheim bewegte ich mich unter den Menschen, ohne Anteil zu nehmen an ihren Sorgen. Vor der Währungsreform war das leicht, jedermann stahl und verschob das Gestohlene in aller Öffentlichkeit. Wer sich in Bewegung hielt, konnte mühelos überleben. In dieser Zeit schrieb ich nicht. Ich hielt mich in Bewegung und wahrte Abstand zu den Menschen, ich beobachtete sie unbeteiligt aus der Distanz.

Nachdem allmählich eine neue Fassung der alten Ordnung im Land etabliert worden war, sich gewisse Zustände zu Verhältnissen manifestiert hatten, wurden Randexistenzen wie die meine schwierig und zunehmend schwieriger – ich habe zwei Jugendarrestanstalten von innen kennenlernen müssen, ein Jugendgefängnis, ein halbes Dutzend Untersuchungsgefängnisse, ein volles Dutzend Polizeigewahrsame und ein Zuchthaus. Dennoch beharrte ich weiter eigensinnig auf meiner Randexistenz, blieb jahrelang Beobachter und verweigerte dem Land und den Freuden meiner Landsleute die Anteilnahme.

Als ich heimkam und wieder zu schreiben begann, benötigte ich Zacharias Zachary nicht mehr – irgendwann, irgendwo waren er und ich einer geworden. Mit ihm als einem Teil von mir war ich der geworden, der ich bin. Zunächst veröffentlichte ich Kurzgeschichten, später Romane unter meinem wirklichen Namen.

Sehr zum Leidwesen meiner Verwandten! Sie schämen sich meiner ...

Ich versuche Geschichten zu erzählen, die ich als Junge in den Regalen der Leihbücherei Schmitz vermißte, Geschichten, die zeigen, was wirklich ist und wie es sein sollte, wer es zu verantworten hat, wie die Verhältnisse sind, und zu wessen Vor- und Nachteil und wie das geändert werden kann ... Ich bin ein *freier* Schriftsteller. Das ist einer, der sich nicht darum kümmert, was seine Nachbarn von ihm halten. Ich stehe wieder – oder immer noch – dort, wo ich zu erzählen angefangen habe, in einer Ecke mit dem Rücken zur Wand.

August Kühn
Wo man daheim ist

Ich wünsche mir – und doch wieder nicht –, daß die Zeit rückwärts rennt und stehen bleibt an jenem 8. Mai 1945. Warum? So etwas wünscht sich doch kaum jemand? Zerstört lagen da die Städte in Deutschland und halb Europa, knapp waren alle Dinge des täglichen Gebrauchs und wurden nur auf Lebensmittel-oder Textil- oder Brennstoffmarken abgegeben. Nein, so betrachtet wünsche ich mir diese Tage doch wieder nicht zurück, wie gesagt, doch wieder nicht!

Daß ich es mir wünsche, ein wenig nur, hat mit mir, meiner Mutter und meinem Vater zu tun und mit der Tatsache, daß ich mich darauf gefreut hatte, endlich in meine Stadt München zu kommen. Neun Jahre alt war ich damals, neun Bubenjahre, sechs davon aber war ich »Usständr« gewesen – Ausländer also, für diejenigen, die Schwitzerdütsch nicht verstehen. Mit dem Jahr 1945 bekamen nicht wenige Menschen in dem in Zonen zerteilten Deutschland statt der Bezeichnung »Ausländer« die von der anglo-amerikanischen Besatzungsadministration geprägte Bezeichnung »displaced persons« – auf meine Mutter und mich hat diese Bezeichnung in den Jahren davor zugetroffen, ab Juni 1945 aber waren wir eigentlich wieder daheim, obwohl wir zunächst auch noch zu dieser Verwaltungsgattung Mensch zählten, in München, in dem ich 1936 geboren worden war, meine Mutter ebenso und schon deren Vater und Großvater.

Wunderdinge hatte ich mir davon erwartet, in München, in der Stadt leben zu dürfen, wo ich nicht mehr Ausländer, nicht mehr Fremder unter Einheimischen sein würde. So hatte mir meine Mutter die Metropole an der Isar beschrieben und lebens-, erstrebenswert gemacht, daß ich es erträumte in den buntesten Farben, in den angenehmsten Gerüchen und sogar auf der Zunge schmeckte wie Karamel und Banane – ja, bevor ich München bewußt erschaute, schmeckte es in meiner Vorstellung nach der Himmelreichtorte, einem Gebäck, das

Mütter mit jüdischer Tradition in der Familie zu Pessach anfertigen, das köstlichste, das mein Bubengaumen kannte. Immer, wenn ich den weiten Schulweg zurück kam zu ihr, von einheimischen Kindern als Fremder beschimpft mit allen Vorurteilen, die ihnen von ihren Eltern über uns Heimatlose vermittelt worden waren, nicht selten auch windelweich gedroschen von ihnen, dann hatte sie für mich die trostreichen Worte:

»Wart nur noch etwas, wart nur, dann sind wir wieder daheim. Dann, wenn im Reich die Hitlerei ein Ende hat. Dann fahren wir nach München heim, dort sind wir keine Fremden, keine Ausländer, daheim sind wir da.«

So leicht ist eine geschundene Bubenseele nicht zu trösten, so leicht nicht! Ich wollte dann, und wenn ich es schon hundertmal gehört hatte, genauer wissen, wie es denn dort sei, daheim. Dann mußte meine Mutter, denn eher gab ich nicht Ruhe, den schon schmuddelig gewordenen Reklamestadtplan einer Lodenmantelfirma hervorholen und mußte mir beschreiben, wie München gewesen war, als wir 1939 von dort fort gezogen waren. Nein, wie es hätte sein können, von den Schattenseiten, die es in der Stadt mit dem vergangenen Titel »Hauptstadt der Bewegung« gab, wurde mir, weil ich doch noch so ein kleines unverständiges Kind war, möglichst wenig berichtet. Nur eben, daß es dort ungute, aber dafür um so mächtigere Leute mit einem Hakenkreuzparteiabzeichen gäbe, die andere, uns zum Beispiel, dort gerade nicht haben wollten. Weswegen wir für eine Zeit hätten weggehen müssen, bis diese widerlichen Leute den Krieg, den sie angefangen hatten, verlieren und danach ihre Strafe bekommen würden. Also meinte ich, daß diese unguten, bösartigen Leute nicht mehr stören würden, wenn wir nach Deutschland zurückkehrten, man würde sie eingesperrt haben in den selben Lagern, in denen nun noch andere, unschuldige Menschen gefangen gehalten wurden.

Der Reklamestadtplan hatte einen Rand aus briefmarkengroßen, schwarzweiß gedruckten Bildern von Bauwerken der Stadt gehabt, der Bavaria mit der Ruhmeshalle, des Siegestors, der Feldherrnhalle, des Hofbräuhauses am Platzl, des Nationaltheaters, den bierhumpenähnlichen Frauenkirchtürmen sicherlich auch. Als ich aber begriffen hatte, daß die Linien, Vierecke, Drei- und Mehrecke auf dem Plan Straßen, Häuser und dazwischen liegende Grünflächen darstellten, nichts anderes konnte es da gegeben, was meine Phantasie stärker angeregt hätte. Natürlich hatte ich die mir selbst in meinem Kopf erstellten Bilder von der Mutter korrigieren oder bestätigen lassen.

»Und was ist da?«

»Das ist die Theresienwiese. Wenn wieder Frieden ist, gibt es da jedes Jahr im Herbst das Oktoberfest. Große Bierzelte werden da aufgestellt, in denen die Musik spielt und die Leute hineingehen und lustig sind. Und für die Kinder sind Karussells da, viele verschiedene, solche mit Pferdchen und andere mit Autos und wieder andere mit Kutschen. Alle haben sie eine Drehorgel, die spielt, wenn sich auch das Karussell dreht. Und zwischen den Karussells und den Bierbuden und den Buden von Schaustellern, da sind dann die Stände, die türkischen Honig und Eis und kandierte Früchte und gebrannte Mandeln verkaufen.«

Auf dem Stadtplan war da nur ein abgerundeter grüner Fleck. Aber wie bei ihm, so wurde ich auch ins Geheimnis der anderen Flächen auf dem Plan eingeführt, in den Ausstellungspark, in die Kleingartenanlage »Land in Sonne« ...

Es wurde eine lange Fahrt in dieses gelobte Land, das mir meine Mutter als Heimat versprochen hatte. Mit dem Omnibus bis zur Grenze des Reichs, wie es damals noch allgemein genannt wurde, von dort weiter mit anderen Bussen und eskortiert von französischen Soldaten. Viel der strapazenreichen Fahrzeit habe ich verschlafen. Am Abend erreichten wir die Zone der amerikanischen Armee, im bayerischen Alpenvorland. Geräumige, olivgrüne Spitzzelte, in Reih und Glied geordnet zu einer kurzen Lagerstraße, waren vorbereitet, uns für die Nacht aufzunehmen, auch verpflegt wurden wir reichlich. Anderntags erreichten wir München auf US-Armeelastwagen.

Ein Bub weint nicht! Auch keine Freudentränen.

»Sind wir bald daheim?«

»Ja, wenn wir aus diesem Wald heraus sind, kommen wir an die Stadtgrenze.«

Ich schaute, schaute gierig, sah die Türme der Frauenkirche von fern vor einem Wolkenhimmel, auch die tarnfarben angestrichenen Wohnhäuser neben der Straße, bald fuhren wir auch an Trümmerhaufen vorbei und an Fassaden, deren Fensteröffnungen mit Brettern oder mit Pappen verschlagen waren und anderen, hinter denen nichts mehr war außer dem grauen Himmel. Schlucken mußte ich, immer öfter schlucken, nur nicht weinen, ein Bub weint nicht. Bis ich einen Schluckauf bekam und mich der nicht mehr los ließ, bis der Lastwagen hielt, gleich, nachdem wir die Isar auf einer benutzbar gebliebenen Brücke überquert hatten. München hatte einen Geschmack nach scharfer Pfefferminze bekommen – ein Soldat schenkte mir einen Kaugummi, der meinen Schluckauf kurieren sollte. Hohe Stacheldrahtzäune trennten mehrere Straßen von der übrigen Stadt ab, auch in diesem Bereich hatten die Bomben verheerende Spuren des Krieges hinterlassen, die ehemals hochherrschaftlichen Villen dieser Gegend wirkten hinter den verwilderten Vorgärten so, wie ich mir verwunschene Schlösser und Hexenhäuser vorstellte. Löcher in den Dächern waren mit allerhand verschiedenen Blechen geflickt, auch das fehlende Glas der Fenster ersetzte da ein sinnlos gewordenes Reklameschild mit Rostflecken auf der emaillierten Fläche, dort ein Brett oder brauner Pappkarton. Wir bekamen ein halbleer geräumtes Zimmer im Erdgeschoß eines solchen demolierten Gebäudes zugewiesen, außerdem eine Nummer auf einer Karte und eine Ration Armeeverpflegung. *»Only displaced persons!«* Das Schild am Durchlaß und ein dunkelbraunhäutiger Posten mit Gewehr trennten uns ab vom übrigen München. Uns? Antonia aus Warschau war zwangsweise bei einem oberbayerischen Bauernhof als Stallmagd gewesen und wartete in einer Kammer nebenan auf einen Transport in ihre Heimat. Leo, der das Zimmer neben der Treppe im ersten Stock bezogen hatte, verehrte sie, auch er war kriegsgefangen nach Oberbayern gekommen. Die im ersten Stock oben sprachen tschechisch, magere und blasse Männer und Frauen in zerlumpten Kleidern. Gefällig besorgten sie für meine Mutter einen kleinen, eisernen Herd, stellten ihn auf und legten das rostige Ofenrohr zu dem fast vollständig mit allerlei Pappen verrammelten Fenster hinaus, so daß wir unsere Rationen wärmen konnten.

Bis zum Herbst 1945 kehrte dann auch mein Vater zurück, und wir wurden endlich in einer ordentlichen Wohnung untergebracht. Seine Schwester, Tante Friedel, aus dem Konzentrationslager entlassen und so mager, daß ich mich anfangs wegen ihres knochigen Aussehens vor ihr fürchtete, besuchte uns manchmal. Wenn sie dabei anfing, von dem zu erzählen, was sie auszustehen hatte in den vorangegangenen Jahren, wurde ich zum Spielen hinausgeschickt.

»Das ist nichts für Kinder. Da kannst du dann nicht schlafen oder träumst schlecht.«

Zu der Zeit, als auf Tante Friedels Kopf wieder so viel Haare gewachsen waren, daß sie damit so etwas wie eine Frisur zuwege bringen konnte, begann in den erhalten gebliebenen Schulen wieder der Unterricht. Meiner den Mitschülern fremd wirkenden Sprechweise wegen mußte ich mich zunächst einmal durch die halbe Klasse raufen, etwa zwei Wochen lang auf dem Heimweg und jeden Tag mit einem anderen Gegner, bis ich mir Anerkennung errungen hatte.

»Du hast doch nicht gerauft?«

Vorwurfsvoll forderte mir meine Mutter eine Auskunft ab, wenn mir, heimkommend, an der Kleidung anzusehen war, daß es wieder ein Gerangel gegeben hatte. »Du sollst dich doch anständig aufführen, wir sind nun daheim!«

Freilich, es würde schon werden. Doch wenn in der katholischen Klasse der Kaplan ins Zimmer kam, um seinen Religionsunterricht zu halten, wurde ich hinausgeschickt, war ich schon wieder einmal der andere. Heide. Hostienschänder. Wilde Gerüchte liefen eine Zeit lang unter meinen Mitschülern um, einige Karl-May-Leser unter ihnen wollten partout meinen Vater mit einem Gebetsteppich auf dem Küchenbalkon beobachtet haben, wie er kniend Verneigungen in Richtung Osten ausgeführt habe. Mir aber war daheim eingeschärft worden, nichts, aber schon überhaupt nichts zu erzählen, was sich »in unseren vier Wänden« abspiele. So konnte ich nur erbittert und zornig erwidern: »Ihr lügt! Ihr lügt doch, Lügner seid ihr, verdammte Lügner!« Bald konnte ich es in münchnerischem Vorstadtdialekt brüllen. »Ia liagds...« – langsam wurde ich angenommen.

Drei Jahre später gab es zwar nicht auf der Theresienwiese, aber auf einer unbebauten Fläche im nahe dabei gelegenen Ausstellungspark ein Volksfest, kein Oktoberfest, sondern ein Sommerfest mit Kinderkarussell und Wurfbuden, mit Schaustellern und Zauberern. Kandierte Früchte, gebrannte Mandeln und türkischen Honig gab es nicht, auch kein Bierzelt für Erwachsene. Ich konnte nicht die Begeisterung meiner Gleichaltrigen empfinden, wenn ich durch die Volksfestgassen streifte. Auf dem Stadtplan war alles viel schöner gewesen. Prächtiger, freundlicher, wohliger.

»Schau, die Hur geht mit einem Neger!«

»Und wenn schon?« fragte ich.

»Mit einem Schwarzen! Mein Vater sagt, das ist das Schlimmste, was eine Deutsche anfangen kann. Pfui Teufel, mit einem Neger!«

»Warum?«

Altklug wurde ich von meinem Mitschüler belehrt: »Wenn ein Kind heraus kommt, dann ist das kein Neger und auch kein Deutscher, sondern so ein Mischling!« Sein Gesicht verzog sich zu einer Grimasse, die Grausen ausdrücken sollte.

»Tätest du von so einem dann auch keinen Kaugummi nehmen, wenn er dir einen schenkt?«

Er brauchte nicht überlegen. »Klar tät ich den nehmen, davon bekommt man ja kein Kind, oder?«

In der Schule bekamen wir beigebracht, welch großartige Männer es in der amerikanischen Geschichte gegeben habe, George Washington und Abraham Lincoln, die für die Gleichheit aller Menschen eingetreten seien und für die allgemeinen Menschenrechte.

»Was versteht man unter den allgemeinen Menschenrechten? Ja, du da!«

»Also, unter allgemeinen Menschenrechten versteht man ..., daß niemand wegen seiner Rasse, Religion,

Welt ... – ach so, Weltanschauung, wegen seines Geschlechts und so, ach ja, und wegen seines Standes oder seines Berufs oder ... eben, daß er keine Nachteile haben darf.«

»Gut, stimmt so ungefähr, setzen.«

Sie hatte die Haare mit Wasserstoffsuperoxyd hellblond gebleicht, die Lippen mit einem Stift grellrot gelackt, war vielleicht um die zwanzig Jahre alt, jünger, viel jünger als meine Mutter oder Tante Friedel. Er trug die hellolive Uniform der US-Armee, die ihm kleidsam anstand zu seiner Haut in der Farbe von hellem Milchkaffee.

»... daß niemand wegen ...«

»Wenn es wenigstens ein weißer Ami wäre ... – es gibt unter den Amis viele, die von Deutschen abstammen, Hat mir mein Vater erzählt, und der kennt sich aus.«

Währungsreform. Die Leute begannen schneller zu gehen, vorbei der müde, schwache Gang der Frauen, die von den Hamsterfahrten aus dem bäuerlichen Umland der Stadt, bepackt mit irgendwelchen Lebensmitteln heimkehrten, in die Wohnung, aus der sie den Konfirmationsanzug des vermißten Sohnes, die vergoldete Hochzeitsuhr des am Orelbogen erfrorenen Ehemanns mitgenommen, vertauscht hatten gegen einen vollen Magen für ein, zwei Wochen, wenn der Handel gut gelaufen war. Nein, nun gingen alle wieder schneller. Auch die Leute, die man davor verächtlich-anerkennend – doch, genauso hatte es meistens geklungen, wenn man von ihnen sprach – Schwarzhändler nannte, diese wendig-wieselnden Profiteure am Mangel der Allgemeinheit, diese kleinkriminellen Schacherer schlichen nicht mehr um den halbzerstörten Bahnhof herum.

Trizonesier. Bald waren sie wieder Deutsche, Westdeutsche, waren wer, konnten Boogie-Woogie tanzen wie die Amerikaner, Schuhe mit dicken Kreppsohlen tragen wie die Amerikaner, großkarierte Sakkos mit dick wattierten Schultern anziehen wie die Amerikaner.

An den Ruinen aus der Kriegszeit wurde gewerkelt, wurden die Lücken geschlossen, wie man repariert an einem schadhaft gewordenen Gebiß. Auch das Oktoberfest wurde nun wieder aufgebaut zum ersten, zum zweiten, dritten Mal nach dem Krieg, Blasmusik, kandierte Früchte, gebrannte Mandeln, Lebkuchenherzen ohne Lebensmittelmarken. Schiffsschaukeln, Krinolinen, wie meine Mutter mir versprochen hatte? Ich war rausgewachsen inzwischen, wie aus kurzen Hosen. Schneller, höher, lauter, bunter ... und zu beständig steigenden Preisen, wurde schließlich auch mehr geboten, schneller, höher, lauter, bunter!

Vielleicht hat es mein München nie gegeben, das vor dem 8. Mai 1945 in meinem Kopf, sehr wahrscheinlich nicht. Längst habe ich mich an das andere, das gegenwärtige, reale gewöhnt, meine auch manchmal, mein München gefunden zu haben am Stadtrand in einer von Kastanienbäumen umstandenen Ausflugsgaststätte an einem sonnigen Frühsommertag oder auch mitten drin am Viktualienmarkt, inmitten der Stände der Händler, die französischen Käse und Wein feilhalten oder wortreich Waldbeeren und Steinpilze anpreisen, an einem Gartentisch neben dem geschmückten Maibaum und gegenüber japanischen Touristen oder französischen Studenten. Dann wieder muß ich mir überlegen, wo es denn verlorengegangen ist, dieses München, das ich liebe wie sonst keine Stadt. Irgendwann zwischen 1945 und 1962 muß es gewesen sein, daß es weggeworfen wurde von seinen Bewohnern, dieses München, das beschwingte, leuchtende, liberale, tolerante, das alle doch so herbeiwünschten nach den Zeiten der Finsternis und der Zerstörung?

Aus den drei westlichen Besatzungszonen waren Politiker, deutsche Politiker aus allen Provinzen zusammengekommen und hatten über einen Entwurf einer Verfassung beraten, grundsätzliche Regeln für das Zusammenleben und Zusammenwirken im Land für die Zukunft. Einen dieser Männer konnte ich, viel später, kennenlernen, einen ehemaligen Artillerieoffizier der Reichswehr, der mir als Bauer begegnete auf einem Landwirtschaftsanwesen im Dorf Kösching bei Ingolstadt an der Donau. Von ihm habe ich erfahren, daß er sich mein München und Deutschland anders vorstellte, als er mit bei den Beratungen in Herrenchiemsee saß.

Nicht so: Noch waren nicht alle von den Fliegerbomben zerstörten Wohnhäuser wieder aufgebaut, noch gab es zahllose Familien in Behelfs- und Notunterkünften, da boten deutsche Politiker an, sieben, acht Jahre, nachdem deutsche Armeen Krieg und Verwüstung, Plünderung und Vergewaltigung, Mord und Brand über halb Europa getragen hatten, eine neue Armee, eine Armee der Bundesrepublik Deutschland zu errichten.

Bis kurz davor waren selbst die Polizisten in München nur mit einem Knüppel, aber mit keiner Schußwaffe versehen gewesen. Als einige tausend Münchener mit einer Demonstration gegen die »Pariser Verträge«, die diese Wiederbewaffnung einleiten sollten, protestierten, da sah ich in ein wutverzerrtes Gesicht unter einer blauen Schirmmütze mit dem Mönchswappen meiner Stadt, und in der Hand dieses Polizisten war eine Pistole, eine geladene, die der Aufforderung an die Demonstranten, auseinanderzugehen, Nachdruck verleihen sollte. Die Demonstranten trugen Zivil, wie es in den Konfektionshäusern und den Kaufhausabteilungen damals angeboten wurde, Schuhe mit dicken, gelben Kreppsohlen, Jacken im Schnitt kanadischer Holzfällerjacken, manche auch noch Selbstgeschneidertes aus umgefärbten Uniformstoffen. Schließlich wurde Wasser aus Feuerwehrschläuchen mit hohem Druck auf sie geschleudert. – Tante Friedels Erzählungen fielen mir ein, sie hatte erlebt, wie man Menschen mit Wasser übergossen in nächtlicher Winterkälte hatte im Freien stehen lassen...

Ende der fünfziger Jahre schließlich gewöhnten sich die Menschen wieder daran, daß junge Wehrpflichtige der Bundeswehr in Uniform durch die Straßen meiner Stadt schlenderten. Auch ich, eingewöhnt, hineingewachsen, fand kaum mehr etwas dabei, denn an der Uniform war kein Widerhakenkreuz, auch wurde einfühlsam verbreitet, Bürger in Uniform seien sie, in einer gänzlich anderen Tradition als die feldgraue Wehrmacht von vor 1945. Nein, die sollten nirgendwo anders einfallen und verbrannte Erde hinterlassen. Ich war erwachsen geworden, wollte glauben, daß in meiner Stadt, meinem Land nichts übrig geblieben war aus den Jahren der Finsternis, daß die Freundlichkeit eingekehrt war.

1962, um die Pfingstzeit war es. Die frühsommerlichen Tage und auch die Abende noch waren ungewöhnlich warm, föhnig warm wegen des Windes, der über die Alpen von Süden her kam. Ein junges Pärchen, er mit einem unförmigen Gipsverband an einem Arm, kam aus der Abendvorstellung eines Kinos an der Leopoldstraße in Münchens Stadtteil Schwabing. Das hübsche Mädchen im duftigen Sommerkleid mit dem raschelnden Petticoat unter dem weitschwingenden Rock, es kuschelt sich an ihn, so gut es sein Gipsarm zuläßt. Als letzte sind sie aus dem Ausgang des Filmtheaters gekommen, schmusen in der Türnische noch eine kurze Weile, Verliebte. Vergessen hatten sie bestimmt für Minuten, daß es um sie herum eine Welt gab, eine Stadt, Straßen, Ordnung. Ordnung?

»Ihr da, hier herüber!«

Junge Männer, kaum älter als der mit dem Gipsarm. An ihren Mützen, sie tragen sie bolzengerade auf dem Kopf, prangt ein stilisierter Raubvogel, ein Adler. Einer fordert so grobbarsch das Pärchen auf und das schreckt zusammen. Zögerlich und unschlüssig sehen sich die beiden, aus ihrer Verliebtheit gerissen, nach den Polizisten um. An den vorangegangenen Abenden hat es in München-Schwabing Unruhen gegeben, aber sie waren ins Kino gegangen, einen Film ansehen und dabei sich gegenseitig die Hand zu drücken.

Wuchtig klatschen die Schläge mit dem Gummiknüppel auf das Mädchen und den jungen Mann. Drei, vier Mützenträger beteiligen sich daran. Er versucht mit dem Gipsarm seinen Kopf zu decken, die Hiebe bröseln weiße Flecken vom Verband aufs Pflaster, das Mädchen duckt sich unter seinen anderen, gesunden Arm, aber auch auf ihren Kopf prasseln die Schläge, stolpernd und aneinandergedrängt müssen sie sich über die Fahrbahn auf die andere Straßenseite jagen lassen, ihre Wehlaute hemmen in keiner Weise die fanatischen Schläger. Aber wo war sie hergekommen, die selbstgerechte, selbstgefällige Brutalität? Das geschlagene Paar und ihre prügelnden Widersacher ließen mich für einen Moment wieder zum wehrlosen Kind werden, das nirgends daheim ist. Doch, ich war daheim! Und mit verantwortlich, daß Gestriges überwunden würde.

Ich hatte Zeit, viele Jahre lang Zeit, zu lernen, daß Heimat nicht lediglich aus Landschaft und gemauerten Bauwerken bestehen kann, sondern daß Menschen sie ausmachen. Meinen Kindern, die inzwischen geboren wurden, werde ich erzählen vom leuchtenden, freundlichen München in meinem Land, hoffend, daß es einmal so werde, so sein wird.

Heinrich Vormweg
Mein Zauberberg

Ein Kind war ich nicht mehr. Am 20. März 1945 war ich siebzehn geworden, als Luftwaffenhelfer, und ich hatte den Tag allein mit einem Obergefreiten als Nachhut verbracht in einer soeben verlassenen Flakstellung nahe Köln-Mühlheim mit dem Befehl, noch möglichst viele Telefonleitungen abzubauen. Ein paar Mal war auch ich nur knapp davongekommen. Was Bombenangriffe und Tiefflieger ausrichteten, hatte ich erlebt. Ich wußte, wie Tote in Uniform aussahen, und auch, wie es ist, wenn befreundete Gleichaltrige plötzlich weg waren, verschwunden in einem Bombenangriff. Öfter hatte ich, ohne Verständnis für sie, die haltlose Angst Erwachsener beim nahen Einschlag von Bomben und Granaten beobachtet. Auch die ersten Erfahrungen mit Hunger lagen hinter mir, aber die waren nur ein Anfang, es sollte schlimmer kommen. Nein, ein Kind war ich nicht mehr. Und doch hat sich seither, wenn ich verglich, das Gefühl verstärkt, ich sei noch viel mehr Kind gewesen als die Siebzehnjährigen gestern und heute.

Bei Kriegsende war ich zuhause. Wie es dazu kam, wäre eine eigene, kuriose Geschichte. Es war Zufall, Glück, aber ich habe mich darüber nicht gewundert. Ich habe mich über gar nichts gewundert. Ich war schon auf der Suche nach Büchern. Ein abenteuerliches Gefühl der Befreiung übertönte meist selbst meinen Hunger. Das hatte nichts zu tun mit einer allgemeinen Vorstellung von der Ideologie, den Verbrechen der Nazis und der Erlösung davon, es war schlichter, es war konkret: Keine rasselnde Schelle konnte mich länger nachts oder frühmorgens aus dem Schlaf holen und zu überstürztem Aufstehen zwingen, keine Appelle mehr, ich mußte nicht mehr strammstehen, nicht mehr den Kommandos von Leuten folgen, die ich schon lange für Schwachköpfe hielt, niemand konnte mir mehr befehlen oder verbieten. Ich war immer ein Stubenhocker und Drükkeberger gewesen. Nun war ich befreit aus einer Lage, die mir – aus welchen Gründen immer – schon erniedrigend und unwürdig vorgekommen war, als ich mit zehn Jahren den ersten Dienst im Jungvolk hatte. Ich konnte nun, und das muß vor dem grauenvollen Hintergrund des Zweiten Weltkriegs und inmitten des jahrelangen Elends der frühen Nachkriegszeit als Wunscherfüllung geradezu als absurd erscheinen, – ich konnte nun lesen – und schreiben – soviel ich wollte und was ich wollte.

Deshalb war ich ständig auf der Suche nach Büchern. Endlich hatte ich genug Zeit für sie. Nicht einmal die Schule störte mich, denn wie alle Schulen blieb auch das Gymnasium, das ich bis Herbst 1944 besucht hatte, vorerst geschlossen. Aber ich besaß kaum Bücher. Eine dicke Heiligenlegende, eine Geschichte der Päpste, Clemens Brentanos Beschreibung des Lebens und der Visionen der stigmatisierten Katharina von Emmerich in zwei großen, illustrierten Bänden, Heldensagen und die Gesangs- und Gebetbücher – das so ungefähr war der Bestand in meinem Elternhaus. Seitdem ich buchstabieren konnte, war ich unablässig auf der Jagd nach Büchern gewesen, hatte zunächst in der Pfarrbibliothek und wo immer ich sie fand, Jugendbücher, Karl May und ähnliches ausgeliehen, hatte die wenigen Bändchen meiner Schullektüre wie rohe Eier behandelt, als Grundstock einer Bibliothek, hatte in der späten Kriegszeit immer wieder in den fast leeren Bücherecken der Schreibwarenhandlungen gekramt, die den auch vor dem Krieg und vor 1933 ziemlich geringen Bedarf in der tiefen Provinz deckten, in der ich aufgewachsen bin: einer kleinen Industriegemeinde im südwestfälischen Siegerland. Manchmal hatte ich auch etwas gefunden, in Reclamheften vor allem, das mir jedenfalls einen Abglanz dessen zu bieten schien, wonach ich auf der Suche war: der »wirklichen« Literatur.

Schon vor Kriegsende ahnte ich, daß ich bestenfalls Spuren eines fernen historischen Abglanzes von Literatur kannte. Es mußte auch eine moderne Literatur geben, an die ich noch nicht herangekommen war, eine Literatur der Gegenwart, in der ganz anderes zu entdecken sein würde als in der von den Nazis zugelassenen neueren Literatur, von der ich ein wenig wußte durch kleine dünne Heftchen, die manchmal in die Schreibwarenhandlungen kamen – ›Münchener Lesebogen‹ hießen sie, glaube ich – und die mir weder Fisch noch Fleisch zu sein schienen. Nähere Auskunft war nicht erhältlich, gerade bei den Lehrern nicht. Doch jetzt, der Krieg war zu Ende, konnte die Suche nach Büchern neu beginnen. Irgendwoher bekam ich einen Band mit den Gedichten Heinrich Heines, von dem ich schon vorher immer gewußt hatte, daß er verboten gewesen war. Ich las ihn wieder und wieder, denn dieses Alte, es war weit neuer als alles Neuere, das ich kannte. Irgendwoher bekam ich Dostojewskijs ›Schuld und Sühne‹, ohne zu wissen, ob das Buch verboten gewesen war. Ich las den Roman in einem Zug, und ich werde die Nacht nicht vergessen, die zu Ende ging, als ich die letzte Seite aufschlug, eine kalte Nacht, die ich bei schwachem Licht nahe am auskühlenden Herd in unserer Küche verbracht hatte, denn ich konnte nicht aufhören zu lesen. Und irgendwann auch ›Der Zauberberg‹.

Noch immer hat dies eine bestimmte Exemplar des ›Zauberbergs‹, in dem ich den Roman kennengelernt habe, einen Platz in meinen Regalen. Es hängt für mich eine ganze Geschichte an dem Buch, und sie hat fast ebensoviel zu tun mit diesem einen Buch selbst, das ich seit bald vierzig Jahren besitze, wie mit dem, was in ihm zu lesen ist. Auf das Vorsatzblatt habe ich damals meinen Namen geschrieben, darunter: »Mai 49.« Zu dieser Zeit habe ich das Buch erworben. Ich erinnere mich noch genau an den Preis: zwei andere Bücher. Es waren ein Band mit Erzählungen von Theodor Storm und der Roman ›Milchfrau in Ottakring‹ von Alja Rachmanowa, einer inzwischen verschollenen russischen Schriftstellerin, die 1920 nach Österreich emigriert war und in den dreißiger Jahren mit ihren Romanen über die Oktoberrevolution und ihr Leben im Exil offenbar soviel Erfolg gehabt hat, daß einzelne Bände bis tief in die Provinz gelangten. Erworben habe ich das Buch nicht, weil ich es lesen wollte, sondern weil ich es gelesen hatte, schon einige Zeit vorher, und zwar dies selbe Buch. Ich wollte es eben deswegen besitzen, und eine Möglichkeit, mir den Text anders zu beschaffen, sah ich nicht. Bücher waren damals rar. Ich habe meine Angebote gemacht, gedrängt, und der Tausch kam, wenn ich richtig erinnere, ohne sonderliches Interesse des Vorbesitzers zustande, vor allem weil er mir einen Gefallen tun wollte und weil ich das Buch sowieso schon auf Dauer ausgeliehen hatte.

Wieder einmal liegt es vor mir. Ich habe es aus dem Regal genommen und in ihm gelesen. Wieder einmal. Das vierte oder fünfte Mal? Es ist ein kleines, handliches Buch trotz seiner 938 Seiten – der damals ganz ungewohnte Luxus des Dünndrucks. Gebunden ist es in ein geschmeidiges, blaßrotes Material, das ich zunächst für Leder gehalten hatte. Aber es ist eine Art gewachsten Leinens. Längst ist der Einband an den Ecken abgestoßen, an den Kanten des Buchrückens zerschlissen, und das hat es deutlich zum Vorschein gebracht. Man sieht, daß das Buch öfters gelesen worden ist. Aber es ist noch nicht aus dem Leim gegangen. In Goldfarbe eingepreßt auf Rücken und Deckel die Wörter »Thomas Mann – Der Zauberberg«.

Als ich dieses Buch zum ersten Mal in der Hand hielt, war es wie neu, obwohl schon damals an die zwanzig Jahre alt. Das Impressum verrät es. »36. bis 45. Auflage der Dünndruckausgabe von 1926«, steht da, und weiter: »111. bis 120. Auflage aller Ausgaben von 1929 . . ., Copyright 1924 by S. Fischer Verlag A.-G., Berlin.« Ich hielt das Buch zum erstenmal in der Hand irgendwann 1945. Und ich möchte die Geschichte, wie ich zu ihm gekommen bin, erzählen, auch sie ist wohl inzwischen nicht einfach mehr nur eine private Anekdote

In den Wohnungen der Eltern einiger meiner Freunde gab es Büchervorräte, die mir damals – so klein sie waren – riesig erschienen. Ich durfte ausleihen. Meist waren das unterhaltsame Heimat-, Dorf- oder Bauernromane, Liebes- oder Reiseromane aus Buchgemeinschaften. Darüber war ich bald hinaus. Aber ich durchmusterte die Schränke immer wieder, in der Hoffnung, doch noch Funde zu machen. Der Vater eines meiner Freunde, der eine kleine Druckerei besaß, Geburts-, Todesanzeigen und ähnliches, hatte seine Bücher im größeren unteren Abteil des Wohnzimmerbuffets. Sie standen in drei Reihen hintereinander auf dem Zwischenfach, hinter verschließbaren Türen. In der vorderen Reihe lauter Karl May. Weiter hinten zu suchen, war lange nicht gerade verboten gewesen, aber ungern gesehen. Weil ich immer wieder von Büchern redete, zeigte der Vater meines Freundes mir eines Tages, als die Nazizeit und der Krieg endgültig vorbei zu sein schienen, ein blaßrotes, offenbar in weiches Leder gebundenes Buch, das aussah wie neu. Es habe die ganzen zwölf Jahre in der hinteren Reihe gestanden. Der Verfasser habe vor 1933 mal den Nobelpreis für Literatur bekommen, und da habe er das Buch gekauft. Später sei es verboten worden, aber er habe das schöne teure Buch trotzdem nicht weggeworfen, nur nach hinten gestellt. Er selbst habe nicht mehr als fünfzig Seiten darin gelesen, es sei ziemlich verstiegenes und schwer verständliches Zeug, aber mir gefalle es vielleicht.

Von Thomas Mann hatte ich noch nie etwas gehört. Siebzehn Jahre alt, aufgewachsen zwischen Schule, katholischer Kirche, Hitlerjugend und der Fabrik, in der mein Vater arbeitete, fernab in der Provinz, hatte ich noch nie jemanden kennengelernt, der mir von der Welt und dem Leben vorher, vor 1933, überschauend hatte erzählen können oder erzählen wollen, von den Büchern, vom Theater, von den Gedanken, die etwas bedeutet hatten, gar von der Politik. Nur zwei Frauen kannte ich, beide um die fünfzig, die manchmal laut aufbegehrt hatten: eine Nachbarin, die mir immer etwas komisch vorkam, und eine Tante. Manchmal, wenn nur Leute aus der Familie in der Nähe waren, schimpften sie heftig auf die »Nazis«.

Es faszinierte mich. Schon die Bezeichnung »Nazis« mit ihrem abfälligen Akzent, der mich spüren ließ, daß es einmal ganz real auch andere Überzeugungen und Parteien gegeben hatte, war etwas Prickelndes. Aber das war auch alles. Die Leute hielten lieber den Mund. Einmal hatte ein Deutschlehrer, selber SA-Mann, in der Klasse ›Ich weiß nicht, was soll es bedeuten‹ vorgelesen. Der Dichter sei Jude gewesen, aber dies sei dennoch ein großes deutsches Gedicht. Betonung auf deutsch. Das war offensichtlich ein bewußter Akt des Mutes gewesen, eine Ausnahmesache auf jeden Fall.

Wie hätte ich da jemals etwas von Thomas Mann hören sollen.

Wann und unter welchen Umständen ich den ›Zauberberg‹ zu lesen begann, erinnere ich nicht mehr. Ich weiß nicht mehr, ob der Blitz schon beim ersten Leseversuch einschlug, oder ob ich ein paar Anläufe gebraucht habe, bevor ich irgendeines Tages, in irgendeiner Nacht zu verstehen begann. Vielleicht habe ich zuerst etwas buchstabieren müssen, um an dies Erzählen heranzukommen. Schon der »Vorsatz« mit seinen Anmerkungen über das Erzählen und die Zeit könnte mich in Verlegenheit gebracht haben. Aber damals war ich auch erpicht darauf, immer neue Sprachen in meiner Sprache kennenzulernen. Manchmal ging das erstaunlich schnell. Ich war versessen auf alles, was mit Kritik, Ironie, Parodie zu tun hatte. Auf alles, was zeigte, daß es verschiedene Ansichten der Welt und der Wirklichkeit gab. Oder war diese Versessenheit schon eine Folge der ›Zauberberg‹-Lektüre? Hatte ich schon aus ihr gelernt? Seltsamer- oder auch verständlicherweise erinnere ich nur, daß ich das Buch, nachdem ich es fest in meinen Besitz gebracht hatte, also nach dem Mai 1949, in kleinen Happen ganz bewußt »noch einmal« gelesen habe, immer nur zwanzig oder dreißig Seiten pro Tag, um mir alles ganz fest einzuprägen, was da erst durch die Kunst des Erzählens, des einzigartigen Umgangs mit dem gewöhnlichen Alltag ebenso wie mit den Dingen des Geistes, mit Krankheit und Liebe, mit Leben und Tod zu faßlicher Wirklichkeit gebracht worden war. Indirekt hatte der Erzähler in seinem »Vorsatz« solchen Leseeifer ja auch dringlich empfohlen mit der Behauptung, »daß nur das Gründliche wahrhaft unterhaltend sei«, weshalb er seinerseits »genau und gründlich« und »ausführlich« zu erzählen versprach – »denn wann wäre je die Kurz- oder Langweiligkeit einer Geschichte abhängig gewesen von dem Raum und der Zeit, die sie in Anspruch nahm?« Es war notwendig, sich Zeit zu lassen, Zeit zu haben und sich Zeit zu nehmen, um mit dem ins Reine zu kommen, was hier verhandelt wurde, mit – wie der Erzähler hervorhob – nichts Geringerem als dem »Leben und Bewußtsein« selbst, das sich seinerseits als durch nichts anderes so deutlich gezeichnet erwies wie durch seine Zeitlichkeit.

Durch dieses Buch habe ich unabsehbar viel erfahren und gelernt, das in meiner Umwelt kaum Realität hatte, über Literatur vor allem und zunächst, über die schöne, reiche, kranke Bürgerwelt, über Philosophie und Humanität, Fortschritt und Rückschritt, Geisteskämpfe, Relativität und Sündenfall. Dabei ahnte ich nicht, daß ich ganz fern am Rand nur mitschwamm in einer Zeitströmung, über die dann später so viel berichtet und geschrieben worden ist, von der tief in meiner Provinz aber fast nichts zu merken war: in der Strömung einer überschwenglichen, durch Hunger und Elend nur noch stärker gesteigerten Hinwendung zu Kunst, Theater, Literatur, zu Kultur und Geist. Damals schon begann ja auch die Wiederentdeckung Thomas Manns, die triumphale späte Phase seines Ruhms und Erfolgs in dem Land, in das er 1933 von einer Vortragsreise nach Amsterdam, Brüssel und Paris aus »tief notwendigem Protest« nicht zurückgekehrt war. Nichts Besonderes also. Ich zog mit ganz hinten im Troß, und das einzig Auffällige daran war, daß ich dies zunächst nicht ahnte. Lange Zeit lernte ich niemanden kennen, mit dem ich über etwas so Ausgefallenes wie den ›Zauberberg‹ hätte sprechen können. Als ich dann zu studieren begann, habe ich jeden beneidet, der nach Kriegsende die Schule in der Großstadt beendete und deshalb soviel mehr wußte von all dem Neuen, dem zuvor Verfemten und Verbotenen, dem seit Kriegsende von draußen immer vielfältiger Hinzugekommenen, gar der jüngsten, nach 1945 in Deutschland selbst entstandenen Literatur. Immerhin, mein ›Zauberberg‹- Wissen machte mich ein wenig konkurrenzfähig. Und meine Sucht hielt an. Ich bin sie bis heute nicht losgeworden.

Längst hat sich mir die Bedeutung Thomas Manns relativiert, ziemlich drastisch sogar. Die Künste und die Künstlichkeit vor allem, mit denen er im Weltmarionettentheater seines Zauberbergs episch die Fäden gezogen hat, sehe ich inzwischen überdeutlich. Sehe die politische Dubiosität der Position, die zelebriert und übermittelt wird. Und sehe: das war und ist weit weniger die

Welt selbst als eine jener Welten in der Glaskugel, die in meiner Kindheit beliebte Mitbringsel waren. Drehte oder schüttelte man die Kugel, fiel belebend üppiger Schnee über Häuschen und Figuren. Aber es ist eine erstaunlich wirklichkeitsnah nachgebildete Welt, durch Ironie belebt und erhöht, glaubwürdig gemacht durch die in ihr so lockend verdeutlichte Morbidität bis hin zum Ende im blutigen Tanzvergnügen des beginnenden ersten Weltkriegs. Noch immer sehe ich vor mir, wie ich damals, in den frühen Nachkriegsjahren, die Glaskugel immer wieder geschüttelt habe, um mir die bewegte Szene um Hans Castorp in jeder Einzelheit einzuprägen. Wie sich ihr Bild mit seinen stets üppig gedeckten Tischen geradezu vor meine Wirklichkeit schob, die mit ihr wahrhaftig in keinem Punkt konkurrieren konnte, so trist und armselig wie sie war. Das ist unvergeßlich.

Und es bleibt für mich ein Symbol meines Erlebens der frühen Nachkriegsjahre. Längst ist das in meinen Augen weit eher ein Geständnis als eine Erklärung, eine Deutung der Zeit selbst. Die Absurdität ist mir völlig klar. Nur weiß ich immer noch nicht, wie sie zu analysieren wäre. Makabre Illusionen oder extreme Lernlust nach all der Barbarisierung des Lebens? Unbewußt restaurative Sehnsucht oder der überstarke Wunsch, ein so weit wie irgend möglich differenziertes Bild der Wirklichkeit zu gewinnen? Da kann man nur hoffen. Ich weiß allerdings, daß mir noch viele Jahre später, als ich ein Bild suchte dafür, wie denn Literatur in der Nachkriegszeit tatsächlich gewirkt, welche Bedeutung sie für die Menschen gehabt habe, die Erinnerung an den ›Zauberberg‹ zu Hilfe kam. Ich schrieb: »Literatur als Pneuma, Hauch des Geistes, diente zur Auffüllung eines Pneumothorax, in den der kranke Körper hineindrängte, um Heilung zu finden. Textbelege dafür gibt es massenhaft.« Bei Thomas Mann können die geübteren Kranken, die sich an die zwecks Heilung vorgenommene Lahmlegung ihres einen Lungenflügels, an ihren Pneumothorax gewöhnt haben, sogar mit ihm pfeifen. Manchmal bessert sich ihr Leiden, manchmal werden sie sogar geheilt.

Peter O. Chotjewitz
Memories are made of this

Über die Begegnung zwischen dem sowjetischen Oberst Lew Nikolajewitsch Rogoshin und dem amerikanischen Colonel Alexander F. Braunschweiger in einem halbfeudalen Gutshaus an der Zonengrenze weiß ich aus den Erzählungen von Onkel Ferdinand, mit dem ich weder verwandt noch verschwägert bin.

Über Onkel Ferd, der zu beiden Besatzungsoffizieren geschäftliche Beziehungen hatte und ein erfahrener Grenzgänger war, wäre viel zu berichten: Wie er den immer noch jugendlichen Po nachts hinterm Tresen gegen den Gläserschrank drückt, davon träumt, wie früher die Äpfel rochen, die wir entlang der Landstraßen pflückten, oder wie er die Hände, die meist unter der Bauchwölbung liegen, nur entfaltet, um sich eine neue Fluppe zwischen die noch immer genießerischen Lippen zu schieben und mit weitsichtigem Blick über die Metaphysik der Schweinemast redet, mit der er sein Geld verdient, denn in die Gastwirtschaft kommt kaum noch jemand.

Es war ein Routinetreffen, bei dem der Russe beklagte, daß die Amis sich nachts in seine Zone schlichen, um junge Frauen mit gewöhnlichen Konsumartikeln, die damals ein Luxus waren, zum Beischlaf zu verführen, während der Ami bemängelte, daß die Russen nachts über die Grenze kämen, um den Bauern von Weges und Umgebung die Hühner und Stallhasen zu klauen und vor die Haustür zu scheißen. Kürzlich hätten sie sogar einen lebenden Ochsen entführt.

Ihr Hauptthema war meistens der kleine Grenzverkehr der deutschen Menschen. Lew Nikolajewitsch zeterte, daß die Amis die Deutschen aus dem Osten ungehindert in die amerikanische Besatzungszone, kurz: ABZ, hineinließen, wo sie auf den Schwarzmärkten entlang der Grenze ihre letzten Puppenlappen zum Tausch anboten, und der Ami mokierte sich darüber, daß keine dumme Sau in der Ostzone bleiben wollte.

»Was sollen wir denn tun?« pflegte Rogoshin bei diesem Thema melodramatisch auszurufen. »Sollen wir sie vielleicht alle nach Sibirien verfrachten? Ihr lockt sie ja förmlich an mit Euren Chesterfield und Eurem Milchpulver, Eurem Kaffee und Euren Nylons, Eurem Kaugummi und Euren Donats.«

»Ubi bene, ibi patria«, erwiderte Braunschweiger, denn er hatte in Nürnberg die Lateinschule besucht, bevor die Nazis ihn und seine Eltern in die USA vertrieben hatten. »Gib dem Deutschen Wohlstand und er läßt sich von einem Hornochsen regieren. Ein durch und durch korruptes Volk.« – »Von wem sie das wohl haben?« knurrte Lew Nikolajewitsch, aber Alexander F. tat so, als habe er die antisemitische Anspielung des Russen überhört.

Als »Donats« bezeichneten die Amis einen Berliner, der zur Unterscheidung vom Hamburger ein Loch in der Mitte hatte. In solchen Mengen ließen die Amis dieses neuartige Gebäck in der beschlagnahmten Bäckerei herstellen, daß das ganze Dorf nach Bratfett stank und ein winziger Küchenneger jeden Morgen große Mengen Donats mit Benzin übergießen und anzünden mußte, um den Schwarzmarktpreis dieses Artikels, der von Kontaktpersonen der Amis verbreitet wurde und mit dem sie manchmal wirklich um sich warfen, in der Höhe zu halten.

Im übrigen waren auch wir Jungen, eine Clique von Zwölf- bis Fünfzehnjährigen, sowohl Flüchtlinge als auch Eingeborene, am Markt für Donats beteiligt. Zwei oder drei Mal die Woche stiegen wir über das niedrige Mäuerchen am Hotel »Deutscher Kaiser«, das einen kleinen Innenhof umschloß, füllten Kaffeesatz, den der Küchenneger nach dem Brühen einfach aus dem Küchenfenster auf den Hof schüttete, in mitgebrachte Brotbeutel, sammelten die Kippen aus den Aschenbechern in unser Kochgeschirr, ließen auch mal eine angebrochene Flasche Schnaps oder einen anderen amerikanischen Gegenstand mitgehen, der nicht vermißt werden würde und stopften uns die Taschen voll Donats.

Die Kippen bröselten wir auf, drehten Zigaretten daraus und verscherbelten sie als Halbaktive, was dem Preis einer Türkischen entsprach, also halb soviel wie Lucky Strike. Die Donats wurden aufgewärmt und vorwiegend auf dem Schulhof eingetauscht. Für zwei Donats konnte man eine Stunde lang mit dem Füller von Bergwerksdirektor Eisenbarths Sohn Lothar schreiben und Eddy Bönsel, dessen Eltern die Molkerei hatten, gab sein Kochkäsebrot sogar für einen Donat her. Wir nannten ihn dafür »Käseonkel«. Der Kaffeesatz schließlich war gut genug, noch einmal gebrüht zu werden, und in Tüten gefüllt, hätte man für ein Pfund wahrscheinlich sogar mit Martha Nachtweh pimpern dürfen.

Es war eine schöne Zeit und es war eine schreckliche Zeit, wie Charles Dickens zu sagen pflegte. Wer heute nach Weges kommt, wird nichts davon ahnen. Finden wird er ein Kaff mit zweitausend Einwohnern, die in den umliegenden Kalibergwerken oder in der Kreisstadt arbeiten, am Ende der Welt, wo alle Straßen Sackgassen sind und Bauer Neutze hochbetagt, aber noch immer sehnsüchtig auf seine Wiesen am anderen Flußufer schaut, wo früher die Kühe weideten und heute nur Unkraut gedeiht.

Der »Deutsche Kaiser« war »off limits«, von den Amis beschlagnahmt, zum US-Hauptquartier und Offizierscasino umfunktioniert, hieß jetzt »Top-pers-Club« und an allen vier Ecken stand an die Hauswand gepinselt: »No loitering!« Es bedeutete soviel wie: »Rumstehen verboten!« Das Wort hat sich in Weges erhalten, und noch heute sagt man bei uns: »Er ist ein richtiger Lotterer« oder: »Der lottert doch bloß herum«, wenn einer sein Leben mit Bummeln, Nichtstun und Herumhängen verdient. Wir lotterten trotzdem, am »Deutschen Kaiser« oder sobald irgendwo ein Jeep anhielt, laberten die GIs an mit unserem Quartanerenglisch, »You have a cigarette for my father?«, »Want'a know the name of my sister?«, und taten so, als interessierten wir uns für Panzer. Die Amis hingegen wußten, was die Kids wollten: Einen Fünfliterkanister Benzin klauen oder vielleicht sogar mal einen Satz Reifen, um groß einzusteigen ins Schwarzmarktgeschäft.

Aber ich muß aufpassen, daß ich den Faden nicht verliere. Wer heute die alten Geschichten von damals erzählt, kommt unweigerlich ins Reden, wie Onkel Ferd, wenn die letzten Gäste gegangen sind und wir zwei uns alleine an der Theke gegenübersitzen, weil wir keinen Schlaf finden können, obwohl er fast zehn Jahre älter ist als ich.

Fast scheint es, als hätten wir, die wir das Glück hatten, diese rätselhaften Jahre mitzuerleben, ohne zu begreifen, was mit uns gemacht wurde, seither nichts erlebt, was so weltbewegend und aufrüttelnd, einzigartig und unvergeßlich gewesen wäre wie diese Ereignisse. Ein großer Teil der Menschen war zurückgeworfen auf den Stand einer steinzeitlichen Horde von Sammlern und Jägern. Jeder versuchte jeden zu übervorteilen, die Welt war voller Neider, zu Missetaten bereit waren beinahe alle, und moralische Grundsätze, soziale Prinzipien, Gesetze und Tugenden schienen nur noch dazu da, übertreten zu werden.

Am falschesten, raffgierigsten und hintertriebensten waren diejenigen, die etwas besaßen. Es war die Zeit der schnellen Reichtümer. Ich habe Mütter gesehen, die ins Dorf kamen und unermeßliche Wertgegenstände für ein Säckchen Kartoffeln, ein paar Eier und ein kleines Stückchen Brot hergeben mußten, und Frauen, die für Zigaretten und Kaffee der Prostituion nachgingen. Solidarisch und hilfreich untereinander waren höchstens die Armen, die nichts zu verlieren und nichts zu erwarten hatten.

Auf den Landstraßen waren ständig Menschen unterwegs. Die Bauern taten sich zusammen, stellten Feldwachen auf, um ihre Ernten zu schützen, und die Eisenbahnzüge, die zwischen den großen Städten und dem flachen Land verkehrten, waren voller Hamsterer.

Ich vermute, meine unerklärliche Abneigung gegen Rucksäcke hat ihre Ursache in einem pubertären Trauma aus jener Zeit, in der die halbe Welt einen Rucksack umhängen hatte.

Nie wieder habe ich derart überfüllte Züge gesehen. Selbst außen an den Türen, wo damals Trittbretter angebracht waren, hingen sie, hockten auf den Puffern, drängten sich in den Bremserhäuschen, saßen oben auf dem Rand der offenen Güterwagen, so daß der Zug aussah wie ein fahrender Bienenschwarm, und jeder hatte einen Rucksack auf dem Rücken, sogar die kleinen Kinder.

Für einen hysterischen Jungen wie mich hatte das Leben etwas Abenteuerhaftes, wie aus einem Roman, und der Tod, der viel direkter und sichtbarer in Erscheinung trat, gab dem Leben einen seltsamen Glanz.

Ich weiß nicht einmal, ob das Leben gefährlicher war, aber so oft und so lange Zeit nicht an den Tod zu denken wie heutzutage, das war undenkbar.

Jeder, mit dem man sprach, hatte gerade eine entsetzliche Gefahr überstanden oder Todesängste durchlebt, so daß die meisten Menschen praktisch nur durch einen glücklichen oder dummen Zufall noch am Leben zu sein schienen.

Durchs Dorf zogen täglich Menschen aus dem Osten, ganze Familien mit Kleinkindern, Omas, Opas, Rucksäcken und Handwagen. Zumeist waren es russische Soldaten, die sie für eine alte Taschenuhr oder eine Flasche selbstgebrannten Zuckerrübenschnaps auf Schleichwegen, die jeder Grenzer kannte, schwarz über die grüne Grenze lotsten. Die ersten Männer kamen aus der Kriegsgefangenschaft zurück und man erkannte sie schon von weitem an ihrem Räuberzivil. Manche schafften es bis nach Hause, schliefen noch einmal mit der Frau, strichen den Kindern noch einmal übers Haar und legten sich hin zum Sterben. Andere trommelten die ganze Verwandtschaft und Bekanntschaft zusammen, ließen eine Sau schwarzschlachten, feierten ein großes Fest und redeten drei Tage und drei Nächte lang ununterbrochen von ihren Erlebnissen. Was sie berichteten, klang wie eine Sage aus einem homerischen Epos.

Die Welt der Amis war voller Wunder. Wiegender und erotischer habe ich nie wieder einen unglaublich langen, unbegreiflich breiten Personenkraftwagen die Bordsteinkante hinabfahren sehen wie an jenem Nachmittag, als ich das erste Mal seit Kriegsende wieder in die Kreisstadt kam, wo die Amis das Kurviertel besetzt hatten, und für immer unvergeßlich bleibt der dicke Yankee im kurzärmeligen Unterhemd, der an einem lauen

Sommerabend 1946 oder 1947 auf dem Balkon der Villa Eisenbarth saß.

Der Wagen fuhr völlig geräuschlos, als hätte er keinen Motor, so langsam, als schwebte er, und das Verdeck war zurückgeschlagen. Der Fahrer hatte den linken Arm nachlässig auf die Tür gelegt, saß weit zurückgelehnt, als brauche er sich um das Fahrzeug nicht zu kümmern, und ich begriff, daß wir Deutschen allesamt engstirnige Stümper waren, Hasenherzen, die sich mit Halbheiten abgaben, Kraftmeier und Schreihälse, die mit ihrem militärischen Auftreten und ihrem völkischen Sendungsbewußtsein nur ihre historische Minderwertigkeit – in Sonderheit aber die absolute Kulturlosigkeit ihrer Autoindustrie – verschleiern wollten.

Der Yankee aber auf dem Balkon von Bergwerksdirektor Eisenbarth, dem man immerhin die Wohnung des Chauffeurs über der Remise gelassen hatte, hielt eine Büchse in der Hand, saß auf einem Schaukelstuhl, als wäre Weges ein Kaff in den Südstaaten, und hatte den linken Arm auf der Balkonbrüstung liegen wie auf einer Autotür. Es war absoluter Stil. Wie im Film. Er warf mir die leere Dose zu, als ich ihm zurief, ob er Tschuing Gamm habe, und auf der Dose stand »Beer«. Es war unfaßlich. Sie füllten das Bier in Dosen, bevor sie es tranken.

Nun werden Sie fragen: »Wo bleibt die Geschichte?« – Es gibt keine Geschichte. Wie Kraut und Rüben liegen die Erinnerungen durcheinander. Die Geschichte von Colonel Braunschweigers Ausgehuniform und wie es kam, daß ein sowjetischer Offizier namens Lew Nikolajewitsch Rogoshin ein Faible für elegante Uniformen hatte, wie Schneidermeister Nachtweh sie zu nähen verstand. Die Geschichte von Schneidermeister Nachtweh aus Preßburg, den es nach Weges verschlagen hatte und der samt seiner lebenslustigen Tochter Martha in Weges ein regelrechtes Wirtschaftswunder auslöste, das zerbrach, als die Grenze dichter wurde, Colonel Braunschweiger wegen illegaler Geschäfte versetzt wurde und die Währungsreform ausbrach. Wo immer man zuppelt, überall blitzt das Jahrhundert hervor, und bevor ich noch begonnen habe, die eine Geschichte zu erzählen, findet schon die nächste statt. Geschichten wie diese werden wir erzählen, solange uns noch etwas einfällt.

Über Martha Nachtweh nur soviel: Ihre Hauptsorge war die, wer im Dorf herumerzählt haben könnte, daß sie mit dem Küchenneger oder dem Colonel, Oberst Rogoshin, dem Schwarzmarktgroßhändler Vegesack oder nur einem der Wegeser Bauernburschen, die allesamt klüger und erfahrener aus dem Krieg zurückgekehrt waren als man sie vor ein paar Jahren hineingeschickt hatte, im Bett gewesen sei.

Es stimmte, sie liebte Hinz und Kunz, aber sobald die Freundin einer Freundin, der sie erst vorgestern von einem neuen Liebhaber erzählt hatte, ihr unter dem Siegel der Verschwiegenheit anvertraute, im Dorf erzähle man sich, sie habe schon wieder einen neuen Liebhaber, so geriet sie in Panik.

Um unser weltanschauliches Wohl sorgten sich Pfarrer Witzel, bei dem wir Konfirmandenunterricht hatten, und Hugo Deisenroth, der Hauptlehrer von Weges, den die Amis vorübergehend außer Gefecht gesetzt hatten, da er ein hervorragender Nazi gewesen war.

Witzels Anleitungen blieben folgenlos, erregten jedoch Heiterkeit bei uns Jungen. Das Zeremoniell war alle Jahre gleich und in Weges bekannt.

Sobald er den Tag für gekommen hielt, uns in diese intimen Dinge einzuweihen, über die zu Hause nicht viel gesprochen wurde, trennte er die Knaben von den Mädchen.

Was er den Mädchen empfahl, weiß ich nicht. Uns Jungen warnte er vor dem Onanieren. Sein Rezept, das er mit leiser und eindringlicher Stimme bekanntgab, war simpel. Sobald uns die Lust packte, sollten wir unreife Äpfel essen, darauf einen gehörigen Schluck eiskaltes Wasser trinken und einen Dauerlauf machen, einmal Kalkobes und zurück.

Von Deisenroth erfuhren wir über Deutschlands reiche und ruhmvolle Vergangenheit. Ohne aufdringlich zu wirken, gesellte er sich zu uns, wenn wir Eishockey oder Fußball spielten, und enthielt sich auch aller albernen Warnungen, wenn er uns beim gemeinschaftlichen Onanieren in der Maschinenhalle des Rittergutes oder im warmen Schafstall entdeckte. Sein Hauptanliegen war der Untergang des Abendlandes, und der maroden, korrupten Welt der Amis und Russen hielt er das echte Deutschtum entgegen.

Manchmal denke ich, man sollte einen Film daraus machen. An Personen bräuchte ich: einen Bergwerksdirektor, der darüber jammert, daß man seine Villa beschlagnahmt hat, einen beurlaubten Hauptlehrer, der die Jungen dazu aufhetzt, den Kampf aufzunehmen und Deutschland endlich wieder frei von allen ausländischen Mächten zu machen, einen Belgier, der als Kriegsgefangener in Weges auf dem Bauernhof war, von den Amis befreit wird, nach drei Monaten wieder in Weges aufkreuzt, um die Tochter des Bauern zu heiraten, und der heute der einzige richtige Landwirt im Dorf ist – obwohl er nur mitspielen würde, weil Onkel Ferd ihn damals zum Schnapsbrennen brauchte.

Dann könnte ich anfangen in Bildern zu schwelgen. Wie Nachtweh auf seinem Schneidertisch sitzt, auf dem er auch zu schlafen pflegt, und näht, eine Ausgehuniform für Colonel Braunschweiger, die Oberst Rogoshin, wie gesagt, dermaßen gefiel, daß er auch eine derartige Uniform genäht kriegen mußte, während Nachtwehs Weib draußen in der Küche die Solberknochen ins Sauerkraut gibt, die ihr ein Wegeser Bauer für die Anfertigung einer warmen Joppe angebracht hat.

Wie nun auch andere Offiziere benachbarter Grenzabschnitte Nachtwehs Kammer frequentieren, wie Nachtwehs Schneiderei zu florieren beginnt, so daß bald schon drei Gesellen und fünf Näherinnen in Kleinschmidts Saal um die Wette nähen, während Nachtweh nur noch am Maßnehmen und Anprobieren ist und Nachtwehs Weib kaum noch zum Kochen kommt, weil sie die Verwaltung der an Geldes statt hereinkommenden gewöhnlichen Konsumartikel, die damals ein Luxus waren, übernehmen muß.

Wie Hugo Deisenroth immer dräuender das Vordringen kulturbolschewistischer Elemente in unserer traditionellen ländlichen, bäuerlich-kleinbürgerlichen Umgebung betrachtet, Martha Nachtweh drei Freundinnen überredet, bei ihr anzufangen, wie Onkel Ferd und der Belgier damit anfangen, in großem Stil einen hochprozentigen und reinrassigen Korn zu brennen, der nicht nur in Marthas Etablissement ausgeschenkt wird, Pfarrer Witzel Sonntag für Sonntag Worte der Verdammung von seiner Kanzel auf die Häupter der ahnungslosen alten Frauen in Schwarz, die seine Klientel bilden, niedergehen läßt und Hugo Deisenroth uns Jungen langsam dazu kriegt, mit den wehrsportlichen Übungen zu beginnen.

Man kennt das ja. Ein expandierendes Gewerbe zieht unweigerlich auch ein verbessertes Dienstleistungswesen nach sich. Im Schneiderhaus stauen sich die Waren, Schwarzhändler kommen von weit her, um die sich aufstauenden Luxusgüter in andere Luxusgüter einzutauschen, wobei Frau Nachtweh eine glückliche Hand und erhebliches Handelstalent beweist, denn die vorherrschende Wirtschaftsform jener Jahre war bekanntlich der Tauschhandel. Bordelle und Spelunken, Spielhöllen und Morphiumhöhlen schießen aus dem Boden, und für einen historischen Augenblick wird Weges zur Utopie eines ungeteilten Nachkriegsdeutschlands in Saus und Braus, das größte Vergnügungszentrum im Niemandsland, ein wahrhaft blockfreies Konsumparadies und Sündenbabel, so daß bald keine Familie in Weges mehr verschont bleibt von dem Boom, den die Uniform auslöst, die Colonel Braunschweiger aus feinem Kammgarn nähen ließ, wie Salomos Rache, denn er war ein Kavalier alter Schule, geradeso wie Lew Nikolajewitsch.

Alles glitzerte in diesem Kaleidoskop, das Weges hieße und heute ein verschlafenes Nest wäre, durch das die Zonengrenze geht. Zwei oder drei Mal die Woche karrt ein Sachbearbeiter beim Landratsamt einen Reisebus voller Leute ins Dorf, fährt mit ihnen bis vor an die Mauer und anschließend auf den Hühnerberg. Von hier aus hat man einen schönen Blick auf Weges, das still und verlassen daliegt, auf den Fluß, die Grenze und das Städtchen jenseits, das ebenfalls so daliegt, als wäre es unbewohnt.

Wir haben nichts gegen diesen Grenzlandtourismus, der mit ein paar Bieren in Onkel Ferds Kneipe beschlossen wird, und wer etwas zu essen bestellt, hat immerhin die Auswahl zwischen Kasseler mit Kraut und Salzkartoffeln, Currywurst mit Pommes frites und Rumpsteak mit Kräuterbutter aus Tante Hedwigs neuem Mikrowellenherd. Die Zigaretten gibt's im Automaten und der Kaffee wird frisch gebrüht.

Was uns stört an diesen Besuchern ist nur, daß sie unsere Gegend betrachten, als wäre die Grenze der Hermann im Teutoburger Wald oder das Niederwalddenkmal, aber wirklich lästig sind sie einmal im Jahr, wenn sie zu Zehntausenden auf den Hühnerkopf streben, die Wiesen und Wälder zertrampeln, Mahnfeuer entzünden, Lautsprecher aufstellen, flammende Reden halten und behaupten, sie wären empört.

Manchmal gehe ich selber hinauf auf den Hühnerkopf, aber nur, wenn ich wirklich alleine bin. Hier oben war im Krieg eine Flakstellung, waren damals, als ich ein Junge war, noch die Mulden der Unterstände zu sehen, brauchten wir nur ein wenig mit den Händen zu buddeln, um massenhaft Munition zu finden, pulten wir das Pulver heraus, um damit zu zündeln, riß es Carl Nachtweh sechs Finger ab, als er versuchte, eine Granate aufzusägen, um daraus einen Sprengsatz zu basteln, den wir einem der Amis oder Russen oder Briten unter den Straßenkreuzer legen wollten. Old Deisi hatte uns schließlich doch noch von unserer Begeisterung für die amerikanische Kultur geheilt, wenngleich nur für ein paar Wochen.

Die Grenze kommt links hinterm Hühnerberg hervor, ist ein solides Bauwerk aus großen Betonplatten, fast drei Meter hoch, mit einer Stacheldrahtkrone oben drauf, einem breiten gerodeten Streifen dahinter, auf dem manchmal Militärfahrzeuge fahren, durchquert unten in Weges, das ich liebe, eine Häuserzeile kurz vor dem Ende des Dorfes, verläuft auf unserer Seite parallel zur Brückenauffahrt, so daß die Brücke schon auf ihrer Seite liegt, besteht unterhalb des Brückenbogens aus einer riesigen Reuse für Flußschwimmer, kesselt drüben das graue Städtchen ein, geht ein Stück am anderen Ufer entlang und verschwindet oben im Interessentenwald von Lieblos.

Wenn ich die Augen schließe, ist sie weg, und wenn ich Glück habe, ist es wie einst. Drüben am Gutshof stehen sich zwei Männer gegenüber, ich werfe mich in den Sand, den der Fluß bis zu dieser Höhe angeschwemmt hat, und beobachte sie, wie damals, als wir darüber sprachen, welchen von beiden wir in die Luft jagen sollten: Braunschweiger, dessen Vorfahren vor dreihundertfünfzig Jahren aus Spanien in Deutschland ein- und vor fünfzig Jahren wieder ausgewandert sind, oder Rogoshin, der manchmal durchblicken ließ, seine Vorfahren seien sogar mit dem Zarenhaus verwandt.

Aber dann öffne ich rasch die Augen, laufe hinunter zu Onkel Ferd, und wenn wir uns dann einsam und allein an der Theke gegenübersitzen, erzählen wir uns zum tausendsten Mal die Geschichten von damals. Onkel Ferd hatte den Ochsen selber an die Russen verkauft, ihnen auch gezeigt, wie sie ihn nachts abholen müßten, um nicht aufzufallen, aber sein Vater, der nichts davon wußte, hatte ihn als gestohlen gemeldet. Die Schnapsbrennerei flog auf, als Onkel Ferd sich weigerte, Pfarrer Witzel weiterhin Tag für Tag einen Viertel Liter Schnaps gratis in der Küche auszuschenken, obwohl der Pfarrer im Krieg ein Bein verloren hatte.

Von Oberst Rogoshin haben wir nie wieder etwas gehört, Colonel Braunschweiger war vor ein paar Jahren noch mal da, der alte Nachtweh ist lange tot, der Belgier lebt noch, Hugo Deisenroth wurde später Kassierer bei der SPD, durfte auch in den Schuldienst zurück, obwohl er noch Jahre später meinte, »das deutsche Volk muß von Zeit zu Zeit in Blut und Eisen gebadet werden«, Molkerei Bönsel hat längst zugemacht, in Eisenbarths Villa ist heute das Dorfgemeinschaftshaus, Martha Nachtweh heißt jetzt Patocka, denn sie ist seit über dreißig Jahren mit einem Flüchtling verheiratet, der bei Kali schafft, und dazu hören wir Glenn Miller, den Onkel Ferd neulich auf Kassette überspielt hat.

Weiß der Teufel, worüber wir reden würden, wenn es diese Nachkriegsjahre nicht gegeben hätte.

Hubert Fichte
Machtübernahme

Die Ausgebombten wohnen in Leyhäusern, die sehen aus wie große Amselkästen und heißen Leyhäuser nach dem Kraft-durch-Freude-Minister Robert Ley. Alfred Wöbke ißt rohe Frösche und Raben.
– Anständige Jungen dürfen nicht mit ihm spielen.
– Er hat auch keinen Vater.
– Trotzdem.
Detlev spielt trotzdem mit ihm. Sie besuchen Hagenbecks Tierpark durch ein Loch im Zaun.
Auch die vorsintflutlichen Tiere sind bombengeschädigt. Jetzt sieht man, daß der Dinosaurier und der Flügeldrache aus Beton und Drähten bestehen.
Detlev leiht sich Geld von Alfred Wöbke für Brause. Er kann es ihm nicht zurückgeben. Er versteckt sich, wenn er Alfred auftauchen sieht.
– Ich darf sowieso nicht mit ihm spielen.

Detlev kann nicht schlafen. Er zählt noch einmal die Augen in seinem Sack. Es sind nicht mehr geworden. Er hält den Atem an. Vielleicht schreien die Löwen doch wieder.
Wenn er jetzt nicht einschläft, fragt die Mutter, was los ist.
Detlev atmet gleichmäßig ein und aus, als ob er schliefe. Es wird immer mehr Luft. Jetzt platzt ... Jetzt fragt Mutti!
Detlev hält den Atem an und horcht. Auch die Mutter atmet gleichmäßig und tut nur so, als ob sie schläft.
Er fragt, was los ist, und sie tut so, als ob sie aufwacht, und dann gibt sie zu, daß sie nicht schlafen kann, weil sie Angst hat, daß morgen früh, wenn sie ins Arbeitsamt Kielerstraße geht, wieder der Mann auf sie wartet, der ihr von dem Lager erzählt, und daß sie abtransportiert werden soll, mit Detlev, wie alle Rasseschänderinnen und Mischlinge ersten Grades, für die sie die Gestellungsbefehle im Arbeitsamt Kielerstraße tippt.

Alfred und Friedo und Duve und Detlev laufen durch die Schrebergärten. Überall stehen die vergrößerten Amselhäuschen für die Ausgebombten. Von Parzelle zu Parzelle.
Schnittlauch. Kerbel. Regentonnen. Bohnenstangen.
Die Schreberwege ziehen sich hoch bis an den Horizont.
Spalierobst. Möhren.
Stadtteil um Stadtteil legen die Anglo-Amerikaner mit Bombenteppichen aus.
Leyhäuser und Ausgebombte füllen die Schrebergärten.
Die Ausgebombten machen ihre Lauben winterfest.
Grade Schreberwege entlanglaufen Alfred und Friedo und Duve und Detlev.
Hier ist lehmiger Untergrund und die Sprengbomben der Alliierten können den Amselhäuschen nichts anhaben – der Lehm fängt die Gewalt der Explosionen ab.
Beete. Rotdorn. Kompost. Sonnenblumen. Harken. Kaninchenställe und Flaggenmaste.
Die Parzellen sind zu Ende.
Detlev steht vor dem Kinderheim.
Der Zinklöffel wird ihm zwischen die Zähne gebohrt und auf die Zunge rutscht der nach Mandeln schmekkende, eiterfarbene Brei.
Himmelbeersoße dazu.
Der Geruch des Erbrochenen.
Die Kindergärtnerin kommt mit dem Feudel und dem angerosteten Emaillebecher.
Das Kinderheim steht leer.
Eine Scheibe der Veranda ist zerbrochen.
Duve hat angefangen.
Detlev brüllt:
– Sieg Heil! Sieg Heil!
Duve:
– Ribbentrop!
– Räder rollen für den Sieg!
– Endsieg oder Bolschewistisches Chaos!
Platzen, platzen die Scheiben.
Rahmen zertreten.
– Heil Hitler!
Die Tür fällt um.
– Schwarzbraun ist die Haselnuß.

Schwarzbraun bin auch ich, ja, bin auch ich,
Schwarzbraun soll mein Madel sein,
Das Kinderheim geht in Trümmer.
Sie reißen die Dachpappe ab und schlagen mit Latten auf die lustig gelb und rot gefärbten Zwergenbänke ein.
Grassoden fliegen in die Borte.
Detlev schlägt so lange gegen die Wand, bis sie nachgibt.
Hier blättert die Farbe unter den Tritten ab.

Der Betriebsobmann und ein Teil der Gefolgschaft erscheinen morgens ohne ihr Parteiabzeichen am Revers im Arbeitsamt.

Schneidig, die HJ!
Es treten immer weniger an zu den Appellen auf dem Sportplatz.
Detlev ist stets als erster da.
Arnes Mutter hat es Arne verboten wegen der Tiefflieger und Dieter Brinkmann darf auch nicht mehr und als Detlev ihn zur Rede stellt, geht Dieter zurück und Detlev merkt, daß Dieter vor ihm Angst hat.
In der Schule ist Detlev der Prügelknabe für die ganze Klasse; aber beim Geländespiel ernennt Harald ihn zum Anführer und Detlev behauptet sich vor dem Feind. Er wird von Harald vor den strammstehenden Pimpfen ausgezeichnet. Detlev fühlt: In der Schar würde er auch Dieter Brinkmann und seine Schar gefechtsunfähig machen. Aber die Appelle werden seltener und das letzte Mal steht Detlev im Voralarm als einziger auf dem Sportplatz. Auch der Bannführer ist schon in den Luftschutzkeller gegangen.

Mutti bringt Detlev Sonderbriefmarken mit.
Auf einer steht: »Und ihr habt doch gesiegt!«
SA-Männer mit der Fahne.
– Flattert uns voran!
Sie singen unter der flatternden Fahne.

Die Marken für eine Sonderration Trockengemüse und Salzbutter werden aufgerufen.
– Jetzt ist es wirklich alles bald vorbei. Es gibt schon kein

nasses Gemüse mehr. Die Felder mit den feuchten Steckrüben sind bombardiert worden und die Bäume mit den saftigen Äpfeln und Birnen haben sie zerschossen. Ein paar Reste im Großdeutschen Reich hat man noch getrocknet. Die läßt der Führer jetzt verteilen. Das ist das Ende. Das Salz hat die SS zur letzten Butter gerührt. Nach dem Trockengemüse kommt gar nichts mehr. Trockenrotkohl. Trockenkirschen. Trockenquitten. Nur noch Heu. Aber von Heu kann kein Deutscher leben. Trockenheu. Die Pferde und Kühe essen kein Heupulver.

Es regnet.
Duve, mit dem Detlev eigentlich auch nicht spielen darf, sagt:
– Das ist der Schaum, der vom Ficken übrigbleibt.
Alfred sagt:
– Mein Kind, was bist du so errötet?
Hat man dir eins vors Loch geflötet?
Hansen sagt:
– Goethe spielt Flöte auf Schiller sein Diller.
Detlev denkt:
– Will sich Hektor ewig von mir wenden,
Wo Achill mit den unnahbaren Händen
Dem Patroklos schrecklich Opfer bringt? – Daß Goethe sich nicht geekelt hat?!
Harald kommt aus dem Strohdachhaus und sagt zu Detlev:
– Ich habe mich in einer erregten Diskussion dagegen gewendet, daß die HJ-Pimpfe mit Kesseln voll kochendem Wasser den einrückenden Feind zurückwerfen sollen.
Die anderen laufen hinter Harald her und grölen:
– Es hat keinen Zweck,
Die HJ muß weg,
Die Louis müssen her,
Das wirkt viel mehr!

– Heute nachmittag soll Hamburg dem Erdboden gleichgemacht werden.
Frau Wiesner ruft es über die Johannisbeeren.
– Wer hat das durchgegeben?

– Frau Malchow hat es gesagt. Tausend Flugzeuge kreisen schon seit Tagen über dem Alten Land. Benachrichtigen Sie Selges und Heidas!
Opa geht gleich los, um es zu verbreiten.
Die Furcht machenden Meldungen der Nachbarn.
Auch das Radio ist nicht mehr maßgebend.
Nur noch die zerquetschten Stimmen der Nachbarn.
Dann ist der Untergang nah.

Das Ende des Tausendjährigen Reiches.
Zwischen Schuhmanns Volksempfänger und Schwarzens Volksempfänger hin und her laufen.
– Wird Hamburg dem Erdboden gleichgemacht? Dem Erdboden noch gleicher gemacht?
– Der Waffenstillstand ist unterschrieben.
– Die tausend feindlichen Flugzeuge ziehen wieder ab, weil Hamburg kampflos übergeben worden ist.
Die Sieger Stalin, Churchill, Roosevelt spielen »Heil dir im Siegerkranz«!
Mutti fängt an zu weinen.
Willi Schwarz, der zu dick ist und wegen seiner Drüsenstörung erst im letzten Augenblick zum Volkssturm eingezogen werden sollte und sich beim Vorturnen am Reck was brach, daß er jetzt Kriegsbeschädigtenrente kriegt, faßt Mutti zuvorkommend am Arm und geleitet sie raus.
Die feindlichen Panzer fahren schon klirrend die Kaiser-Friedrich-Straße entlang.
Mutti sagt:
– Willi war so taktvoll.
– Warum?
– Weil er nichts gefragt hat.
– Warum ist das taktvoll?
– Frag nicht so viel heute, an diesem Tag.
– Aber warum hast du geweint?
– Wer würde nicht weinen, wenn sein Vaterland unterliegt?

Nun ist alles anders.
Jetzt ist Frieden und die nicht zu Kanonen umgeschmolzenen Glocken werden eine Woche lang läuten.

Jetzt werden alle SS-Leute hingerichtet. Dieter, Ove, Fräulein Leitl kommen ins Zuchthaus und die Möllersche, die Tante Frieda ins Zuchthaus gebracht hat, wird am Wippgalgen aufgehängt, umgelegt, liquidiert, dem Erdboden gleichgemacht.
Nie wieder wird es Fliegeralarm geben!
Nie wieder wird sich jemand zur HJ anmelden müssen!
Keiner wird mehr Schneeschaufeln müssen!
Keiner legt nie wieder einen Bombenteppich!
Alle dürfen sagen, was sie meinen, ohne abgehört zu werden! Die Mischlinge und die Verfolgten erhalten Ämter und Orden von den Befreiern, mit vollen Händen Honig und schwarze Schokolade und Bohnenkaffee!
Ob das lange dauern wird?

Detlev sieht den ersten feindlichen Soldaten. Dessen Arsch ist so rund, daß der Stoff der Hose kaum rüberreicht. Am liebsten möchte Detlev zwischen die beiden Hälften des englischen Arsches hineinkriechen. Er stellt sich vor, daß es darin nach geräucherter Mettwurst riechen müßte.
– Du kannst ihm doch nicht in den Arsch kriechen.
– An deinem Busen möcht ich schmusen;
In deinem Hintern möchte ich überwintern
hat Mutti in den Zwanziger Jahren singen hören. Detlev bewundert alle runden Ärsche der vorüberstrampelnden Besatzungssoldaten.

Tante Frieda kommt aus dem Zuchthaus zurück.
Die meisten Insassen wurden vor dem Einmarsch der Befreier erschossen. Tante Frieda mußte sich ihre offenen Beine mit dem eigenen Urin auswaschen.
Oma:
– 44 fühlte ich schon das Ende nahen. Als sie das Attentat auf den Führer machten, hätte ich vor Glück fast einen Herzschlag bekommen.
Opa:
– Es sind die Elitetruppen des Königs. Sie benehmen sich einwandfrei. Hamburg hat in den Engländern nie seinen Feind sehen können.

Mutti:
– Die Villen in Harvestehude haben sie bei den Angriffen schon für die Besatzungszeit ausgespart.
Oma:
– Du willst dich beklagen! Wir haben dir unser Schlafzimmer abgetreten. Wir mußten das Herrenzimmer und das Fremdenzimmer zusammenlegen. Sollte das große Zimmer oben wirklich beschlagnahmt werden für die Flüchtlinge, unsre lieben Schlesier, steht dir und deinem Kind Küchenbenutzung bei uns zu.
Opa:
– Ilse. Wie ein gewöhnlicher Mensch. Wie unsre Nichte. Ilse. Ilse Koch!
Oma:
– Wer hätte das gedacht?!
Mutti:
– Und wenn wir es gedacht hätten, was konnten wir denn tun?
Oma:
– Das ganze Volk haben sie getäuscht. Ilse Koch. Eine Lagerkommandantin. Das Mannsweib.
Opa:
– Der Satan! Die Geißel Gottes!
Mutti:
– Das kannst du jetzt nicht laut genug sagen.
Opa:
– Hab ich den Jungen parrtuh in die HJ bringen wollen?
Mutti:
– Weil du Angst hattest, aus der Partei zu fliegen!
Oma:
– Vater, nimm nicht wieder das Beil! Geh, Petersilie holen!
Mutti:
– Laß die Zeitung nicht in die Hände des Kindes fallen!
Aber die Erwachsenen verstecken sie so schlecht, daß Detlev die Zeitung am nächsten Tag auf der Kohlenschaufel entdeckt. Fotos von Leichenhaufen.
Haufen, wie er sie sich vorgestellt hat, als von den Opfern der Luftangriffe geredet wurde.
Magerer als Frau Wichmann, knochenähnlich.
Fotografiert sieht es schlimmer aus als in Gedanken.

Aber die Fotos bleiben stehen, während die Gedanken fortschreiten und zurückspringen.
Auch Kinderskelette.
Keine Skelette – skelettförmige Leichen.
– Laßt die Zeitung nicht in die Hände des Kindes fallen.
Ein Haufen von magersten Kinderleichen, die vergast wurden, weil sie nicht in das Parteiprogramm paßten.
Fotos von Leichen riechen nach Druckerschwärze und nicht nach Weihnachten und Krüppelheim.
– Wainachtän.
– Nach jedem Dezember folgt wieder ein Mai.
– Ja, es stimmt. In Wirklichkeit ist schon alles aus.
Oma überrascht ihn, obgleich er Übung hat im Verheimlichen: Er klaut gelegentlich Fettschieferchen von der Fleischbrühe aus der Speisekammer.
Oma drückt ihn an sich und küßt ihn naß:
– Leg es weg, sieh es dir nicht länger an. Vergiß es schnell wieder. Ein Kind muß nicht alles wissen. Jetzt leben wir im Frieden!

– Deutscher Soldat brav und treu.
Deutsche Frauen große Säu, schreibt ein strammer englischer Besatzungssoldat an das Robert-Ley-Haus im Knickweg.

Die Familie Rüter wird in das große Zimmer eingewiesen, oben, wo Oma und Opa bis zur Evakuierung schliefen und wo jetzt Muttis schwarzer Mahagonisekretär steht.
Rüters belegen auch die kleine Kammer.
– In einem halben Zimmer mit Dachschrägung und Schornstein hausen ich und ein schulpflichtiger Sohn, schreibt Mutti an das Wohnungsamt.
Herr Rüter hilft Opa hinten und vorn.
– Erbschleicher!
Frau Rüter hat Schüttellähmung und wenn sie über den Flur geht, zerkratzt sie die Tapeten.
Hannelore Rüter erinnert Mutti an BDM-Typen.
Hannelore erzählt von der Flucht:
Großeltern kamen auf dem Treck um. Die Pferde bra-

chen ein und zusammen. Die zurückgebliebenen Frauen wurden von den Frauen irgendwas.
– Erst sagten sie in Pommern und in Schlesien: Zu uns komm se ni! und jetzt haben sie alle ein Rittergut besessen.
– Die Polen waschen die Kartoffeln in den Wasserklosetts und halten Hühner in der Badewanne der Gutshäuser.
– Das lügen Leute, die Millionen Polen auf dem Gewissen haben.
– Keiner hat Millionen Polen umgebracht.
– Alleine nicht.
Rüters treiben Schwarzhandel.
Sie braten das unrechtmäßige Fett bis in die Nächte hinein aus. Frau Rüter schüttelt einen Topf nach dem anderen und bereitet stundenlang fettige Gerichte, um ihren Mann an sich zu fesseln.

Die Mutter spielt den Elitesoldaten.
Zwar hat sie keinen runden Arsch wie die Engländer – sogar ihr Busen ist vom Krieg ziemlich dünn geworden –, aber original wie sie die Hände in den Trainingsanzug steckt und Kaugummi kaut!
– Was soll ich sagen?
– Gut Moaning – wenn es Morgen ist. Gut Ihvening, abends.
– Gut Moaning.
Aber der Elitesoldat sieht ihn gar nicht an.
Gut Ihvening!
Jetzt tippt Mutti an ihre Lockenwickler und sagt:
– Hällo!
– Du ju häv Schocklett.
Mutti zieht aus der Brusttasche ihres Trainingsanzuges ein Stück Pappe und gibt es ihm.
– Senk ju!
Mutti tippt noch mal an ihre Dauerwellen und sagt:
– Bei! Bei!
Detlev führt es nie aus, wenn er einem Elitesoldaten in Wirklichkeit begegnet. Er hat Angst, sich zu versprechen. Sie würden ihn vielleicht auslachen.
Er rennt auch nicht wie die Flüchtlinge hinter den

Zigarettenkippen her, die von den Elitesoldaten auf die Straße geworfen werden. Es sind besonders lange Kippen der fremdartig riechenden Zigaretten, und die Elitesoldaten freuen sich, wenn die mageren Feindeskinder und die Flüchtlinge rennen, um eine Kippe zu ergattern.
Detlev hat Hunger. Aber nicht auf Schokolade. Außerdem ist es ihm lieber, wenn Mutti den Elitesoldaten spielt und er sie anreden darf und sie ihm Kaugummi – das sie gar nicht hat – kauend ein Stück Pappe gibt.

Die einquartierten Rüters wollen Muttis Möbel haben. Den schwarzen Sekretär. Die Stühle im Wiener Stil, die Mutti sich gekauft hat, als sie zur Landeskunstschule ging. Den runden Tisch. Den einen schicken Sessel, Tischlampen, Blumentöpfe und solchen Kleinkram.
– Ich mache Ihnen ein großzügiges Angebot: Drei Vollkornbrote. Richtige schwarze Vollkornbrote, keine gelben.
– 1000-Gramm-Brote oder 1500-Gramm-Brote.
– 1500-Gramm-Brote. Drei Stück.
Nach einer Woche sagt Herr Rüter:
– Sie müssen sich entscheiden! Ich will in eigenen Möbeln wohnen. Entweder verkaufen Sie mir Ihre Möbel für zwei, drei Tausendgrammbrote oder Sie müssen Ihren Kram entfernen, damit die Mieträume nach den Bestimmungen frei einrichtbar sind.
– Wo soll ich damit hin?
– Vielleicht lege ich noch eine kleine Leberwurst dazu, sagt Herr Rüter.
– Aber ich will umgehend eine Entscheidung.
– Bringen Sie sie doch in eine Tauschzentrale. Da kriegen Sie vielleicht einen Lodenmantel dafür oder einen Fotoapparat.
– Was soll ich mit einem Fotoapparat?
– Bis morgen müssen wir es wissen.
Der schwarze Sekretär stand im Heimweg, als Detlev noch klein war und Mutti sich mit Oma und Opa verkracht hatte. Opa hatte einen Wutanfall gekriegt, weil Mutti wieder zu Onkel Emil und Tante Hilde gegangen war.

Onkel Emil gehörte nicht der Partei an. Opa war gleich eingetreten.
In dem Sekretär wurden die beiden grünschillernden Metalldosen voller Schminkstifte aufgehoben.
– Die alten Gogrillen! Drei Tausendgrammbrote und eine Leberwurst. Da essen wir uns satt und geben Oma und Opa nichts ab.
– Wie gesagt: Zwei Tausendgrammbrote und vielleicht eine Leberwurst.
– Drei.
– Ja. Sicher. Es ist schwierig im Moment. Es geschehen viele Razzien. In der Thalstraße steht das Maisbrot jetzt auf zehn bis fünfzehn Amizigaretten.
Herr Rüter klopft an und sagt:
– Kann ich jetzt das Brot bringen?
– Zwei wenigstens.
– Ich hab nur ein 1500-Gramm-Brot auftreiben können.
– Zwei.
– Nein. Das geht nicht.
– Eineindrittel wenigstens.
Herr Rüter fängt an zu lächeln und sagt schelmisch:
– Eins! Eins!
– Er bringt ein ungares 1500-Gramm-Brot.
– Leberwurst ist heutzutage völlig unmöglich. Mal sehen.
Das Brot ist noch warm. Mutti schneidet es auf. Der Bäcker wohnt auch drin – eine große Blase.
Sie kratzen das Weiche aus dem Brot. Wie Detlev es macht, wenn er anschreiben geht bei Frau Stuhdt. Er kommt dann mit einem leergegessenen Brot nach Hause.
Detlev und Mutti brechen das Krosse auseinander und essen es nach dem Weichen von Rüters Brot.
– Jetzt sind wir satt. Der Sekretär war gar kein Mahagoni. Und bei den Wiener Stühlen stehen die Schrauben raus. Daran reißen Rüters sich das Schieberzeug kaputt. Auch können die Stühle jederzeit unter dem fetten Kerl und seiner BDM-Tochter zusammenbrechen.

Die Kolonialwarenhandlungen verkaufen Hagebuttenmehl ohne Lebensmittelmarken und Aromas.

Detlev kauft sich von seinem Taschengeld:
Bittermandelaroma.
Rumaroma.
Pflaumenaroma.
Kirscharoma.
Eieraroma.
Butteraroma.
Maraschinoaroma.

Die Blätter des Taxus kleben an den Fingern, wenn man sie im Vorübergehen abreißt.
Der Aluminiumtopf ist zu breit. Der Deckel klappert. Er liegt nur lose drauf.
– Aber einen größeren Topf haben wir nicht.
Er beult die Tasche aus.
Frau Wichmann mit ihrer einen Krücke und dem beschädigten Ohr hilft ihrem Mann, das Haus auszubessern.
Königs machen an ihrer Ruine nichts.
Der Rotdorn stinkt in der Hitze.
Krater werden zugeschüttet.
Die Tasche aus stoffüberzogener Pappe schlägt an die nackten Beine.
Im Knickweg ist es kühler.
Die Bombengeschädigten haben neben den Leyhäusern Tabak angepflanzt.
Kein Wind.
Die unreifen Brombeeren bewegen sich nicht.
Lutterothstraße.
Methfesselstraße.
Den Segelflossern in dem zoologischen Fachgeschäft verkleben die Flossen.
Detlevs Freund Karl-Jörn hielt Segelflosser und Guppys. Schon vor dem Terrorangriff, und das Aquarium ist auch während der Bombennächte nicht ausgelaufen. Die Warmwasserfische spaddelten nicht auf dem staubigen Teppich herum, bis sie verreckten. Eine Zeitlang hatte Detlev auch ein Aquarium. Aber die Segelflosser verendeten einer nach dem anderen und Detlev mußte sie morgens von der Wasseroberfläche wegkeschern. Es fing immer mit verklebten Flossen an. Im Winter war es

zu kalt für die exotischen Tiere und im Sommer kriegten sie zuwenig Sauerstoff. Als letztes hielt sich Detlev einen dicken schwarzen Kaltwasserkäfer, der auch außerhalb des Wassers existieren konnte. Eines Tages war er verschwunden. Vielleicht war er weggelaufen. Fliegen konnte er sicher nicht. Wahrscheinlich hatte er sich in den Fadenalgen verheddert und war im Grünzeug erstickt.
Die Apostelkirche.
Faberstraße.
Ausgebleichte Ruinen.
Der Aluminiumtopf ist zu breit. Der Papierstoff der Tasche scheuert die Haut an den Beinen auf.
In einem Kolonialwarengeschäft gibt es große Kruken voll Rhabarber ohne.
Die schwachrosa Brocken in den Trümmerhaufen lösen sich auf und färben die Luft ein und machen sie schwerer.
Kein Auto.
Die Straßenbahnen fahren hier noch nicht wieder.
Langsame Fahrradfahrer.

Dem Knickweg und dem kleinen Park mit den Schrebergärten – wo sich heute nachts die gesetzmäßig zugelassenen Hundertfünfundsiebziger unter drohender Erregung öffentlichen Ärgernisses einen Ast abbrechen – gegenüber ist das Arbeitsamt Kielerstraße.

Die ehemaligen Parteigenossen, die ihre Abzeichen schon vor der Kapitulation weggeschmissen haben, erlauben dem Mischling ersten Grades, aus der Kantine der Gefolgschaftsmitglieder eine Portion Mittagessen im Aluminiumtopf abzuholen.
Süße Haferflockensuppe.
Den ganzen Topf bis an den Rand voll mit Kalorien. Der Deckel wird lose draufgelegt.
Mutti gibt ihm einen schnellen Bürokuß.
Langsam über die Straße. Der Topf ist zu breit. Es kommt kein Verkehr. An den Parks vorbei. Bis zur Kolonialwarenhandlung.

Detlev entschließt sich, noch eine Kruke Rhabarber von seinem Taschengeld zu kaufen. Er trägt sie im Arm. Mattrosa Luft und Trümmerblumen die ganze Faberstraße entlang.
Die Haferflockensuppe schwappt über.
– Morgen ist der Rhabarber schon ausverkauft. Auch Rhabarber enthält Kalorien. Die Sonne fängt an, die Apostelkirche aufzulösen. Sie zuckt in der Hitze.
Die Haferflockensuppe weicht die Pappe der Einholetasche durch. Jetzt scheuert sie weniger, aber sie kann jeden Augenblick auseinanderreißen.
Methfesselstraße.
Die Segelflosser versuchen, an der Wasseroberfläche Sauerstoff aus der zoologischen Fachhandlung zu schnappen. Sie gebrauchen die Schwimmblasen wie eine Lunge.
Lutterothstraße.
Der Knickweg.
Ein Faden wird über die Beete gespannt.
Jetzt ist es nicht mehr weit. Nur alle fünfzig Schritte ausruhen. Nur alle zehn Schritt. Einzelne Juteflocken halten die Tasche mit dem Aluminiumtopf noch zusammen.
Auswechseln mit der Glaskruke voller Rhabarber.
Zuhause mischt Detlev Maraschinoaroma in die Haferflockensuppe, um Mutti eine Freude zu machen.
Sie ißt es gerne. Er muß beim Abendbrot kotzen, weil er auf seinen Teller noch einmal Maraschinoaroma nachgetröpfelt hat.

Alle sind wieder da und Detlev sucht im Schreibtisch des Großvaters nach dem Parteibuch.
Ove, Dieter, Fräulein Leitl.
Der Drogist verkauft Mutti wieder die Monatsbinden Camelia, als hätte er nie das Wort »Gestapo« in den Mund genommen.
Im Arbeitsamt begrüßen sich die ehemaligen Parteigenossen nicht mehr mit dem Deutschen Gruß, sondern mit:
– Hau du ju du?
Detlev hat Opas Schreibtischschlüssel aus dem Versteck

geholt und öffnet den Aktenschrank rechts unten und zieht die Akten, die mit dem Jahr 1875 beginnen, heraus. Er kann das Parteibuch nicht mehr finden.
Detlev wollte wissen, ob man es Horst Wessel ansieht.
Auch Frau Möller läuft wieder frei in der Karlstraße herum, bleich und an den Zäunen längs. Sie tut einem fast leid. Aber sie ist doch zum Ortsamt hingegangen und hat es angegeben:
– Gestern nacht äußerte Frau Frieda Herzog Zweifel am Endsieg!
damit Tante Frieda eingelocht würde, sich die offenen Beine mit Pisse auswaschen müßte.
Sogar Peter Hinrichs Vater, der als Pastor bei den Nazis hoch und höher stieg, ist wieder da. Er stieß Peter Hinrichs Kopf so lange in die volle Badewanne zur Bestrafung, bis er keine Luft mehr bekam. Jetzt reicht der Pastor ein Formular als Opfer des Nationalsozialismus ein und schreibt an Thomas Mann. Frau Möller, noch ein bißchen wackelig auf den Beinen, aber wieder da.

Oma und Opa sind zu Bayers, Geburtstag feiern. Oma hat Ersatzkaffee und Süßstoff und Milchpulver mitgenommen und ein Tütchen selbsthergestelltes Kartoffelmehl als Geburtstagsgeschenk.
Nebenan klappert Frau Rüter und brät Fett aus.
Detlev durchsucht den Schuhschrank. Aber er findet nichts Sättigendes dort versteckt. Franzbranntwein für die Haare. Der brennt nur im Hals. Hagebuttenmehl. Ein Stück Steckrübe. Etwas Heißgetränk.
Detlev nimmt den Schlüssel vom Schuhschrank und öffnet den Bücherschrank damit.
Die ›Marquise von O.‹ liegt auf der Feldpostausgabe des ›Matteo Falcone‹ von Prosper Mérimée.
– Vergebens rief die Marquise, von der entsetzlichen, sich untereinander selbst bekämpfenden Rotte bald hier, bald dorthingezerrt, ihre zitternden, durch die Pforte zurückfliehenden Frauen, zu Hülfe. Man schleppte sie in den hinteren Schloßhof, wo sie eben, unter den schändlichsten Mißhandlungen, zu Boden sinken wollte, als von dem Zetergeschrei der Dame

herbeigerufen, ein russischer Offizier erschien und die Hunde, die nach solchem Raub lüstern waren, mit wütenden Hieben zerstreute. Er stieß noch dem letzten viehischen Mordknecht, der ihren schlanken Leib umfaßt hielt, mit dem Griff des Degens ins Gesicht, daß er, mit aus dem Mund vorquellendem Blut, zurücktaumelte; bot dann der Dame, unter einer verbindlichen französischen …

Ein Deutsch-Franzose, kein Russe, der französisch spricht, ist die Hauptfigur von Detlevs Roman. Der soll aus drei Bänden bestehen. Die drei Titelblätter hat Detlev schon geschrieben. Er versteckt sie unter dem Indianerzeug in der Laube.

Detlev stellt fest, daß der ›Rabbi von Bacherach‹ von Heinrich Heine wieder in der ersten Reihe der Bücher steht. Die Bände von Doktor Rudolf Steiner sind nicht mehr hinter anderen versteckt.

– Eine neue Zeit ist angebrochen.

Detlev findet ein angesengeltes Laternenstöckchen.

Das Stöckchen ist so lang wie die Rohrstöcke in Bayern.

Ob Robert mit einem solchen Stock was über den Arsch kriegt?

Detlev lutscht an dem kohligen Holz.

Es schmeckt nach Schinken.

Die Elitesoldaten werden mit voranschreitender Besatzungszeit immer kleiner und schwarzhaariger und weniger rosig im Gesicht und weniger stramm.

Das angebrannte Holz schmeckt nach Mettwurst.

Detlev hat Hunger auf Mettwurst und Speck und Eier und Griesbrei und Sauerbraten.

Detlev macht die Augen zu und lutscht weiter an dem verkohlten Ende des Laternenstöckchens, bis er den Mund voller Holzfasern hat und der Geschmack nach geräucherten Fleischwaren dünner und dünner wird, er ihn schließlich nur noch mit Mühe erinnert und er das Stöckchen, weißgekaut, aus dem Mund zieht.

Mutti und Guschi Mahler sind nach Büroschluß in einen alten, von der Militärregierung wieder zugelassenen Film mit Olga Tschechowa und Wolf Albach-Retty gegangen.

Die sangen:
– Was Gott zusammenfügt, das soll der Mensch nicht scheiden.
Anschließend haben sich Guschi Mahler und Mutti miteinander verlobt.

Dieser Nachmittag dauert schon Ewigkeiten und er wird nie zu Ende gehen.
Es hat nie eine Veränderung gegeben und es wird nie nichts aufhören und kaputt gemacht.
Mutti hat Wache im Arbeitsamt Kielerstraße und ich sitze mit ihr vor den eingehüllten Schreibmaschinen und den neuen Stempeln.
Wo sind die alten Stempel für die Zwangseinweisungen der Mischlinge und der Rasseschänderinnen?
Büroklammern und Klebe, die nach Bittermandelaroma riecht. Die Straße ist leer.
Die Autos sparen das Holzgas für die Werktage.
Aber es wird nie wieder einen Montag geben.
Jahrelang liest Mutti mir aus ›Ostern‹ von August Strindberg vor und die Seiten des dünnen Inselbändchens werden noch für Jahre und Jahre Vorlesen reichen.
Das Wort »Mennig«.
Die Traurigkeit.
Der Gläubiger hat Gummiüberschuhe an. Gnietsch! Gnietsch! ›Ostern‹ war immer und ewig.
Joseph Haydn soll vor jedem Akt gespielt werden.
Ich sehe durch das Fenster des Arbeitsamtes zur Kolonialwarenhandlung hinüber.
Meine beiden Augen verschmelzen zu einem einzigen und ich werde von dem Klinkerhaus mit dem Schaufenster voller Abbildungen von Nahrungsmitteln angezogen.
Es ist überall gleichmäßig hell. Aber ich kann nicht ausmachen, woher die Sonne kommt.
Muttis Stimme hinter einer Milchglasscheibe.

Robert hat seinem Vater Zigaretten geklaut und teilt sie mit Detlev im ehemaligen Flakunterstand. Es ist etwas Neues.

Robert erzählt, daß er sich in der Schule Döhrnstraße mit Mädchen auf der Toilette einschließt.
Detlev findet es übertrieben, als großer Junge den Mädchen auf der Toilette zwischen die Beine zu pissen.
Rauchen ist erwachsener und das mit dem Durchfall stimmt nicht.

Mutti nimmt Detlev in die Altonaer Sparkasse mit, wo das Deutsche Schauspielhaus ›Nathan der Weise‹ von Gotthold Ephraim Lessing aufführt.
– Auch Lessing war verboten und das Lessingdenkmal am Gänsemarkt wurde abgeschraubt und unter ›Leise zieht durch mein Gemüth‹ von Heinrich Heine schrieben sie in den Lesebüchern »Dichter unbekannt«.
Der Derwisch schreit:
– Ich Geck, ich Geck, ich eines Gecken Geck!
und:
– Ein Derwisch müßte müssen? Was muß ein Derwisch denn?
Der Tempelherr pupt auf der Bühne.
Er hat einen Ritteranzug aus Drahtmaschen an und einen weiten, weißen Umhang mit rotem Malteserkreuz, der majestätische Falten wirft. Der Tempelherr hält eine erregte Ansprache, macht eine eindrucksvolle Pause, geht gebieterisch auf und ab und pupt in die Stille hinein.
– Das ist furchtbar und zerstört die Illusion.
– Laßt euch eure Illusionen nicht rauben, hat Hermann Göring gesagt. Der jetzt aus einem Kochgeschirr in Nürnberg ißt.
Auch Lessing hat gepupt.
Maria Stuart.
Goethe.
Orest. Hamlet. Medea. Ödipus.
Churchill.
Adolf Hitler.
Horst Wessel.
Ludwig der Zweite und Richard Wagner.
Zarah Leander.
Der Bischof in Scheyern.
Adam und Eva.

Ilse Koch, der Satan.
Unser Herr Jesus Christus, der für uns alle Mensch geworden ist.
Schwester Appia.
Die Marquise von O.
Sogar Onkel Emil.
Gandhi.
– Ist es beruhigend oder verboten, so etwas zu denken?
– Aussprechen darf man es nicht. Es ist zu peinlich.
– Der Tempelherr hat auch monatelang nur Steckrüben gegessen. Gekochte Steckrüben, Steckrübensuppe, Steckrübenkuchen, Steckrübenmus, Steckrübenmarmelade.
– Aber es ist sehr komisch, wenn der Tempelherr sich mit flatterndem Mantel umdreht und er macht mit mal »proabs«, »proabs«.
– Daß du vom ganzen ›Nathan‹ nichts andres erinnerst?!

Detlevs zukünftiger Vater stellt seine Verlobte und deren elfjährigen Sohn der Familie seines Schwagers vor.
Die neue Tante hat einen modernen Turbanhut auf und bietet echten schwarzen Kaffee im Turbanhut an und Eierlikör und einen sehr gelungenen Ersatzkuchen aus echtem Palmin und echter Schokolade und Leibnizkeksen.
Mutti möchte lieber keinen Alkohol trinken.
– Aus weltanschaulichen Gründen.
Mutti hat das Gefühl, daß sie sehr dünn wirkt.
Die Tante und der Onkel finden Detlevs Janker sehr schick.
Sie haben das Wort »Anthroposophie« noch nie gehört.
Mutti raucht eine Zigarette und ihre Augen fangen an zu tränen.
Mutti streut ins Gespräch ein, daß unser Haus in zehn Jahren amortisiert sein wird.
– Ihr Garten hier macht wohl höchstens fünfhundert Quadratmeter aus?
– Wollen wir uns denn noch immer nicht duzen? Dafür ist es hier eine ausgesuchte Wohngegend.

– Wenn die U-Bahn bis Hagenbeck durchgelegt wird, schnellt der Preis für unsre zweitausend Quadratmeter natürlich ins Ungemessene.
Die neue Tante betupft Mutti mit französischem Parfüm.
– Das hat mir mein Erich als Soldat von der Seinemetropole mitgebracht.
Sie spricht den Fluß falsch aus.
Alles in allem ist Guschi mit dem Verlauf dieses Besuches sehr zufrieden.

Von den Befreiern wird Mutti als Kriegsaushilfe aus dem Arbeitsamt Kielerstraße entlassen und muß nun jeden Freitag ins Arbeitsamt Besenbinderhof, Arbeitslosenunterstützung holen.

Das ist das Rokoko:
Muttis lachsfarbenes Gesicht. Die glitzernde grüne Farbe in ihren Augenhöhlen. Die kleinen Schuppen der roten Schminke auf ihren Lippen.
Die Mutter hat sich eine andre Zeit aufgesetzt – eine weiße Rokokoperücke mit Korkenzieherlocken.
Um Mutti herum laufen Mädchen mit Schminke – einer andren Zeit – auf den Gesichtern.
Funkelnde Schleppkleider, Rüschen. Man kann Muttis Busen oben herausgucken sehen. Der ist nicht geschminkt.
Die Mädchen sagen von Detlev: – Das ist ein Ei! und pudern ihm die Nase weiß.
– Ich lisple. Erst recht, wenn ich das Wort »Lispeln« ausspreche. »Lispeln« ist ein Fremdwort. Das stimmt nicht. Ich lisple noch nicht lange. Es fing damit an, daß Mutti und ich Lispler und Stotterer nachgemacht haben. Ich lisple nur. Ich stotter noch nicht. Erich Schellow ist ein Offizier am Hofe der englischen Königin. Er trägt eine enge, cremefarbene Hose und man sieht, daß seine Beine ziemlich viel dünner sind als die Beine der englischen Besatzungsoffiziere.
Erich Schellow geht durch den verdunkelten Zuschauerraum und spricht lauter Wörter mit einem klaren, scharfen S. Es gibt fast nur S in der deutschen Sprache.

– Auf der Bühne darf ein Junge, der kaum größer ist als ich, einen Stuhl von einer Seite auf die andre tragen. Ich will Schauspieler werden. Ich will. Ich will das auch machen. Keiner weiß, wie lange das wirklich noch geht und ob demnächst überhaupt noch Brotmarken aufgerufen werden. Wer weiß, ob wer durch den Winter kommt. Deutschland soll eine Wiese werden und ein Hirte soll darauf gehen mit seinen Herden. Wir kommen ins Kalibergwerk. Ich will vorher ausprobieren: Schauspieler!
Mutti und die Mädchen treten plaudernd auf. Die Königin Anna rauscht herein. Die Hofdamen sinken in den Hofknicks, den Mutti schon über eine Woche in Lokstedt übt:
Eine Hofdame sagt:
– Majestät, oh!
Der Regisseur, der alte Nazi, ist damit nicht zufrieden und schreit:
– Alles noch mal!
Mutti und die Mädchen treten plaudernd auf.
– Sie müssen ihm einen Korken in den Mund stecken. Dann soll er stundenlang Gedichte aufsagen. Davon bleibt das Lispeln weg.
Heraubf in eure Schatten rege Bipfel
Det alten heilgen dichtbelaubten Hainbfz.
Göpe piep Pöpe auf Schiller bein Diller.
Detlev träumt, daß Erich Schellow ihn im Gewerkschaftshaus Besenbinderhof in einem Turm über der Bühne erwartet. Detlev darf ihm den Orest vorsprechen. Alle S kommen klar heraus.

Bei Möller und Weseloh in der Spitalerstraße essen alle Inspizienten, mit gerupften Krähen in der Aktentasche, die sie als Weihnachtsgänse auf dem Schwarzen Markt verkaufen wollen, ißt Susanne von Almassy, essen Juden, mit Gelbfieber, Alexander Hunzinger, Schieber, mit Hungerödemen, Emigranten, SS-Leute, mit Baskenmütze, Entnazifizierte, mit im Garten vergrabenem Ritterkreuz, KZ-Wärter, Peter Ahrweiler, Flüchtlinge, Größen, mit Löchern in den Strümpfen, Souffleusen, Kinderstars, Will Quadflieg, Anthroposophen, Ausgebombte, niederdeutsche Schauspieler, die alles stehen- und liegengelassen haben, Dichter, mit Erfrierungen ersten und zweiten Grades, Werner Hinz, die von einer ganzen Kompagnie vergewaltigt worden sind, Beleuchter, Statisten, Komparsen, der Opernchor, mit Prothesen, Ruhr, halben und einen Beinen, Walter Giller, mit Brüchen, Gisela von Collande, Requisitöre, Benno Gellenbeck, Willy Schweißguth, Frisösinnen, Erich Schellow, Maskenbildner, mit Granatsplittern, Regisseure, Intendanten, Maria Wimmer, Reinemachefrauen, Mischlinge, Graupensuppe, Steckrüben, Götterspeise und trinken Heißgetränk und Herr Möller und Herr Weseloh verteilen Extrabons und freuen sich, daß es allen schmeckt.

Das Geld, das Mutti beim Statieren im Deutschen Schauspielhaus verdient, reicht nicht. 2 Mark 50 pro Probe und 5 Reichsmark pro Aufführung.
Nebenbei näht Mutti Puppen.
Aus den letzten Vorkriegsstrümpfen macht Mutti die Haut. Sie näht die Finger und die Zehen ab und füllt Arme und Beine mit Sägemehl, das Detlev mit dem Trudelwagen holt. Hauptsächlich dient das Sägemehl zum Heizen. Wenn Detlev Glück hat, erwischt er ein paar feste Stücken Abfallholz in der Sägerei.
Mutti näht Arme und Beine ab und stopft den Rumpf aus, stickt die Brustwarzen auf, Pfeiferl, Dittel, Dödel nie.
Der Kopf wird ausgestopft, Haare aus aufgerippelten Topflappen durchgefädelt, Lider gestickt, Wimpern, Augenbrauen, Augenknöpfe angenäht.
Der Mund rote Wolle.
Mutti nimmt die Reste eines Rohseidenkleides aus den Zwanziger Jahren und schneidert daraus Unterröcke und Unterhosen. Oma gibt ein unbrauchbar gewordenes Staubtuch für einen Bauernrock. Aus den Resten der Lacktischdecke, die vor dem Krieg mit im Heimweg war, werden die Schuhe gemacht. Und fertig ist die Ukrainerin für das Kunstgewerbegeschäft von Frau Schulenburg.
– Kostenpunkt 12 Reichsmark.

Bei Neubestellungen müssen die Kunden Stoffreste und Strümpfe stellen. Knöpfe, Nähmittel und Sägemehl will Mutti weiterhin selbst aufbringen.

Zwei alte Leute sind in einem Leyhaus in der Schrebergartenkolonie Maiglöckchen erfroren.
Sie wachten morgens auf und waren schon ganz starr und sprachlos. Sie konnten nicht mehr hoch und auch den Mund nicht mehr bewegen. Dann erfroren ihre Augen. Sie mußten vorsichtig von Rotekreuzschwestern, die selbst nichts zu essen haben und nachts sehr frieren, aus dem Leyhaus getragen werden.
Wenn etwas abbricht und zu Boden fällt, zerspringt es in tausend Scherben und das Blut liegt als rotes Eis auf den Schreberbeeten.

Mit einem besonders geglückten »Jägermeister« und einer »Tirolerin« und einem »Donkosaken« zieht Detlev am violetten Weihnachtsmorgen in die Kielortallee.
Im Kunstgewerbeladen von Frau Schulenburg ist es von den vielen dünnen vornehmen Hamburgerinnen beinahe gemütlich warm.
Alle atmen auf und frösteln. Es ist die erste freie Weihnacht nach dem Krieg.
Detlev beobachtet die Falten um ihre rotgeschminkten Lippen.
Lippenstifte in allen Nuancen werden in den Drogerien massenhaft angeboten.
Die Falten der vornehmen Hamburgerinnen während sie: Demokratie! sagen und: Frieden! und: Wir sind alle schuld – aber was hätten wir denn tun sollen?
Die Falten, die um ihre Münder noch nach sind von den Wörtern Endsieg und Endlösung der Judenfrage.
Frau Schulenburg verkauft reißend künstlerisch gestaltete Topflappen, Aschenbecher, Untersetzer, Pulswärmer, geschmackvolle Schachteln, Dosen, Kisten, Kistchen, Behälter, handgemalte, aus Spänen, gewachste, mit Brandmustern verzierte.
– Auch Mutti hat einmal in der Landeskunstschule vor zwanzig Jahren mitgewirkt an dem Aufbruch in die neue Kunst, denkt Detlev.

Das Weihnachtsgeschäft ist vorüber und Frau Schulenburg sitzt in der Kälte zwischen den restlichen künstlerischen Schonern und formschönen Zahnstochern.
Die Mutter liefert in Begleitung von Detlev und ihrem Verlobten neue Puppen ab.
Frau Schulenburg ist diesmal nicht so recht begeistert. Sie flicht eine schmale Bemerkung ein, daß der »Finkenwerder Fischer« zu spät abgeliefert worden sei und bei der »Spanischen Bolerotänzerin« ein Unterrock gemangelt habe.
Die schmale Bemerkung einer vornehmen Hamburgerin, einer Herrschaft, wie sie auch Oma andeuten könnte, nur mit schlesischem Akzent – als Opa Zollinspektor wurde, stand Oma einer herrschaftlichen Fünf-Zimmer-Wohnung vor und gebot über Hausangestellte – Mutti erkennt den feinen, althergebrachten Klang wieder, der sich herübergerettet hat über den Phosphor und die Berge von gasgeblähten Leichen und Mutti fühlt sich in die Rolle der Ausführenden versetzt, der Knapp-Zurechtgewiesenen und sie übertreibt die Gesten und Mimik dieser Rolle, um zu beweisen, daß sie niemandem mehr angepaßt ist und schmeißt der ausgekühlten Frau Schulenburg die »Colombine« und den »Jungen Wolgatreidler« vor die Füße und schreit:
– Für zwölf Mark!
Guschi, der Kassierer, versteht nicht den Sinn des proletarischen Benehmens seiner Verlobten und schweigt fein, als Mutti so tut, als bräuchte sie eine Bestätigung von ihrem Mann.
– Heute abend ist meine Verlobung geplatzt. Und Tante Hilde hat mir gerade geschrieben, daß ich nun sicher in den Hafen der Ehe segeln würde. Ich habe dich groß gekriegt ohne Mann. Was brauche ich jetzt einen, wo wir das Schlimmste hinter uns haben. Auch an die Liebe bin ich nicht mehr gewöhnt. Ich muß immer husten. Aber das verstehst du nicht. Er wollte mich davon abbringen, im Schauspielhaus als Kleinstdarstellerin zu wirken.
Ich sehe mich nicht mehr Ohrenwärmer stricken und Schwarzmarktfett auslassen. Ich habe nie schwarz gehandelt und vom Elend der anderen profitiert.

Er stieg einfach in den Vorgarten einer Villenruine und sägte einen Obstbaum ab und transportierte ihn mit Opas Trudelwagen nach Hause. So etwas wäre Großvater nie eingefallen.
– Ihr bezahlt euren Edelmut mit den Knochen des Kindes, sagte Guschi. Er war der Meinung, Leute wie Dostojewskij gehören ins Irrenhaus.
Warten abends, bis Guschi aus dem Amt kommt, aufpassen, ob die Stachelbeergrütze steif geworden ist und die Nierchen nicht zu hart. Wegen Guschi habe ich alle meine Jugendfotos verbrannt. Thorsten und ich in der Heide mit selbstgefertigten Tanzkostümen, Tyllmann und ich auf der Sprachgestaltungstournee.
– War ein Bild von meinem Vater dabei?
– Ich weiß nicht, ob ich es erst jetzt verbrannt habe oder schon damals bei deiner Geburt. Was hat mich bloß zu einer solchen Verlobung geführt? Als alles Risse bekam, war er der einzige, der mit mir in die alten Filme ging, und als das Tausendjährige Reich kaputt ging, dachte ich: Jetzt mußt du bürgerlich werden.
Er hatte kräftige Hände; aber mir brennt der Kuchen doch immer an und ich will dabei sein, wie die neue Kunst entsteht!

Die Reinemachefrau hat Verbindungen und tritt ohne anzuklopfen ins Direktionszimmer. Sie bringt den Würfelzucker, Walfischfett, Rindertalg und Gries.
Für ›Das Postamt‹ und ›Wir sind noch einmal davongekommen‹ kriegt Detlev fünf Reichsmark pro Aufführung.
Für den ›Frieden‹ zehn Mark.
Für die Hauptrolle in ›Mein Herz ist im Hochland‹ will die Intendantin nicht mehr als zwanzig Mark pro Aufführung geben.
– Die Büroangestellten haben sich schon beschwert, daß ein zwölfjähriger Junge mehr verdient als sie. Bedenken Sie, mit was für kleinen Summen heutzutage ein Angestellter rechnet. Die Gehälter liegen doch weit unter Vorkriegsniveau. Sie dürfen Ihren Jungen nicht an solche Stargagen gewöhnen.
– Aber mein Sohn ist die ganze Zeit auf der Bühne.

– Das darf gar nichts Besonderes sein, wenn er mal auftritt.
– Ich habe alles versucht, um ihn davon abzubringen. Er wäre doch selbst zu Ihnen gegangen, wenn ich Sie damals nicht auf der Damentoilette angesprochen hätte.
– Komödiantenblut!
– Mein Sohn spielt jeden Abend bei Ihnen. Mittwochs, sonnabends und sonntags zwei Mal und am Sonntag noch morgens eine Matinee.
Die Intendantin schließt endgültig einen Pauschalvertrag ab: Sechs Monate à dreihundert Reichsmark.
– Für dreihundert Reichsmark kann ich in der Thalstraße ein Pfund Butter kaufen. Er ist in den Entwicklungsjahren. Wie soll ich ihn entsprechend ernähren?!
– Aber Sie können nicht in die Thalstraße gehen! Kochen Sie dem Kind doch ein Breichen, sagt die Intendantin.
Mutti wiederholt den Satz oft.

Wer Erfolg gehabt hat, darf auch im Nordwestdeutschen Rundfunk mitwirken.
Vor dem Besetzungsbüro sitzen ältere Schauspieler und warten auf eine Rolle.
Hier trifft Detlev Manfred wieder und Gerd, Gerd aus ›Frau Holle‹, Manfred und Gerd aus ›Das Postamt‹ von Rabindranath Tagore. Sie tragen lange Hosen und wollen wie Erwachsenendarsteller wirken. Gerd ist im Stimmbruch. Er kann nur noch selten vermittelt werden.
– Ich gehe demnächst nach Harburg ins Engagement, sagt er.
– Ich würde an deiner Stelle nicht in die Provinz retirieren, sagt Manfred. Er hat noch keinen Stimmbruch – außerdem steht er sich gut mit Becker vom Schulfunk.
– Was heißt Provinz? Seit Deutschland ohne Hauptstadt ist, bedeutet Düsseldorf nicht weniger Provinz als Harburg.
– Aber Düsseldorf hat die Hoppe und Gründgens.
– In Harburg spiele ich wahrscheinlich den Hamlet.
– Bei deiner Dürre.
– Die alte Geschichte. Es ist ein Übersetzungsfehler und heißt: Er schwitzt, laßt ihn zu Atem kommen.

– Hat es bei der Premiere von ›My heart's in the Highland‹ wirklich nur zehn Vorhänge gegeben?
– Vom Vorhangziehen haben die in den Kammerspielen nie etwas verstanden.
– Wenn keiner mehr klatscht, nützt auch das Vorhangziehen nichts.
– Ich habe eine kleine, aber interessante Aufgabe übernommen. Ich spiele den gelähmten Jungen in einem Jesuitenstück.
– Ja, das ist großartig! Jesuitenstücke brauchen wir! Dahin ist es mit den Kammerspielen gekommen! Im besten Theater Deutschlands läßt eine Jüdin Jesuitenstücke spielen!
– Ich ziehe mich ganz vom Theater zurück. Ich finde es kommerziell, fünfzig Mal die gleiche Rolle en suite zu spielen. Die entscheidenden Dinge geschehen heute im Rundfunk! Ernst Schnabel, Günter Eich, Wolfgang Weyrauch, Schröder-Jahn. Du darfst nicht vergessen, ›Draußen vor der Tür‹ von Borchert ist als Hörspiel konzipiert!
Manfred soll sich ein Kinderfunkmanuskript im Besetzungsbüro abholen.
Gerd darf für den Kellner im ›Weißen Rößl‹ vorsprechen.
Detlev sagt nur mal so schnell – die Augenblicke sind immer noch nicht zu Ende – Fräulein Trylow im Besetzungsbüro »Guten Tag«.
Detlev trägt weiter die eleganten Stöckelschuhe seiner Mutter und hat deswegen im Dunkeln Angst.
Lisa Bischof ist von vier Jungen der Thorwartbande in eine Laube gelockt worden.
– Komm, die Katze hat geworfen! Willst du schwarze, blinde Kätzchen sehen?
In der Laube haben sie mit vier Mann Lisa Bischof festgehalten. Sie ist zwölf. Die Jungen der Thorwartbande waren so neun, zehn. Und haben Lisa Bischof die neuen Schuhe abgerissen, die sie vom Schwarzen Markt hatte, um sie auf dem Schwarzen Markt gegen Zigaretten einzutauschen.
Detlevs einer Stöckelschuh bleibt im Matsch auf dem Schulhof stecken.

Jürgen Rühl hat keine große Lust zum Suchen. Es wird schon dunkel und Jürgen fängt an zu frieren.
Die Oberklassen ziehen vorbei und sagen:
– Das Mammutbaby hat einen Schuh verloren.
Fräulein Vagt muß die Straßenbahn kriegen.
Muli ruft mit seiner wohlklingenden Stimme:
– Am Abend, da es kühle ward!
Dr. Prelle reicht Detlev zur Ermutigung seine schreckliche Hand. Dr. Noack wagt keiner was zu erzählen. Alle sind froh, als er vorbei ist.
Herr Dr. Perlewitz befindet sich in seiner Welt.
Dr. Bahlmann erkundigt sich genau. Er möchte gerne helfen; aber jeder sieht ein, daß er es mit seinen zum Buckel umgeformten Knochen nicht so richtig kann. Dr. Bahlmann setzt ein feines Lächeln auf.
Dr. Timm bleibt selbst fast mit seinem Fahrrad stecken.
Dr. Gröger bildet weiße Fäden zwischen Oberlippe und Unterlippe. Er rät, nach Hause zu eilen, denn bei dem Herumstehen könnten sie sich alle eine Bronchitis, wenn nicht noch Schlimmeres holen.
Lottchen Huger läßt nicht locker.
Die ganze 6a steht am Rande der Lunke neben Detlev mit seiner einen matschigen Socke und bewundert Lottchen Huger, die mit einer Zaunlatte den Matsch systematisch durchgräbt nach Kreons Pagen, des Friedens, des Mammutbabys, Johnnys einzigem zweiten Schuh.
– Wie sollte ich morgen zur Probe gehen? Ein Schuh allein ist dreihundert Mark wert. Ein Pfund Butter. Meine Monatsgage. Aber wenn sie ihn findet, sehen es alle, daß es Muttis Stöckelschuh ist.
Was Detlev durch Einbohren oder Schieftreten auf dem Schulhof meistens hat verbergen können.
Es ist Nacht und Lottchen Huger wühlt noch immer. Plötzlich quietscht der Matsch auf und über der Zaunlatte liegt wie ein versenkt gewesenes U-Boot Detlevs Stöckelschuh.
Detlev sieht genau, daß Lottchen Huger gesehen hat, es ist ein Damenschuh, sie wirft ihn schnell zu Detlev rüber, der kann ihn eilig ausklopfen und überstülpen und keiner bemerkt den hohen Absatz.

– Ganz regulär bin ich reingekommen, für den dreidoppelten Preis. Ich brauchte nicht einmal deine Raucherkarte abzugeben, sagt Detlev, als die Mutter ihn abholt.
– Auf dem Schwarzen Markt kosteten die Billets für das Gastspiel tausend Reichsmark, Butter, Rindertalg und Brotmarken und Teppiche wurden geboten.
Wenn die Mutter geglaubt hätte, daß er mit seinem Taschengeld hineinkäme – mit oder ohne Raucherkarte –, würde sie vielleicht versucht haben, ihn abzulenken; verbieten hätte nichts bezweckt.
– Es ist ein Fanal. Es ist das bedeutendste Zeugnis des Französischen Widerstands. Er ist Philosoph und wählte das griechische Gewand, um die deutsche Zensur in Paris zu täuschen.
– Heinrich von Kleist wählte das germanische Gewand, um die französische Zensur zu täuschen.
– Natürlich ist er sehr von Kierkegaard, Heidegger, Jaspers und Husserl beeinflußt.
Mutti sieht ihren Sohn an. Hat sie ihm deshalb Reproduktionen von Raffael und Leonardo da Vinci ins Kinderbett gelegt? Sie erkennt, daß er nun anfangen wird, die Sätze der Gebildeten zu imitieren, Kierkegaard falsch auszusprechen wie die Gebildeten, bis niemand mehr unterscheiden kann, ob er die Philosophen, auf die er sich beruft und die er nicht gelesen hat, selbst entdeckt, oder ob er ihre Namen noch von den Gebildeten, die sie auch nicht gelesen haben, ablauscht.
– Der Hauptdarsteller trägt einen flauschigen Kamelhaarmantel und der Chauffeur muß alle Türen vor ihm aufstoßen und hinter ihm zuklinken und der Hauptdarsteller nimmt nicht einmal die Hände aus den großen aufgesteppten Kamelhaartaschen. Aber Herr Montag in der Pförtnersloge wollte ihn nicht vorbeilassen und rief: Verzeihen Sie, wer sind Sie, hallo? – Ist das nicht unglaublich. Der Hauptdarsteller geriet außer sich und haute mit seinem Knirpsschirm, den er in dem flauschigen Mantel versteckt trägt, die Glasscheibe vor Herrn Montags Nase kaputt. Dann ließ er sich von seinem Chauffeur in die Pension in den Colonnaden zurückfahren und alle ehemaligen KZ-Insassen und der Professor für Filmkunst im Dritten Reich und die schweren Hel-

den und Salondamen flehten vor seinem Schäselong, daß er spielt, weil doch das Publikum solche Opfer für die Eintrittskarten auf sich genommen hat. Schließlich gab er nach unter der Bedingung, daß Herr Montag entlassen wird.

– Und wie war es dann?

– Er ist auf der Bühne ganz jung. Er hat so etwas Jubelndes. Wenn er angefangen hat, läßt er niemanden bis zum Umbau mehr herein. Ich mußte den ersten Akt vor der Tür stehen. Aber seine jubelnde Stimme drang bis ins Foyer.

– Auch er war im Internierungslager wie alle Größen des Tausendjährigen Reiches. Hamlet. Mitte der Zwanziger Jahre. Weiße große Hände auf dem schwarzen Kostüm. Hamlet, wie er seine Mutter bedrängt.

– Ach, wenn es eine Tat gäbe, eine Tat, siehst du, die mir das Bürgerrecht unter ihnen gäbe. Wenn ich mich, und wäre es durch ein Verbrechen, ihrer Erinnerung bemächtigen könnte, ihrer Furcht und Hoffnungen, um die Leere meines Herzens auszufüllen und müßte ich dafür meine eigne Mutter töten.

– Was sollte der französische Widerstand mit der Leere des Herzens beginnen?

– Alle stehen und starren auf das Loch, aus dem die Toten kommen sollen, um die Lebenden wegen ihrer Sünden zu quälen. Orest nimmt den Bürgern von Argos die Reue ab durch seinen Mord und ihr schlechtes Gewissen. Freiheit, Mutti! Die neue Zeit!

– Und Ilse Koch?

– Orest ist in sein Schicksal verstrickt, wie Pferde mit aufgerissenen Leibern die Füße in ihre Eingeweide verstrikken, und welche Bewegung er auch macht, er muß sich die Eingeweide herausreißen.

– Eingeweide, sagt die Mutter. Es gab eine Folter bei den Germanen. Wer schrieb noch über Eingeweide? Wärmte Thusnelda ihre Füße in den Eingeweiden eines Auerochsen? Aufgeschlitzte Pferde, Winterfeldzüge, Ufafilme, Christina Söderbaum wärmt ihre blonden Füße im Blut.

– Ich will die Stadt um mich legen und mich einwickeln in sie wie in eine Decke.

– Ich will Herrn Montag um mich legen wie einen flauschigen amerikanischen Kamelhaarmantel. Detlev, vergiß nicht, wo du herkommst.
– Ich bin zu leicht. Ich muß mich mit einer schweren Freveltat belasten, so daß ich auf den Grund gehe, bis auf den schweren Grund von Argos.
– Schweren Grund?
– Vielleicht erinnere ich es falsch oder es ist die Übersetzung.
– Glaubst du eigentlich, es beruhigt mich, wenn du andauernd vom Muttermord schwärmst?
– Ist es denn nicht vielleicht übertragen gemeint?
Detlev sieht seine Mutter an. Früher führte sie ihn ins Theater und begeisterte ihn und erklärte ihm die Bedeutung der Dramen. Jetzt hat sie sich für das staubige Loch entschieden und souffliert die Reste der Texte, wenn das Gedächtnis eines Schauspielers aushakt. Detlev stellt sich vor, daß sie nur noch die Sohlen sieht und die Nasenlöcher. Hätte sie nicht wenigstens weiter statieren können? Auf einer Ebene mit den Größen und im gleichen Licht?
Keine Beleuchtung.
Hartungstraße.
Rechts und links die Trümmerberge.
Die Hunderte Theaterbesucher marschieren in einem schwarzen Block da durch. Alle flüstern begeistert vom Widerstand in Berlin, von Albert Schweitzer und Heidegger.
Hundert Meter weiter wird einer überfallen.
Schreit.
Es ist sehr unnatürlich und auf der Bühne würde es ihm keiner abnehmen.
Die vielen Hundert Theaterbesucher marschieren langsamer und langsamer, schließlich treten sie fast in die Schuhe des Vordermanns und die ersten, die keine Vordermänner haben, treten beinahe auf die Stelle und lehnen sich für die Dauer der Schreie etwas zurück. Detlev empfindet während der Augenblicke des Überfalls mehrere Eindrücke übereinander, sieht Szenen ineinanderstoßen, denkt lange Ketten von Überlegungen gleichzeitig an und ihr Ende. Er schmeckt nichts. Auch

Geruchs- und Tastempfindungen werden ihm nicht bewußt. Das Frösteln tritt erst später ein. Im Gehör die Schreie und vorsichtiger und vorsichtiger werdende Tritte:
Elektra gießt amerikanischen Kakao in die Tasse, die hat ihr Emmi Göring zum Geburtstag geschenkt.
Was ist das für ein Philosoph?
Was ist das für ein Hauptdarsteller?
Die uns verkünden, daß wir die Mütter töten sollen ohne Reue. Der französische Philosoph flieht aus den Lagern der Deutschen und kriecht durchs schneeige Unterholz. Der französische Philosoph sprengt Brücken, schießt auf die Unterdrücker, reuelos. Foltert der französische Philosoph reuelos? Der Hauptdarsteller flieht durch Parks an Kanälen vorbei, am Ende eines langen Siels steht Hermann Göring und wartet auf ihn.
– Ich bestimme, sagt Hermann Göring und:
– Sie sind in meinem Schutz. Schützen Sie!
Eine Tat!
Eine Tat, in der neuen Zeit, die begonnen hat, zu schreiben und jubelnd zu spielen.
Reuelos rufen der französische Philosoph und der Hauptdarsteller ihre Toten hervor.
Welche kommen da?
Welchen Aufruf zur Gewalttat haben sie reuelos nicht bestritten?
Auch Ilse Koch will vergessen am Kalkrand und reuelos mit einer schweren Freveltat um den Hals immer wieder auf den schweren Grund der Leute von Argos.
Ilse Koch und der französische Philosoph und der Hauptdarsteller als riesige Embryonen mit glänzenden Lederschuhen in ihre Nabelschnüre verstrickt, mischehelichen Müttern die Gedärme heraustrampelnd und sich einwickelnd in sie wie in eine Decke.
– Es ist ein Philosoph, ich muß ihn beim Wort nehmen. Er hat es experimentiert. Warum soll ich meine Mutter reuelos umbringen?
– Vielleicht ist es doch übertragen gemeint.
– Alle waren begeistert. Klatschten. Trampelten. Schrien dem gastierenden Ensemble zu: Hierbleiben! Hierbleiben!

– Er erlöst sie. Dies Publikum hat Mütter ermorden lassen und an Bombardements verdient und Cello neben dem Gasofen gespielt. Er sagt ihnen doch: Ich habe reuelos getan, was ich getan habe, um die Leere meines Herzens zu füllen. Und reuelos hättet ihr Eures tun sollen und jetzt vergeßt alles, sagt Mutti.
Keiner löst sich aus dem Block der Theaterbesucher, rennt nach vorn, steht dem Überfallenen bei.
Mit den Schreien hören in Detlev die überstürzenden Szenen auf und die Empfindungen von sehr komplizierten und auseinanderspreizenden Gedanken.
Die Mutter dreht sich um. Sie fürchtet den Ort, wo ein Mann überfallen worden ist, und geht, den jetzt mondscheinbeschienenen Gesichtern des Premierenpublikums entgegen, zur Rothenbaumchaussee.
Hier durfte Detlev in die HJ eintreten.
Detlev vergißt die Schreie. Er vergißt die Zweifel, die er empfand. Sie sacken unter die Bestätigung, in einer wichtigen Gastspielpremiere gewesen zu sein mit den exzeptionellen Schauspielern. Ganz Hamburg war da. Es wurden sehr wichtige Erkenntnisse eines Existenzphilosophen vermittelt. Er kämpfte im Widerstand gegen den Nationalsozialismus, während der Hauptdarsteller durch seine Freundschaft zu Hermann Göring vielen jüdischen Schauspielern das Leben rettete.
Am Dammtor kriegen sie noch eine 3 bis Meethfesselstraße.

Hannelies Taschau
Wundern entgehen

Unsere Turnschuhe waren weiß und mußten auch weiß bleiben, also wurden sie geweißt. Von nirgendwoher kamen Anregungen, etwas anders zu machen, die Haare wachsen und wehen zu lassen, weiße Schuhe nicht zu weißen. Uns gab es nicht, wir klopften Steine, wir waren auch gut fürs Hamstern, unsere Welt war die Welt der Erwachsenen, wir trugen ihre Kleider, wir waren Teil ihres Hungers, ihrer Nöte, ihres Optimismus, ihrer Geschäftigkeit, wie keine Generation nach oder vor uns. Einmal habe ich Großmutter rasend vor Zorn erlebt, das hatte damit zu tun.

Das Schlucken zögerten wir hinaus, das Kauen, denn hatte man erst geschluckt, begann das Verdauen, es gab keine Zeit und keinen Grund nachzudenken, es wurde gehandelt, geschlagen, sich ein Weg gebahnt, rechtzeitig auf den Zug gesprungen, rechtzeitig wieder abgesprungen, nicht weiter vorausschauend, nicht über diesen Sprung hinaus, der gelingen mußte, Zukunft war dunkel, Zukunft zu denken hätte stocken lassen. Niemand, den ich kannte, verhungerte, niemand brachte sich um. Ich war sehr dünn, dünner als Rudolf und Iris, meine Kniegelenke ähnelten Kolben.

Rudolf hatte sein Fahrrad, als die Gabel gebrochen war, in den Straßengraben gekippt mit allem, Milchkanne und Hamstersack, kam die acht Kilometer zu Fuß nach Hause und sagte, etwas gekrummt und eine Hand auf dem Herzen: Das war das letzte Mal. Großmutter schlug ihn augenblicklich, niemand hätte sie aufhalten können. Deine Schwester braucht die Milch, die du in den Graben gekippt hast. Sie schlug weiter, als er schon lag, bis ihr plötzlich bewußt wurde, daß nicht er schrie, sondern ich. Das Fahrrad hat er zurückgeholt, Milchkanne und Hamstersack waren weg. Ich schlich hinter ihm her, ich liebte ihn, ich war auf seiner Seite, ich nahm ihm nicht übel, daß er mit Steinen nach mir warf, ihn gab es, mich gab es nicht. Vier Jahre älter zu sein als ich befähigte ihn, einen Entschluß zu fassen und ihn mitzuteilen. Wenn Leben bedeutet, wahrgenommen zu werden, gab es uns erst viel später, unser Leben glich dem des Kindes im kaiserlichen Deutschland, die eigenständige Sozialform zwischen Kleinkind und Jugendlichem war wieder aufgehoben, wir lebten wie die Erwachsenen, in ihren verkleinerten Kleidern, verfügbar, gefügig, nur für die Liebe zu jung, »eure Liebe ist keine Liebe«, höhnten sie vorsorglich. Nach dem Krieg sind wir die Kinder, die lernen, acht Stunden zu arbeiten, die Steine klopfen, sauber und mit leichter Hand, die am wenigsten zerschlagen, Lasten, die zu schwer für uns sind, stemmen wir auf den Schenkeln, wie man es uns gezeigt hat. Unsere Väter sind vermißt, gefangen oder gefallen, mein Vater ist vermißt, aber das ist dasselbe wie gefallen, Vermißte sind ebenso abwesend wie Gefallene. Spielen haben wir verlernt, wir haben keine Stimme, obwohl wir scharfe Augen und ein gutes Gedächtnis haben, viel später könnte sich zeigen, daß wir die schärferen Augen und das bessere Gedächtnis hatten.

Wir haben sonderbare, nur scheinbar versunkene Erinnerungen an einen Tag tief im Mai, 1949. Großmutter hat einen Jungschweinbraten aufgetrieben und steht am Herd, ich bin eben zwölf geworden, ich spreche »schlecht«, das bedeutet, daß ich immer noch schwäbisch spreche, wie man es in Inzigkofen an der Donau spricht. Manchmal wird Rudolf von der Lehrerin gerufen und muß ihr übersetzen, was ich gesagt habe. Er schämt sich, aber er kann mir nicht erklären, warum. Iris und er haben nie schwäbisch gesprochen, sie sind immer »Evakuiertenkinder« geblieben, sie sind auch viel lieber wieder nach Dortmund zurückgekommen als ich, trotz der Trümmer und des Hungers. Die Rosen sind bis auf eine wilde weiße Sorte verschüttet, das Spielzeug auch, ein Teil der Hauswand steht aber noch, zugewachsen mit wildem Wein, an dem Trauben mit Beeren wie Stecknadelköpfe wachsen, ich kaue auf den Blattstengeln, ich trauere, ich werde nie aufhören, schwäbisch zu sprechen, ich trauere um Edwin, Hansel, Regine, Rösle, Adolar, Andi, den Hurenbuben, um Jan, um Ria, die wieder in Vohwinkel ist, Großmutter zeigt mir, wo das ist, aber sie weiß nicht, wie wir hinkommen könnten, meine Mutter ist tot, weil sie Luftschutzhelferin war und nicht rechtzeitig in den Bunker ging. Weil ich schlecht spreche, lese ich auch schlecht, also muß ich fremde Texte lesen, hochdeutsch lesen, deutlich lesen, langsam, mit vernünftigen Pausen, der Bundesstaat Bundesrepublik Deutschland, die Verfassung, sind errichtet, alle Bundesländer bis auf Bayern haben der Verfassung zugestimmt, was für ein Land mag das sein, das Grundgesetz ist der älteste Teil dieses Staates, alle Staatsgewalt wird vom Volk ausgehen, die wird das Volk durch Abstimmung und Wahlen ausüben, die »Grundrechte« werden gewährleistet sein, anfangs macht es Spaß, manchmal verstehe ich etwas, die ersten Sätze sind immer ganz klar und ganz kurz. »Die Würde des Menschen ist unantastbar.« Kinder kommen nicht vor, maule ich. Kinder sind Menschen, sagt Großmutter. »Die Wohnung ist unverletzlich.« »Alle Menschen sind vor dem Gesetz gleich.« »Jeder hat das Recht, seine Meinung ... frei zu äußern ... Eine Zensur findet nicht statt.« »Versammlungen unter freiem Himmel ...« »Jeder hat das Recht auf Leben und körperliche Unversehrtheit ...« Poesie.

Großmutter steht bequem, ziemlich schief, das Messinggeländer des Herdes teilt ihren weichen Bauch, was ich lese, muntert sie auf, sie stöhnt behaglich, sie schmeckt dem Fleisch nach. »Konkrete Poesie. Totale Poesie.«

Sie zieht die Rippenknochen aus dem Braten wie Patronen aus einem Patronengürtel, und Ben sagt, und das ist ein Menschenalter später: Selbst wenn ich nicht wüßte, was früher war, ich müßte doch fragen, was war früher los in diesem Land, das in seine Verfassung schreibt: Jeder hat das Recht auf Leben.

Er fragte, wann zum ersten Mal was an der Verfassung geändert worden sei, Ben nutzt es aus, wenn du da bist, dann richtet er alle Fragen ausschließlich an dich. Du sagtest, 1951, ich bestritt das, aber eher staunend als rechthaberisch, ich wollte Ben klarmachen, wie wichtig ich seine Frage fand. Welche Änderung vorgenommen worden sei? Keine gravierende, aber du würdest es feststellen, versprachst du, und Ben war zufrieden.

Als du mal wieder aus Bordeaux da warst, schon den ganzen Tag mit Ben zusammen gewesen warst, radfahren, schwimmen, schon ein paar Mal gesagt hattest – jetzt muß ich aber los –, und auch deine Sachen schon zusammengepackt hattest, fragte er dich wieder danach. Du hattest es nicht vergessen, hattest sogar Mühe gehabt, eine Originalfassung zu finden, hättest dich ihm aber nie aufgedrängt. So, denke ich, gewinnst du stetig an Boden zurück.

Mit Salzwasser gurgeln, so heiß wie möglich. Zwiebelsaft mit Kandis. Langsam trinken. Heiße Milch mit Butter. Langsam. In die Augen Borwasser. In die Nase heißes Öl. Unausweichlich kommt der Finger meiner Großmutter auf mich zu. Sie im Sessel aus Weidenruten, vor den Armlehnen schwarze Holzscheiben, die Zange ihrer Knie hält mich fest. Vom Finger mit dem gespaltenen Nagel tropft heißes Öl. Sie kann es kaum aushalten, sie tut aber alles für mich. Der Finger bohrt sich in meine Nase, das Öl zischt auf der Nasenscheidewand, das ist doch alles nicht wahr, so und nicht anders erinnere ich es. Aber alle, selbst meine verständige Großmutter, versichern, so war es nicht, das kannst du auch gar nicht mehr wissen.

Im selben Sessel erlebe ich, noch dampfend vom Baden, eingewickelt in ein Badetuch mit rotkohlfarbener Borte, den Ausbruch des Krieges. Als einen einzigen unaufhörlichen Sirenenstoß. Und falle auf den dunkelgrün gekachelten Herd mit dem blanken Messinggeländer, falle auf den großen Herd mit den vier Feuerstellen, die man durch herausnehmbare Ringe vergrößern kann. Und obwohl damals Brandwunden noch trocken behandelt werden, mit Puder, oft auch nur mit Mehl, behandelt mich meine Großmutter gegen jede Tradition mit kühlen nassen Tüchern, denn ich höre nicht auf zu schreien. So und nicht anders ist es gewesen, und alle, meine Großmutter, meine Mutter, mein Vater, die unermüdlich versichert hatten, so war es nicht, du hast dich auch nie in diesem Ausmaß verbrannt, sind inzwischen tot oder verschollen.

Es ist so gewesen. Ich war keine zwei und schrie, ohne auseinanderzufliegen und ohne zu platzen, ich wäre auch nicht stillzumachen gewesen, außer mit Gewalt. Ich eignete mir das an, ein für allemal, bis heute. Es ist immer derselbe Schrei, es ist immer die Fortsetzung desselben Schreis, durchdringend und schwingungsfrei, die zu hohe Tonlage von Zweijährigen, es ist schrecklich, blindlings, ein Reflex, nichts Beherrschbares, nichts Erwachsenes.

Manchmal wurden wir Evakuiertenkinder von einer Bäuerin in die Küche gewunken. Wir bekamen Essen vorgesetzt, viel zu viel für die verengten Mägen. Wir wurden gezwungen, am Tisch, sofort, aufzuessen, was auf dem Teller war. Mir ist das ein einziges Mal passiert. Ich hätte dran sterben mögen. Nie wieder ließ ich mich in eine Küche locken. Lieber Hunger. Ich erreichte nicht mehr die Tür, ich erbrach alles auf die Diele, ich wurde in einen Winkel geworfen. Nie wieder würde mir das passieren. Ria auch nicht. Iris hat sich immer wieder in die Küche winken lassen. Fremde alte Schwester. Frührentnerin aus der DDR, es wächst ihr kein dritter Arm. Ich verstehe nicht, daß sie jedes Jahr herkommt, ich würde nicht kommen.

Aber sie hat ja auch nicht verstanden, daß ich die Pakete aus der Schweiz nicht mehr wollte, von der dikken Marie, Bern, Wickelstraße 23, die Adresse werde ich nie vergessen. Eine »Brieffreundschaft«, die keine war, sondern ein Dauerauftrag, in regelmäßigen, aber großen Abständen ein Paket mit süßen und salzigen Keksen, Marzipanstangen, weißem Zucker, Kakao, Schokoladencreme im Glas, Sonnenblumenkernen in Rindertalg, zu Ringen gegossen, für die Vögel, mit der gedruckten Anweisung, sie freihängend anzubringen, an Ästen oder unter dem Dach des Vogelhauses, an ein Mädchen von zwölf Jahren im kaputten, besiegten Deutschland zu schicken. Ich hatte noch nie ein Vogelhaus gesehen, ich hatte noch nie einen dicken Menschen gesehen, ich besaß ein Foto von Marie, sie war eine lachende dunkelhaarige Dicke.

Wenn Großmutter abends nach Hause kam, mit einer Tüte Maisschalen oder Linsen, da gab es noch die Verkäuferin auf der Rüttenstraße, die legte immer was unter die Theke, bis die »Frau mit den feurigen Augen« durch war, für die drei Waisenkinder, war schon fast alles aufgegessen von dem Schweizer Paket, auch der durch Feuchtigkeit versteinerte Zucker angebrochen, vielleicht waren noch ein paar Salzkekse da, die Schokoladencreme hatten wir aus dem Glas getrunken. Dieses Elend hinterher, diese Scham, alles aufgegessen zu haben, nichts für die Großmutter übriggelassen zu haben, und der Haß auf die dicke Marie aus der Schweiz und die Angst vor dem nächsten Paket, das einen immer gieriger machte und nie satt. Großmutter half mir, hörbar durchbrach sie Tabus, sie sagte, was ich nicht hätte denken können: Ihr seid wichtiger als die Vögel, der Talg ist zu schade für die Vögel, die Sonnenblumenkerne auch. Sie schmolz die Sonnenblumenkerne aus dem Talg, und wir aßen sie, den Talg nahm sie zum Kochen. Ich versuchte, es mit Iris und Rudolf zu besprechen, aber sie zwangen mich, mit einer Stopfnadel hinter mir stehend, den nächsten Brief zu schreiben an die dicke Marie, und wenn ich zu lange zögerte, bekam ich einen Stich ins Schulterfleisch, es fiel beiden gleich leicht. Ich brauche keinen hervorzuheben.

Ich versuchte anzuschaffen, was möglich war. Einmal kam ich mit einem blutenden Hammelkopf nach Hause, irgendwas würde Großmutter schon damit anfangen können. Ich brachte einen Kissenbezug voll zerbrochener Kekse von Broks Bäckerei.

Wie viele seid ihr

Sieben

Sie lügt, sie sind drei, ich kenne sie

Aber sehen Sie, wie dürr sie ist

Und dann Pfefferminztee, in den Trümmern gepflückt, und die alten Kelchtassen mit silbernen Blättern und braunen Haarrissen, und dann wir alle, ganz ruhig am Tisch, ohne einander zu hassen, ein Wunder für die anderen Kinder, wir waren von morgens bis abends allein, und gewartet auf Großmutter, bei Pfefferminztee und Keksbruch, vielleicht schon Kartoffeln gekocht, wenn welche da waren, oder die getrockneten Kartoffelstifte aus dem grauen Bowletopf mit den erhabenen blauen Trauben eingeweicht. Nur nie mehr diese Pakete aus der Schweiz, zum Leben zu wenig.

Oder das Maisschalenbrot, nur kalt genießbar. Heiß brachen wir die Kruste ab und aßen es mit Rübenkraut. Der dampfende gelbe Matsch wurde, in eine Osterform gedrückt, ein Fisch, ein Lamm. Man konnte ihn auch in Scheiben schneiden und in Bouillon oder Salzwasser legen und braten. Wie Panhas. Alles besser als die Pakete. Oder »Knäckebrot« aus getrockneten zerbröselten Schalen von Pellkartoffeln, mit einem Eiweiß und etwas Mehl gebacken, dazu »Gänseschmalz« aus gekochten weißen Bohnen, durch ein Haarsieb gestrichen, Zwiebeln, in Lebertran gedünstet, drunter, fertig. Alles besser, als diese Gewalt aus der Schweiz, die unser mühsam zusammengehaltenes Leben zerstörte.

Großmutter war abends müde von der Arbeit in der Druckerei und Buchbinderei. Zusammentragen hieß das, was sie zum Beispiel machte. Dann lief sie mit fünf Frauen um einen riesigen Tisch herum, tagelang, und sammelte farbige, bedruckte und numerierte Blätter ein. Das mit der Stopfnadel erzählte ich ihr nicht, man konnte ihr nicht mit allem kommen, aus ihren Unterarmen wuchsen kleine schmerzhafte Knoten, im Sommer trug sie nichts Kurzärmeliges mehr.

Aber ich sagte ihr, daß ich nicht mehr an die dicke Marie schreiben würde, daß ich auch diese Pakete nicht mehr haben wolle.

Rudolf und Iris standen dabei.

Sie sagte: Es sind deine Pakete, du kannst das machen, wenn du das willst, du müßtest eigentlich nicht teilen, du könntest dich jedesmal überfressen.

Ich schrieb keinen Brief an die dicke Marie mehr, die Pakete blieben aus. Rudolf und Iris prügelten mich deswegen, spontan, zutiefst brutal, ich wehrte mich, brüllte, schlug, trat und biß auch, aber ich erzählte Großmutter nichts. Die Verzweiflung, mit der sie prügelten, machte mir Angst. Ich ahnte, so ist es gewesen, ich ahnte, daß sie das nie überwinden würden, und ich kann nicht mal lächeln, wenn sie auch jetzt noch, oft bei verblüffend nichtigen oder verblüffend abseitigen Anlässen, darauf mit unverminderter Härte zurückkommen.

Fremde alte Schwester, ich brauche nicht mehr auf ein Kissen zu schlagen, wenn ich an sie denke. Sie kann mir nichts mehr tun. Was sie denkt und sagt, kommt aus ihrem Gefängnis, sie hat breite Schultern, sie ist breit und flach. Wann ist das passiert, wann hat sie sich so verändert. Plötzlich, in irgendeinem Alter, muß es diesen Körper auseinandergesprengt haben, müssen die Knochen das Fleisch verdrängt und verdünnt haben. Jetzt ist sie ein Kasten, in dem es sich ziemlich still lebt. Als Kind war sie speckig und unanständig. Sie küßte uns gerne auf den Mund. Sie wollte auch geküßt werden. Sie wollte gestreichelt werden. Sie ließ sich gerne an- und ausziehen. Und jetzt ist sie voll Bitterkeit über unsere verschiedenen Lebensbereiche.

Als die Befreier kamen, als Großmutter sie nicht mehr im Bett halten konnte, als die Krusten von ihren Pusteln abfielen, verknallte sich der schönste Befreier in sie. Von keinem hatte ich Schokolade genommen, aber von ihm, von keinem ließ ich mich auf den Schoß heben, aber von ihm. Er kümmerte sich um die Narben von Iris und nannte Großmutter mégère.

Iris ließ sich nichts anbieten, sie traf sich mit ihm heimlich im Neuen Teil, am Amalienfelsen, an der Kapelle, am Kloster oder sonstwo. Großmutter schickte mich hinter ihnen her, ich war gedemütigt, aber dankbar, wenn er auf dem Rückweg meine Hand hielt, vergeßlich, wie man eine Tasche hält, die nicht abhanden kommen darf.

Sie hat alles gehabt, sie hat alles gemacht, in einem Alter, als das für die meisten in der damaligen Zeit noch undenkbar war. Ich möchte es ihr sagen. Ich würde es ihr gerne sagen, wie sehr ich sie beneidet habe und wie froh ich bin, daß sie das gehabt hat. Aber sie würde es als Angriff auffassen. Das ist versenkt. Zu der Zeit hatte sie einen Blick, der immer schweifte, immer über den Vordergrund hinaus, in großem Halbkreis alles ergriff, was sich tat. Und heute guckt sie vor sich und unter sich und sucht das nächste Hindernis.

Lange habe ich gedacht, mich wird nichts umbringen, diesen klaren harten eisernen Kopf. Während die Geschwister noch weinten, widersetzte ich mich noch. Nie habe ich geweint, wenn gestraft wurde, um geschont zu werden. Die Erwachsenen mußten fürchten, mich totzuschlagen, ehe ich weinte. Ich weinte bei sie eher überraschenden Anlässen.

Niemals sollten, unbewußt, vor Schmerz oder vor Angst, meine Augen flackern, die Stirn sich zusammenziehen. Es würde nicht genügen, auf mich zu zielen. Man würde auch schießen müssen.

Jemand zielt auf dich, kennst du das? Ich weiß, wie das ist. Und schießen allein genügte auch nicht, das wußte ich, man hätte treffen müssen, um Großmutter und mich zu hindern, hundert Dosen Schokolade vom Balkon in die deutschen Gefangenen zu werfen. Jemand zielte, auf die Brust oder auf den Kopf, ich konnte das nicht genau erkennen, aber er hielt das Gewehr so, wie es zum Schießen nötig ist, waagerecht, nur nicht ans Auge, dann hätte er wahrscheinlich nicht weitergehen können, und er mußte ja weitergehen, sonst wäre der Gefangenenzug auf wenigstens zwanzig Metern ohne Bewachung gewesen. Er ging also weiter mit bis zur Schulter gehobenem Gewehr, er rief dem hinter ihm etwas auf Französisch zu und zeigte zu uns hinauf, dann war er vorüber und ließ das Gewehr sinken, aber da hatte der andere schon dieselbe Aufgabe übernommen, das Gewehr gehoben und zielte nun auf uns, und der hinter ihm war auch schon informiert und hob das Gewehr, obwohl er noch gar nicht wissen konnte, um was es ging und worauf er zielen sollte. Er sah wohl, daß etwas flog und woher es geworfen wurde, runde weißrote Dosen, nicht größer als eine Erwachsenenhand, ich konnte sie nicht über die Balkonbrüstung werfen, ich war noch zu klein, ich hockte und warf sie zwischen dem Gitter durch, ich war kaum erkennbar, hatte man meinen Kopf im Visier, meinen Brustkorb oder nur die Knie, das war ja alles ganz nah beieinander, und zielte einer auf Großmutter und einer auf mich, oder etwa nur auf Großmutter, die ja stand? Zielen war gar nichts.

Die Sieger, die Befreier haben uns oft nach Hause geschossen, die Donau entlang, von Laiz nach Inzigkofen. Aber niemals haben wir die Brote, die wir in Laiz gekauft hatten, losgelassen. Sie lagen betrunken im Straßengraben, es war Frühling, es ging nur ein paar Wochen so, dann hörte das auf, dann schossen sie nicht mehr auf uns. Der Krieg war zu Ende, die Sonne schien, meine ich, jeden Tag. Jan, der Knecht, war verschwunden. Adolar, der Sohn vom Bauern, war gefallen. Ich hatte ihn geliebt, ich bekam seine Peitsche geschenkt. Und von Jan hatte ich eine Tüte Kakao, die Tüte war so alt wie der Krieg, das Papier war dick und haltbar, aber es war flusig geworden, wie Wolle, das Kakaopulver war mit Mehl oder Milchpulver gestreckt worden, aber das wußte ich nicht, ich löffelte es mit Puppenlöffeln, damit ich länger was davon hatte, es war hellbraun, es klumpte nicht, es war nicht süß.

Wie wir, auf den Knall genau, vorwärts flogen, teils getrieben, teils geworfen, selbständig, kraft der Sehnen, vorwärts, wie Grillen. Oder noch vor dem Knall, die Ohren an den Beinen, wie Grillen, das Trommelfell, die Paukenhöhle, alles an den Vorderbeinen. Wir hörten, ehe wir wußten, mit unserem frischen Gehör, der für diesen Ton begrenzte Teil der Basilarmembran schwang mit, die Kugel sah ich nicht, aber den Tunnel, wenn sie die Luft durchstieß und verdrängte, wenn sie mal nicht hinter, sondern vor mir einschlug. Winzige Splitter sprühten, die in die Waden oder ins Schienbein drangen, nur wenig ins Fleisch, fast nicht zu sehen, nur wenig Blut, das sofort zur Kruste trocknete, eine leicht gerötete Aureole um die Einschlagstelle herum, dann wuchs sich das aus und wuchs mit. Heute lassen sich die Splitter verschieben und tun nicht weh. Weinend gelangte ich zu der Überzeugung: Erschossen werden sollten wir wohl nicht. Unsterblich war ich nicht mehr.

Und wenn es dann doch so kommt, sagte Großmutter, wenn deine Lider flattern und die Stirn sich zusammenzieht, unbewußt, vor Schmerz oder vor Angst, dann halt dich an menschliche Regeln, die jeder versteht, dann sag es, laut, und zeig, daß du Schmerzen hast, daß du Angst hast, dann stell das dar, was der andere sehen muß, um von dir ablassen zu können.

Christoph Meckel
Zukunft, herrlicher Feind des Vergangenen

Generationen werden sich selbst zum Mythos, sie werden von späteren zum Mythos gemacht. Geopferte und verblutete Generationen, auf allen Kontinenten, in jeder Epoche. Ausradierte, verplante Generationen, verkaufte, verbotene und im Stich gelassene. Betrogene Generationen und kontrollierte, kaputter Jahrgang, verblutete Jugend. Überlebende Generationen, die *schwach besetzt* sind. *Lost Generation.* (Mit welcher Impertinenz hat sich Hemingway der Katastrophen des Ersten Weltkriegs bemächtigt, ihr Lebensgefühl in seine Wunden gesalbt und das Wort *verloren* in Anspruch genommen, während ganz andere Leute verloren waren.) Ancien régime und Fin de Siècle – vollständige Generationen, die wohlgenährt und walzernd ihre Karriere etablierten. Bewußtlose, allenfalls ahnende Generationen an der Kandare ziviler Potentaten. Clevere und dynamische Generationen, funktionierende Millionen, gehorsame Kollektive. Wo ist die lebendige, atmende Generation?

Generation zu verkörpern, Epoche zu sein, betraf Intelligenzia, Adel und Bourgeoisie. Der privilegierte Mensch war *Generation,* der anonyme Mensch verschwand unter Toten. *On ne compte plus les victimes* und das Gras wuchs weiter. Jahrhundertelang vegetierte das Landproletariat ohne Unterschiede von Generation, und erstmals seit dem Ende der Leibeigenschaft erfuhr der befreite Bauer, daß es das gab.

Die Versklavung endet. Die Generation beginnt.

Ich gehöre zu einer verschonten Generation. Die verschonte Generation kann nicht glücklich sein (glückliche Generationen gibt es nicht mehr), aber sie war verschont und das ist ihr Glück, das wird in Zukunft ihr Glück gewesen sein. Sie ist für die Legende nicht prädestiniert. Auf sie trifft zu, daß der Mythos an ihr versagt.

Generation ohne Mythos heißt: ohne Strangulierung durch Staat und Macht. Es heißt, daß zur Zufriedenheit kein Anlaß besteht. Schließlich heißt es, daß ihr Verschulden kein Gegenstand von Untersuchungen ist.

Sie stehen noch dahin.

Es wird sich, wenn die Geschichte geschrieben wird, um wenige Generationen gehandelt haben. Es wird sich um wenige Länder gehandelt haben und es wird von Galgenfrist die Rede sein.

Generation ohne Folter, Zensur und Exil. In ihr zu leben bedeutete für Millionen, Zeit zu haben und sich privat zu entfalten. Die Selbstbestimmung wurde nicht abgeblockt und setzte sich ohne Katastrophen fort. Ausbildung, Arbeit und Selbsterkenntnis waren jahrzehntelang wenig in Frage gestellt. Vergleichsweise unbewacht, vergleichsweise sorglos. Der Einfluß von Kirche und Staat schien harmlos zu sein und die Lähmung durch Bürokratie hielt sich in Grenzen. Kein unmittelbarer Eingriff in einzelnes Leben. Es gab die zivile Methode durch Schulerziehung, Familienverhaftung und christliche Moral. Der Staat konnte sich auf seine Bürger verlassen. Der mit Verfassung beschenkte neue Deutsche stand erfolgreich still und protestierte nicht. Von Manipulation schien er nichts zu bemerken. Er schien unendlich davon angetan, daß man ihn Fortschritt machen und satt sein ließ. Das Fett jedes Landes besaß einen eigenen Charakter. Das russische Fett war bleich, verstopfte Poren, das französische freßlustfreundlich, das englische straff. Das eidgenössische Fett schien solide durchwachsen, das amerikanische rosig und selbstgerecht. Das deutsche Fett kam gleichsam überstürzt: großmannssüchtig, weich, schnell angefressen.

Die Polizei trat vergleichsweise schüchtern auf und *Bundeswehr* war noch keine Macht im Staat. Ich lahmte durch ein verkalktes Schulsystem und bekrächzte den kollektiven Warenjubel. Für *Hitlerjugend* war ich ein Jahr zu jung und für den neuen Wehrdienst ein Jahr zu alt. Weißer Jahrgang. Verschonte Generation. Die Zeit zwischen zwanzig und dreißig war vogelfrei. Ich lebte, wie es die eigenen Wünsche wollten, in jedem Loch, ohne Vorschrift oder Diktat. Ich erlaubte keinem System, über mich zu verfügen, und konnte mir jedes Recht auf Freiheit erlauben. Komfort und Sicherheit waren kein Opfer wert und Geld war nichts, wofür sich zu hungern lohnte. Ich schrieb und las, was ich schreiben und lesen wollte, aß und trank, was ich essen und trinken wollte, veröffentlichte, was mir haltbar erschien, und fand die Zeit, die ich brauchte, um da zu sein.

Die Geschichte einer verschonten Generation ist die Geschichte ihrer inneren Wunden, intellektuellen Tragödien und seelischen Katastrophen; ihrer wahrgenommenen oder verpaßten Chancen; ihrer Ängste auf Friedensschauplätzen und ihrer Trauer.

Der rote Faden verläuft ohne Blutspur, nicht sichtbar.

Der Bär verwirklicht sich im Reservat, der Fasan in der Schonzeit. Kein Apfelbaum befindet sich außer Gefahr, kein Wal lebt weiterhin wie der Fisch im Wasser. Das Überleben hat für alle begonnen. Es ist kollektiv für Materie und Lebewesen.

Glückliche Generation der Wildgänse, die zu den *Friedhöfen der Vögel* flogen und wiederkehrten. Es gab noch das Tier und seinen Feind, den Jäger. Es gab noch das Märchen vom unerschöpflichen Brunnen. Notstandsgesetze, Atombombe, Kernkraftwerk, Staatsverdrossenheit und Ökologie, Ölkrise, Datenschutz, Rauschgift und Resignation – das alles gab es noch nicht, das stand noch bevor. Es betrifft jede junge und alte Generation.

Die verschonte Generation ist historisch geworden.

Ich war vier Jahre alt, als der Krieg begann. Die Geborgenheit ging in Etappen zu Ende und *Frieden* war ein Wort, das der Unfrieden lehrte. Das erste Kriegsspielzeug, Geschenk meines Vaters, war ein Panzerwagen aus grünem Blech. Das Ding war handlich, ein versachlichter Frosch, und wurde wie alles andere einverleibt. Die erste Bombe schien ein Zufall im Schlaf und die erste Flucht in den Keller ein Spiel zu sein. Ich sammelte die ersten Bombensplitter (kiloschwere, geplatzte Sterne im Wald) und war in die Uniform meines Vaters verliebt.

Bomben und Bombensplitter hörten nicht auf. Die Flucht in den Keller wurde wiederholt und das polnische Dienstmädchen brach in Tränen aus. Sie packte den kleinen Koffer und floh aus Berlin. Gewimmer und Flucht des Mädchens, die Sorge der Mutter und später die Klagen der Großmutter machten mir Angst. Die Erschütterung der Erwachsenen war ein Signal, daß der Krieg die Welt und auch mich betroffen hatte. Mein Vater wurde Soldat und kam zu Besuch, meine Mutter brachte die Kinder in Sicherheit. Die Sicherheit, ein Dorf zwischen Bergen und Wäldern, in der Nähe von Freiburg, war nicht für immer gut. Über dem Flußtal tauchten Tiefflieger auf (sie kamen in lautlosen Bögen über die Berge). Es wurden Fabriken zersiebt und Bauern beschossen, dann Deserteure im Steinbruch umgebracht. Ich stand auf dem Dorfplatz und hörte den Leuten zu. *Deserteure,* ich wußte nicht, was das war. *Köpfchen kürzer machen,* wie macht man das. Ich stellte mir vor: sie werden kleiner gemacht, man nimmt ihnen etwas weg und setzt sie zusammen, also weniger Hals und kürzere Beine, ich dachte noch, kürzer sein hieße weiterleben.

Meine Verschlafenheit erstaunt mich nicht mehr. Sie war das Ergebnis bürgerlicher Erziehung. Das Entsetzliche wurde mir nicht erklärt, es wurde ausgeredet und totgeschwiegen. Das Kind sollte sorglos, friedlich und anständig sein und war doch nur der eigenen Angst überlassen. Ohne Lehrer lernte ich hören und sehen, es war eine langsame, aber gute Schule. Horchen. Beobachten. Feststellen. Ausschau halten. Es gab die Berge, den Wind und die Jahreszeiten, die eigene Milchziege und den Kaninchenstall. Es gab die Totengräberspiele im Brunnen, es gab die Weihnachtsnacht und das Flötenspiel. Es wurden Kartoffelkäfer und Kräuter gesammelt, Schützengräben gebaut und Kleider gespendet. In der Schule wurden Gebete befohlen und im Luftschutzkeller Ängste verschwiegen. In der Zeitung wurden Soldaten begraben, endlos Soldaten beklagt und Soldaten begraben. Im Schwarzwälder Hinterland wurden Fenster verdunkelt, aber Krieg war ein *Flammenmeer* in der Welt. Kein Kuckuck täuschte mich, denn es gab den Krieg. Er brauchte Fensterbleche und Schwermetall, ließ sich im Schulhof vom Direktor preisen und mit täglich geklautem Eisen füttern. Er ließ ein paar *Bombenflieger* aus England kommen, zerschmiß ein paar Häuser und führte sein Opfer vor. Ich sah ein Damenkleid mit verdrehten Beinen, alte Frau Witwe Pastor, und fühlte nichts.

Es kam ein Luftangriff, der Freiburg zerstörte, der Blick in das Flammenmeer und die Massenflucht. Ausgebombte Bettelgestalten schleppten die Reste ihres Lebens aufs Land. Die Familie wurde aus der Miete geworfen, packte ein und verließ das Schindelhaus. Die Mutter, das Dienstmädchen, meine Brüder und ich, fünfmal obdachlos mit Sorge bepackt. Ich trug meinen Rucksack durch die Novembernacht (Kleider, Briefmarkenalbum und Robinson Crusoe). Morgens im Zug an ruhigen Dörfern vorbei, ein Blick in beleuchtete Scheunen und lichtlose Berge – zum ersten Mal würgte mich ein Verlust. Dann Thüringen, Bahnhof, Großmuttertränen und Schlaf, das Haus der Großeltern stand noch nicht im Krieg. Fremdheit in einer Stadt, die Erfurt hieß, nichts weiter als Stadtrand war, aber Obdach gab. Nach ein paar Nächten kam der Bombenalarm, große Nachtmusik für die deutsche Angst. Sirene, Bombe, Sirene und schlafen gehn, während mein Großvater auf den Speicher stieg, Brandbomben suchte und Ziegelscherben fand.

Bombardierungen schlugen die Nacht zusammen. Gurgelnde Motoren und pfeifender Himmel. Explosionen, die den Herzschlag jagten. Hölzerner, gläserner, steinerner Schrei: der Zusammensturz eines Hauses in Körpernähe. Die Kellertür platzte auf und der Boden bebte, die Großmutter jammerte, aber ich lebte noch. Die Mutter lebte unter der Kellertreppe und der kleine Bruder lebte im Wäschekorb. Der Großvater lebte still in der Nähe der Kohlen und die Großmutter bebte zwischen den Einmachgläsern. Wir lebten, bebten vereinzelt und zusammen. Ich begriff, daß Überleben ein Zufall war.

Der Schulweg ging täglich an neuen Trümmern vorbei, die ruinierten Häuser rauchten noch. Geplatzte Etagen und verkohlte Treppen, baumelnde Badewannen und stinkende Steine. Geruch von nassem Müll und versengter Wolle. Ein unverletztes Haus war kein tröstlicher Anblick; es gehörte der kommenden Nacht und der nächsten Bombe. Ich sah: die Toten wurden zusammengetragen, auf Trottoire gelegt und sich selbst überlassen. Ich zog die Tücher von den Gesichtern weg, sie waren bleich und blutig, nicht mehr da. Ich hatte an ihrem Sterben nicht teilgenommen, die Schreie nicht gehört und kein Blut gerochen – sie waren bloß tot und ich nahm ihr Totsein hin. Nichts war so schnell vorbei wie das Leben der andern. Die Toten wurden zur Heerschar meiner Träume, die Ruinen und Trümmerhaufen zum täglichen Weltbild. Während mein Bruder mit Zinnsoldaten spielte, trommelte Hitlerjugend am Haus vorbei. Immer mehr Familien verließen die Stadt, rudelten in die Wälder und gruben sich ein. Ich sah sie in der Wintererde schaufeln und mit Topf und Teppich im Boden verschwinden.

Im Frühling näherte sich die westliche Front, ersehnt und gefürchtet, feindliches Friedensphantom. Brummige Detonationen im Thüringer Wald. Erfurt wurde vom Zentrum aus verteidigt und von der Thüringer Höhe her angegriffen. Der Austausch von Granaten schien ohne Sinn. Sie zischten vom Wald in die Stadt, aus der Stadt in den Wald, und es spielte keine Rolle mehr, ob es freundliche oder feindliche waren.

Das erste Signal für den Krieg war ein Spielzeugpanzer, das erste Signal für den Frieden ein Panzerwagen. Ich stand am Kellerfenster auf einer Kiste und blickte in die prasselnden Raupenketten. Sie rollten die amerikanische Freiheit her. *Evakuierung* war ihr erstes Wort. Die Straße wurde von Offizieren geräumt. Meine Großmutter *ruhte* mit gebrochenem Bein (Treppensturz in einer Bombennacht). Sie wurde von GIs in den Sessel gehoben, zum Notquartier balanciert und ausgeladen. Ihr Kriegsgejammer wurde zur Friedensklage und das kummervolle Gesicht ließ mir keine Ruhe. Sie war so wenig wie ich für die Leiden geschaffen, sie träumte vom üppigen Frieden der Kaiserzeit.

Erfurt, kriegstote Stadt, schien sich schnell zu beleben. Straßen und Gärten wurden in Fahrzeug-Depots und gewöhnliche Häuser in Kasernen verwandelt. Schwarzmarkt, Carepakete, Gemüsebuden. Mit Begeisterung sah ich den ersten Neger. Der Besatzungszauber verpuffte schnell. Flüchtlinge wurden in die Häuser gesetzt (gierige Läuse in den Familienpelzen), Feldküchen der Besatzung von Deutschen erobert (Eßgeschirr-Schlachten um eine Gulaschkanone). Es wurde gehungert und auf Vorrat gefressen, es wurde wieder einzeln und sichtbar gestorben. Auf der Straße fielen Menschen um, krochen weiter oder blieben liegen. Einer schluckte Groschen, die ich ihm gab, ein anderer kaute Gras, ein anderer Pappe. In der Gärtnerei am Ende des Gartens wurden deutsche Soldaten zusammengetrieben (ich versuchte zu zählen, hörte bei hundert auf). Unter Bewachung, auf gefrorenem Boden, sah ich sie hungern, schweigen und weitersterben. Nächtlicher Schmuggelbetrieb ging durch die Zäune, Waschwasser, Graupensuppe und heißer Kaffee. Ich stand in der Hecke mit beschwappten Beinen, schwitzte, fror und reichte Eimer weiter.

Die Höhlen der Waldbewohner waren leer, die Ruinen dunkel, die Kellereingänge geheim. In ihnen wurde Krieg und Frieden gespielt. Es wurden Mäuse in Kartons verpackt, an Mauern totgeschleudert und friedlich begraben. Mehrmals fand ich, mit Freunden oder allein, tote Soldaten im Wald und meldete nichts. Sie faulten eine Weile, dann waren sie weg. Feuerrituale in Bombentrichtern, Todesspiele mit Rattengift und Patronen, Messerkitzeleien und Waffenfunde – das alles war wirklicher als Familienleben. Der Krieg war mein Lehrer, ich war mit den Toten allein. Es gab noch die Schule, aber dort lernte ich nichts.

In den Bombennächten lag meine Mutter auf der Kartoffelkiste im Keller und las. Ihre Ruhe schien unangreifbar zu sein. Ich versuchte zu lesen, es gelang mir nicht. Ich bestaunte die lesende Mutter und war allein. Der kleine Bruder schlief und ich war allein.

Sehnsucht nach Frieden war mir noch nicht bekannt. Ich erinnerte keinen Frieden, es gab nur den Krieg. Allenfalls dachte ich an den Schwarzwald zurück, an die Berge im Sommer, das Heu und den Wind in den Tannen (möglich, daß ich schlafend nach ihnen weinte). Krieg und Frieden waren einander nicht feind. Der Krieg war wirklich, denn er konnte zerstören, er zerstörte soviel er wollte – was konnte der Frieden. Was konnte der Garten, der Großvater und ich selbst. Der

Garten blühte, der Großvater pflanzte Tabak und nichts war so einfach, wie es erzählt werden kann. Der Frieden, falls es ihn gab, bewegte nichts; der Frieden war machtlos. Alles Gute und Schöne zerstörte nicht, der Nachtwind machte nicht satt, kein Engel half leben. Freundlichkeit, Ruhe und Schlaf verhinderten nichts. Der Birnbaum im Garten (ich liebte den Baum und die Birnen) war so leicht zu vernichten wie ich, in der Nacht fielen Bomben. Ich erfuhr Zerstörung als Lebendigkeit und Krieg als Bewegung. Leichname, die ich mit eigenen Augen sah, aus Entsetzen anschrie oder aus Angst vergaß, waren mächtiger als ein Elternhaus.

Es gab meine Mutter und das Großelternhaus, die Küche, den Garten und das eigene Bett. Ich konnte mir denken, daß es das nicht mehr gab. Trotz, Neugier und Ohnmacht waren mein letzter Dreck. Ich glaubte noch, daß der Dreck nicht vernichtet wird.

Aus Kriegszerstörung und Chaos der Nachkriegszeit kam ich im freundlichen Freiburg wieder ans Licht. Der Krieg unterhöhlte noch Idyllen und Träume und blieb die Eiswand hinter der neuen Erfahrung. Ich sah jetzt Landschaft, Himmel und Jahreszeit, den westlichen Horizont und die blauen Vogesen. In allem, was nicht Familie und Schule hieß, kam ich aus eigenen Kräften noch einmal zur Welt. Ich lernte trinken (mein Lehrer war der Wein) und essen (es gab den Speck und das Brot aus den Bergen). Ich lernte atmen, riechen und Wünsche zaubern, das alles war gut, es kam auf mich selber an. Entbehrung und Enge wirkten als Stimulanz. Die beschränkte Alltäglichkeit gab der Hoffnung recht, daß die Zukunft der herrliche Feind des Vergangenen sei. Auf dem Boden der Tatsachen war kein Platz für mich. Dort war ich Familiengespenst und Sträfling nach Noten, provozierender Ausgescherter im Freiburger Stadtbild. Ich spielte den Tanz aus der Reihe nach kopflosen Regeln, bespuckte jede Ordnung mit Widerspruch und war in den Widersprüchen verzweifelt allein. Balance zwischen Opferzwang und Maßlosigkeit. Ich bemalte meine Kleider und rauchte Zigarren, ging nachts übern Friedhof und schien ein Idiot zu sein. Ich erkannte mich selber nur in der Offenheit, schwebend in jeder Luft, die Weite verhieß. *L'espace* war der Wunschtraum, der mir zu leben gab. Alles Natürliche berauschte mich, die Mädchen, der Sommer, der Weingeruch und das Laub. Es genügte, durch die nächtlichen Straßen zu gehn, verregnete Trottoire und triefende Gärten, Laternen und Blätterschauer im Schwarzwälder Herbst. Ich las jedes Buch, dessen Sprache erreichbar war, ich lief in jedes Kino und jedes Konzert, ich schwärmte für alle Frauen und trank jeden Wein, überwältigt von Lebenswut und erschöpft von mir selbst. Genug war nicht genug, keine Freude genug.

Der Hunger nach Leben war für ein Leben zuviel.

Ich – getrockneter Schwamm in jedem Wasser. Triefen, vollsaugen, fluten lassen – ich. Im Nervenzentrum der Welt ein Gezitter sein. Amerika und Europa, der Westen war da, um angeeignet und verwandelt zu werden. Ich spielte Kobolz mit Begriffen und neuen Ideen und planschte in Bildern, Sprachen, Philosophie. Randaleur zwischen Hollywood und Waste Land. Realismus (Chicago) und Surrealismus (Paris). Geschichtspessimismus, Auschwitz und Lebensekel. Hiroshima, Sozialismus und New Orleans. Shortstory, Cinema, Chaplin und deutscher Kahlschlag. Ich reagierte, taumelte, rieb mich wund, zerplatzte zwischen Extremen und liebte den Tod. Der heterogene Zustand war lebensgefährlich. Ich mußte mein Chaos ordnen gehn.

Daß ich, nach allem, Deutscher war, schien unbegreiflich. Ich akzeptierte die Tatsache ohne Behagen und nahm mein Verschontsein ohne Vertrauen an. Aus den Zerstörungen blieb mir der böse Blick für alles, was Willkür, Macht und Parole war. Macht jeder Art war feind, ich verlangte Freisein, Hoffnung ohne Grimasse und Uniform. Lebend in meiner Sprache und meiner Epoche, ausgehend von mir selbst und den eigenen Chancen, träumte ich über alle Grenzen hinaus. Dasein in vielen Sprachen und vielen Epochen, Weltbewohner in dieser und jeder Zeit. *Welt, die Welt* – ich hatte das Wort nicht geerbt. *Welt* war das Gegenteil dessen, was mir bekannt war, Name des Fehlenden, entstanden aus Mangel. Ich war nicht bescheiden und hoffte geflügelt drauflos. Kein Wort schien gewaltig genug für Heute und

Morgen, der *Aufbau Europas* – ich war nicht alleine da. Naivität (ich vertraute der eigenen Hoffnung) und Pathos (ich trompetete meine Träume) schien auf dem Boden der Tatsachen sonderbar. Der singende Ausbruch entsprach keinem deutschen Zweck. Reisen, was sollte das sein, ich wollte nicht reisen. Ich schwirrte weg und nahm die *Welt* in Gebrauch. Reise war Vorstoß, Aufbruch, Eroberung. Ich häutete mich in jedem neuen Land, glücklich wundgescheuert, befreit, betrunken. Der Hunger nach Welt war zu frisch, um romantisch zu sein, das Hören, Sehen und Riechen war real. Mein Unterwegssein war endlos und keine Touristik, mit Bildungserlebnissen hatte ich nichts im Sinn. Windrosenzauber, Atem, ein Weltraum für mich. Flucht aus der deutschen Verhaftung und Sturz in die Welt. Grenzenlosigkeit, ein Sprung übern Rhein. Sorglosigkeiten und Europa-Getippel. Ich war der bezweifelte Typ, der Deutschland hieß, und war der Gast, der mit Wein empfangen wurde. Es schien noch möglich, die Träume einzuholen, und *Welt* war ein Wort, das ich glaubhaft posaunen konnte. Es war noch weltweit da und machte nicht ratlos, es schien ein Ding ohne Inflation zu sein. Es enthielt einen Katalog utopischer Wörter: Frieden, Völkerfreundschaft und Zukunft der Menschheit. *Welt* war ein Zustand von Glück, meine Euphorie, bevor sie Schauplatz globaler Entwertungen war.

Der erste Ausbruch fieberte nach Paris, der nächste in den Süden und an das Meer. Jahre der Vagabondagen, ich ließ nichts aus. *Welt,* eine atemberaubende Quantität. Unerschöpflichkeit, mein Traum, meine Hoffnung. Die Kathedralen, die Flüsse und die Museen, die Slums und die Häfen, die Inseln, der Horizont. Fahrradfahrten, Meerfahrten, Autostop. Unbegrenztes Terrain zwischen Kreta und Eismeer. Die Tundra, die Alpen, der Ätna und der Olymp, das Meer und die Perlenkette der Metropolen. Rom, Kopenhagen, Helsinki, Palermo, Athen, Oslo, Brüssel, Mailand, Marseille, Amsterdam. Ich erfuhr nicht Entzauberung, sondern Wirklichkeit. Ein imprägnierter Seesack war mein Gepäck, ich schlief an den Straßen und vermißte nichts. Zwischen Weltkrieg und weltweiten Krisen wurde ich wach, abgerissen, hungrig und unersättlich.

Freiburg, deutsche Provinz der Nachkriegszeit. Stadt zwischen Trümmerverfall und Aufbaustellen. Barackenquartiere hinter der Industrie und erste Familienhäuser am Westhang der Berge.

Ein Jahr lang trieb ich mich mit Schlägern herum. Die Bande war harmlos, weil die Chancen fehlten. Wechselndes Ensemble von Bürgersöhnen, Diebe aus Flüchtlingslagern, Bravados der Vorstadt. Magere Nervenbündel mit Keileraugen, Pickelgesichter aus Haslach, stimmbrüchige Wölfe. Dazu ein paar Ältere, die mit Frauen lebten, schräge Geschäfte machten – *Besatzungskontakte* – und durch glatten Zynismus imponierten. Krieg und Nachkrieg steckten in den Knochen; Diebstahl, Aggression und Selbstversorgung wurden mit bestem Wissen fortgesetzt. Ordnungshaß. Unschlüssige Eskapaden. Geballte Unreife eines gemischten Haufens. Der Chef war Christenbengel und Gymnasiast, taschengeldmächtiger Sohn eines reichen Arztes, brutaler Timider in gestreifter Weste, unverdächtig, bekannt als Schürzenjäger. Man war zu Fuß und mit Fahrrädern unterwegs und schaßte zu sechst im *Gepumpten Wagen* los. Nächtliche Geisterbahn durch ruhige Straßen. Es gab keine Führerscheine und keine Frauen.

Es fing damit an, daß ich nicht nach Hause ging.

Ende der Ferien, September, Autostop. Ich hatte mich in Frankreich herumgetrieben, ein Lastwagen setzte mich ab, ich stand hinterm Bahnhof, der Abend war warm und ich wollte nicht zurück. Der gewöhnliche Alptraum Familie stand bevor und in zwei Tagen fing das Gymnasium an. Aber die Unruhe und das Unkrautleben, ich war sechs Wochen lang auf der Straße gewesen.

In Freiburg unterzutauchen war kein Problem, ich kannte jedes menschenmögliche Loch. Zeit allein und Getippel durch freundliche Straßen. Ein villenähnliches Haus stand im Zwielicht da, mit leeren Abfalleimern, geschlossenen Läden. Ich klingelte, ohne Ergebnis, und kletterte ein. Es war der übliche Einstieg mit Fenstermethode, bequem auf der Gartenseite, durch eine Veranda, und das erste Risiko im eigenen Quartier, zwei Nasenlängen vom Gymnasium entfernt. Sachbeschädigung war vom Krieg her vertraut und Mißbrauch von Eigentum mein trotziges Recht, Diebstahl empfehlenswert und Mundraub notwendig. Ich empfand nur schwache romantische Impulse. Seit der Nacht in der Villa war ich imstand, an lokalen Dingern mitzudrehn.

Ein gewisser Jean empfahl mir, mal mitzukommen.

Streifzüge in der Nacht und Kellereinbrüche am Tag. Diebstahl von Fahrrädern, Werkzeugen, Kleidern und Geld. Raub von Kohlen in der Dämmerung, während die Hausbewohner beim Essen saßen. Ich knackte Automaten, brach Autos auf und pumpte Benzin aus neureichen Limousinen. Gemeinsames Streunen in der Winternacht, lustlose Witze, Fäuste in den Taschen. Komplizenschaft ohne Freude, der Bierrausch zu dritt, Konserven löffeln und um die Wette rauchen. Die tollen Touren wiederholten sich bald. Angeberei, Tristesse und Nervenkitzel – ich erstickte darin und blieb ein Irrlicht am Rand. Gestohlene Dinger brachte ich nicht nach Haus, und das Geld aus den Umsätzen war die Gefahr nicht wert. Mein Protest hatte nichts mit dem der Bande zu tun, aber ich hielt an den sinnlosen Freundschaften fest.

In einer Mondnacht wurde *Der Dicke Jean* von seinen Komplizen zusammengeschlagen. Maulige Rempelei und Faust in die Fresse. Der freundliche Schustergeselle segelte weg, krachte an einen Zaun und klappte zusammen; wurde noch bearbeitet und lag still. Ich schaffte ihn nach Hause, er blutete schweigsam, es war das Ende meiner Bandenzeit. Ich konnte mich selbst, aber keinen anderen zerstören. Tauchte den Kopf in einen Straßenbrunnen. Wusch das Blut aus der Jacke. Trabte nach Haus.

Dorothee Sölle
Wer bin ich?

Nachdenklich gemacht durch die Frage nach »behinderter« und »verlorener« Kindheit, verfehlter und uneingelöster Jugend zwischen 1945 und 1949 habe ich ein altes Tagebuch von mir wieder hervorgekramt. Damit ist es mir seltsam ergangen: meine Erinnerungen an Geschmack und Geruch jener Jahre und meine Notizen, die von der Suche eines jungen Mädchens nach sich selbst handeln, kommen nicht zur Deckung. Begebenheiten, an die ich mich aufs Sichtbarste erinnere, Realitäten, Vorgänge, Erlebnisse – sie alle erscheinen nicht in dem so ungemein innerlichen Tagebuch. Dort finde ich viele Seiten über blühende Himmelsschlüssel im Bergischen Land, Gewitter über dem Rhein und das Violinkonzert von Beethoven, aber nichts über die Bombennächte, den Anblick der brennenden Stadt, die Schlangen vor den Lebensmittelgeschäften, die Versuche, Kohlen zu »fringsen«, wie das später in Anlehnung an ein berühmtes Wort von Kardinal Frings genannt wurde. Viele, viele Seiten meiner krakeligen Sütterlinhandschrift über die großen unglücklichen und manchmal glücklichen Lieben einer »Tochter aus gutem Hause«, Liebe zu einer Lehrerin, älteren Freundinnen und erste Annäherungen an Jungen und Männer meiner Generation. Geistige Entdeckungen, der Pathétique, der Matthäus-Passion, des Stundenbuchs von Rilke, des Werther werden gefeiert; die politische Realität des Alltags dringt nur von fern ein.

Ich sitze ratlos vor dieser doppelten Erinnerung und frage mich, was denn dieses Gespinst aus Freundschaft, Empfindung, Literatur und Musik, in dem wir lebten und webten, bedeutete – eine Flucht aus der Wirklichkeit? ein Schutz gegen sie? ein »Trost der Welt«, wie eines unserer Lieblingsgedichte hieß? Wer wäre ich ohne diese Jahre exzessiver Romantik? Inwieweit hat sie mich behütet und einen Schutzraum zum Wachsen hergestellt, inwieweit hat sie mich verführt, die überkommenen Lügen, nur verfeinert, weiter zu fühlen und nachzudenken?

Falls es eine »innere Emigration« aus Nazideutschland heraus gegeben hat, so hatten junge Menschen das größte, nämlich ein natürliches Recht darauf; sich abzugrenzen und sich herauszuhalten ist nicht nur ein bürgerlicher Luxus. Es ist eine Notwendigkeit, wenigstens den Traum von einem anderen Land zu träumen.

Meine Erinnerung erzählt mir andere Geschichten als mein Tagebuch. Ich weiß noch, daß ich im Herbst 43, gerade vierzehn Jahre alt geworden, in der Kölner Straßenbahn ein Mädchen mit großen schwarzen Augen anstarrte. Sie hatte einen dicken braunen Zopf und stand in meiner Nähe auf der hinteren Plattform. Sie erschien mir wunderbar, geheimnisvoll und traurig, und ich überlegte verzweifelt, wie ich – die kleine dünne Blonde mit dem Bubikopf – sie ansprechen könnte. Unsere Blicke trafen sich, und ich bildete mir ein, ein winziges Lächeln über ihr Gesicht huschen zu sehen. Dann stiegen am vorderen Eingang Soldaten – oder waren es Polizisten? – ein, mein Mädchen schaute sich wieder und wieder um und verließ, einem plötzlichen Entschluß folgend, die Tram. Beim Heraussteigen verschob sich die Tasche, die sie an die Brust gedrückt hielt. Ich sah einen gelben Fleck und das Wort »Jude« in schwarz daraufgeschrieben. Ich wollte aussteigen, ihr nachlaufen, aber die Bahn fuhr schon weiter, und der Novemberregen klatschte an die Scheiben.

Bei dieser Gelegenheit lernte ich ein Stück meiner eigenen Feigheit kennen, im erotischen und im politischen Sinn, und ich erinnere mich, daß ich damals in der Linie 11, die durch das Severinsviertel fuhr, mit Entsetzen notierte, was in mir war. Wer bin ich denn, wenn ich nicht einmal aus der Bahn steigen und einem unbekannten Menschen, der mein Herz bewegt, nachlaufen kann?

In meinem Tagebuch finde ich dieses mir so deutlich vor Auge stehende Bild eines jüdischen Mädchens nicht, ich finde ganz andere Sachen, die mich teils beschämen, teils belustigen. Über einen Besuch bei der so geliebten Lehrerin und späteren Freundin Germaine heißt es:

Köln, den 19. Juni 1944

Als ich zu ihr kam, ziemlich spät, hörten wir zuerst eine Beethovensche Cellosonate (op. 102) mit einem wundervollen 2. Satz. Sie stopft dabei Strümpfe. Ich wollte ihr so gern helfen, aber sie wollte nicht. (Das Schaf.) Während ich den Kaffee aufsetzte, versuchte sie, Milch zu bekommen. Als sie wiederkam, fragte sie, was meine Eltern zu den politischen Ereignissen sagten. (Invasion, Vergeltung.) Ich erklärte ihr dann, daß ich mit ihnen nie darüber spreche, weil sie so blöde Ansichten haben. Sie wollen absolut den Krieg verlieren. Sie staunte nur ein wenig und fragte, wie meine Brüder dazu stünden. Ich sagte, daß Thomas und Otto es auch nicht wollen. Carl ist ja mehr materialistisch-spießig. Aber jetzt geht mir wieder etwas durch den Sinn, nämlich ein schönes Wort, das sie gesagt hat (als sie noch Strümpfe stopfte). Sie sprach davon, wie froh sie über die Vergeltung sei, denn »da sieht man doch, daß das deutsche Volk noch nicht zum Untergang reif ist«. Kurz darauf fügte sie – ihrem Strumpf zugewandt – hinzu: »Du bist ja auch noch nicht zum Untergang reif.«

Damals, in den Jahren von 1944 bis etwa 1947, war ich in natürlicher Opposition zu meinen Eltern und dem ältesten Bruder, der eine klare Sicht der politischen Lage hatte. »Spießig« war eines der Wörter, mit dem wir uns abgrenzten: von den Erwachsenen, die über die Versorgungsschwierigkeiten jammerten, von den Belanglosigkeiten der Lehrer, von dem sinnlosen Herumsitzen in Luftschutzkellern, in denen wir einen großen Teil der Schulzeit zubrachten. Dort holten wir ein Stück deutscher Jugendbewegung nach und sangen, was immer wir finden konnten: europäische Volkslieder, die Lieder des Zupfgeigenhansel, die nicht in unseren Büchern standen, Choräle. Wir hatten ein Kultbuch, es hieß ›Konradin reitet‹, ein zerfleddertes Reclambändchen von Otto Gmelin, es begann mit den Worten »Ich habe dich reiten sehen, es war noch früher Morgen...«, und »reiten« war unser Code-Wort. Nachdem ich die Herzliche-Grüße-Briefe hinter mir hatte, schlossen meine Briefe emphatisch mit: »Wir reiten! – Dorothee«. Mit Realität hatte das nicht das Geringste zu tun, ich hatte nur einmal auf einem Pferd gesessen, es war unser Traum-Wort, unser

»yellow submarine«, und wir teilten die Menschen ein in »ganz nett, aber er reitet nicht« und »ich glaube, sie reitet.«

Das war die Welt meines Tagebuchs, eine verzauberte Innenwelt der Schwärmerei, in der die Adjektive »göttlich, einzig, immens« reichlich oft auftauchten. Eine sehr unpolitische Welt, wenn man von dem einen großen Mythos »Deutschland« absieht. Es dauerte sehr lang, bis ich diese Faszination des »Deutschland trägt man im Herzen oder nirgends und nie!« durchschaute, und das Kriegsende festigte den tragischen Mythos eher, als daß es ihn entlarvte.

In meinem Tagebuch taucht auch nicht der Direktor meiner Schule in Jena auf, der im Frühjahr 1945 jeden Montag vor versammelter Schule eine Rede hielt. »Wo aber Gefahr ist, wächst das Rettende auch« oder »Tritt auf dein Elend, dann stehst du höher!« Er zitierte Hölderlin, und ich war verunsichert: war das mein Hölderlin? Vor dem Einmarsch der Amerikaner nahm er sich das Leben.

Der Morgenthau-Plan der Amerikaner, Deutschland zu einem Agrarland mit etwa der Hälfte seiner Bevölkerung zu machen, war uns bekannt. Wir (damit meine ich immer die Gruppe meiner Freunde, nicht etwa die Familie) glaubten, als Deutsche keine Zukunft zu haben.

Jena, den 14. April 1945

Es ist so weit. Jena ist amerikanisch besetzt. Zwei Tage lang warteten wir in Bunker und Keller voll banger Erregung – nun sind sie da. Es ist viel Unruhe überall, ausländische Arbeiter ziehen plündernd herum, es gibt kaum mehr Lebensmittel, täglich wird alles schwieriger. In etwa zwei Monaten hoffe ich, daß wir heimkehren. In eine Heimat, die dann nicht mehr deutsch sein dürfen wird. Es ist bitter für uns.

Jena, den 3. Mai 1945

Der große Krieg geht seinem Ende zu. Der Führer ist an der Spitze der restlichen Truppen in Berlin im Kampf gegen den Bolschewismus gefallen. Fast alle Armeen haben bereits kapituliert.

Ich bemühe mich, nicht daran zu denken. Ich lese und lerne Hölderlin, Shakespeare und Sophokles.

Ich werde mir eine Rüstung schmieden. Morgen werde ich sie brauchen.

In meiner Erinnerung, nicht in meinem Tagebuch, spielt der Hunger von Ende 44 an eine zentrale Rolle. Ich lag im Bett und stellte mir Spaghetti vor. Wir fuhren aufs Land und lasen Birnen auf. Vor den Hamsterfahrten versuchte ich mich zu drücken, nachdem ich begriffen hatte, daß wir als Familie nichts zu tauschen hatten. Als die Schulen im Herbst 45 wieder öffneten, wartete ich viele Stunden, Frostbeulen an den Beinen, auf die Straßenbahn. Einmal gelang es mir, mich auf das Trittbrett der Bahn an der Außenseite zu klammern. Ich wurde erwischt und mußte mit meinem Vater zu einer Art Militärgericht. Wir kamen mit einer Verwarnung davon, aber was mich am meisten wunderte, war, daß mein Vater, Jurist von Beruf, mich nicht ermahnte. Eher machte er Aufhebens von meinen politischen Überzeugungen und fragte einmal beim Mittagessen, ob ich denn im Ernst die Nazis verteidigen wolle. Ich ahnte damals, daß er die Wahrheit auf seiner Seite hatte, aber ich konnte es, auch vor mir selbst, nicht zugeben. Ich versuchte, Deutschland, den Traum und die Nazis, die ich fast ausnahmslos widerlich oder trivial fand, zu unterscheiden. Als Kind hatte ich Thomas Mann im Radio aus den USA zu uns sprechen hören. Meine Eltern hatten viele jüdische Freunde, und ich wußte mit acht oder neun Jahren, was ein Konzentrationslager war. Wir wuchsen als Kinder von antinazistischen Eltern regelrecht in zwei Sprachen auf: eine offene, die man zuhause sprach, in der von Erschießung, Folter, Verschleppung die Rede war, und eine draußen in der Schule, in der Offenheit lebensgefährlich war. In unserer Familie gab es eine Redensart: »Sei still, sonst kommste ins Kazett!« Merkwürdigerweise habe ich dieses Gefühl, in zwei Sprachen zu leben, auch nach dem Krieg nicht verloren.

Die Entnazifizierung trug nicht gerade zu meiner politischen Erziehung bei! Sie war eine willkürliche

Maßnahme der Sieger, die keine Ahnung von den wirklichen Verhältnissen unter Hitler hatten.

Allerheiligen, 1. November 1945
Germaine mußte zum Schulamt, eventuell auch wieder vor die Engländer (CIC). Das wäre fürchterlich, wenn sie jetzt nicht mehr Lehrerin sein dürfte, weil sie in der Partei und im BDM war. Wofür sie jahrzehntelang gearbeitet und gekämpft hat, das liegt nun in der Laune eines Engländers! Wie bitter! R. sagte neulich, eigentlich hätte sie noch gar nicht begriffen, daß wir den Krieg verloren hätten. So geht es mir auch. In seiner letzten Konsequenz bin ich mir noch nicht darüber klar. Ich muß beinahe täglich wieder mit dem Gedanken ringen. Schon seit Monaten (seit der Kapitulation) schreibe ich nichts Politisches mehr auf. Ich kann *es einfach nicht! Es kostet zu viel Kraft. Jetzt habe ich ein sehr tiefes Buch: J. M. Wehners ›Bekenntnis zur Zeit‹ geschenkt bekommen, aber es ist eine Qual, es zu lesen. In den Jahren 39/40 geschrieben, spricht es oft vom nun kommenden großen Tag der Deutschen – wie Hohn!!*

Germaine wurde im Oktober 45 zunächst unter »may be employed« eingestellt, im Juni 46 aber entlassen, weil sie zu »nazistisch« sei.

Karfreitag, den 19. April 1946
Sie sprach einmal über das Politische, es haben sie die Nachrichten über die Konzentrationslager so sehr erschüttert, sie fühle sich auch schuldig. Sie war immer so idealistisch. Ich kann sie darin nicht ganz verstehen, vielleicht weil ich persönlich kein Schuldgefühl habe, vielleicht auch, weil ich zu jung bin.

Die Auseinandersetzung wurde in der Schule nicht geführt, ebensowenig wie später in der Universität. Niemand erklärte uns die deutsche Geschichte der Neuzeit und zeigte, an welchen Traditionen, Tendenzen und Instinkten die Nazis hatten anknüpfen können. Niemand bearbeitete die dumpfen Gefühle der Ohnmacht gegenüber denen, die mehr Waffen und Bomben hatten, und den verletzten Stolz der vermeintlichen Opfer, die doch erst und vor allem Täter waren.

Köln, den 23. September 1945

Ernst Wiechert hat im Rundfunk zur deutschen Jugend gesprochen. Wir sind alle sehr traurig, denn er spricht Dinge, die uns nicht anrühren im Tiefsten, die ohne Farbe sind und verklingen, die ein Franz Werfel oder Thomas Mann auch hätte sprechen können. Ähnliches steht täglich in der Zeitung. Wir hatten kurz zuvor zusammen gelesen ›Eine Mauer um uns baue …‹ und nun dies!

Monate später schrieb ich einen Brief an Ernst Wiechert, der sich neben all den intensiven Subjektivismen in meinem Tagebuch erhalten hat. Darin heißt es:

Köln, den 8. April 1946

… Sind wirklich die schuldig, die geglaubt haben? Sagten Sie nicht einst selbst, daß die Reue nicht dadurch geringer würde, wenn sie an ein Unvollkommenes gewendet würde? Ist es nicht gerade richtig und natürlich für die Jugend zu glauben, wo die anderen skeptisch sind; anzubeten, wo die anderen verdammen, sich zu opfern, wo die anderen mit klugen Blicken durchschauen?

Ich habe nicht zu ihnen gehört; ich sah, ich wußte. Ich glaubte nicht an die Phrasen, ich habe an Deutschland geglaubt. Und das ist auch der Grund, warum ich so traurig bin: es steht nichts in Ihren Worten von Deutschland.

Ich bekam keine Antwort und hatte dieses Dokument vor dem jetzigen Wiederlesen total verdrängt, es ist mehr als peinlich. Es ist der Versuch eines sechzehnjährigen Menschen, mit dem Gefühl einer Katastrophe, nämlich der Zerstörung nationaler Identität, umzugehen, und ich lese es heute mit Entsetzen über so viel Blindheit. All die guten anständigen Deutschen, die »gewiß an die Menschlichkeit, die Wahrheit, das Recht und die Liebe geglaubt« haben – wie ich schrieb –, waren in diesem Traum befangen: ein furchtbares Schicksal hat uns alle, die wir doch Beethoven und Bach lieben, überfallen! Das uns angetane Unrecht – die Vertreibung aus dem Osten, die als Arbeitssklaven festgehaltenen Kriegsgefangenen, die industrielle Demontage – schreit zum Himmel, während wir das viel größere Unrecht, das wir den anderen europäischen Völkern angetan hatten, glatt verleugneten. Es gab da kein Bewußtsein von »Wer Wind sät, wird Sturm ernten«, kein Eingeständnis der Verbrechen eben jenes mythischen »Deutschland«, das ich trotzig-verzweifelnd beschwor, keine Reue, kein Sühnezeichen, keine Umkehr. Heute frage ich mich, von welchen Institutionen, welchen Gruppen, welcher gesellschaftlichen Kraft eine Umkehr hätte kommen können. Warum war die Kirche, jedenfalls in meiner Erfahrung vor Ort, so stumm? Ob ein junger Mensch wie ich, in der damaligen SBZ lebend, denselben Brief hätte schreiben können? Hätte er nicht außer Ratlosigkeit und Trauer noch etwas anderes zu hören bekommen? Und wäre ihm nicht dieses elende Parfüm des tragischen Untergangs einer großen Sache schneller aus der Nase gekommen?!

Eine andere umworbene Freundin, meine Griechischlehrerin, deutete die Situation so:

9. November 1946

»Viele Menschen sind traurig jetzt. Ich bin auch traurig.« Später wagte ich es: Sie sagten doch neulich, Sie könnten manchmal platzen. (Sie weiß sofort Bescheid.) Warum platzen Sie denn nicht?

Und dann spricht sie zu mir. Nicht mit dem kindischen Optimismus unserer Zeit, mit viel Reife, nicht mit Verzweiflung, aber mit tiefem Ernst. »Siehst du, als ich Jungmädelführerin war, da stand ich auch auf verlorenem Posten. Und doch blieb ich, denn die Mädels, die durch meine Hand gingen, lernten etwas, wurden etwas.« Es sei wohl nur noch sehr wenig, was wir tun könnten, aber sie zum Beispiel wollte uns in die Welt des Altertums führen, eine Welt, aus der vielleicht einmal eine Erneuerung kommen könnte. So viele Worte (die deutsche Einheit) wären doch nicht faßbar und darum auch nicht zerstörbar. Vielleicht sei uns der Untergang bereitet. Doch auch Griechenland sei untergegangen, und wir zehrten noch heute von seinem einstigen Sein.

Mein ältester Bruder, Carl, der auch klassische Philologie studiert hatte, kam nicht zurück. Im November 1945 erhielten wir die Nachricht, daß er in russischer Gefangenschaft auf dem Transport nach Hause verstorben sei. Als wir das kurz vor Totensonntag 1945 erfuhren, wußte ich, daß es keine Weihnacht und auch keinen »lieben Gott« gäbe. Meine Mutter war wie zerbrochen. Monatelang lief sie durchs Haus und wiederholte die Worte des Telegramms »verstorben ... verdorben ... Ort unbekannt.« In diesem Winter 45/46 hatte ich Angst, daß meine Mutter sterben würde. Ich wünschte mir auch selber zu sterben, es war zum ersten Mal, daß ich daran dachte. Ich glaubte aber, ich könne es ihr nicht antun. Ich entdeckte das stärkste Mittel der Betäubung für mich: die Arbeit. Ich lernte Latein, Mathematik und vermied lyrische Gedichte. »Dunkel«, »im Dunkeln gehen«, »im Dunkeln wachen« wurde die wichtigste Metapher. So finster mein Mythos von Deutschland war, er hatte mit meinem toten Bruder nichts zu tun; nie wäre einem von uns in den Sinn gekommen, daß Carl »für Deutschland« gestorben sei. Es war sinnlos und unbegreiflich, es war drei Monate nach dem Krieg, und er sollte entlassen werden. Es hat mehr als fünfzehn Jahre gedauert, bis ich eine Parallele ziehen konnte und verstand, daß mehr russische Mädchen auf ihre Brüder gewartet haben, die nicht aus Deutschland zurückkamen. Und als Adenauer uns wiederbewaffnete, dachte ich an meinen sehr intelligenten und klaren Bruder.

Am meisten geschämt habe ich mich beim Wiederlesen meines Tagebuchs über einen Eintrag, der vielleicht am deutlichsten macht, wie tief die Beschädigung selbst eines in mancher Hinsicht privilegierten Menschen, wie ich es war, ging.

1. November 1945

Neulich erfuhr ich durch Zufall: Papi ist Vierteljude, politisch verfolgt. Ich war entsetzt zuerst, es machte mir so Minderwertigkeitsgefühle, ich bin doch zu »naziverseucht« und sehe im Nichtarischen das Unreine, Mindere. Ich denke so oft – zum Beispiel wenn Germaine so lieb zu mir ist – wenn sie das wüßte! Sicher wäre sie sehr enttäuscht. Ach, das ist ja Unsinn! Sie könnte sich darüber hinwegsetzen. Es ist ja auch nur ein Achtel.

Natürlich ist dieses Gefühl später einmal in eine Art Stolz umgeschlagen. Ich habe gründlich umgelernt und fast zehn Jahre meines jungen Erwachsenenseins mit der Frage meiner Generation zugebracht: Wie konnte das geschehen? Ich wollte es sehr genau wissen, wann, wo, auf welche Weise, von wem Juden ermordet wurden. Wenn ich heute einen Menschen meiner Generation und Bildungsschicht treffe, der nicht weiß, was Zyklon B (das in Auschwitz verwandte Gas) ist, so werde ich unruhig. Ich habe versucht, eine Theologie nach Auschwitz – und nicht vor oder jenseits von diesem Ereignis – zu entwickeln. Ich möchte keinen Satz schreiben, in dem nicht das Wissen von dieser in der Tat größten Katastrophe meines Volkes gegenwärtig ist oder gegenwärtig gemacht werden kann.

Wie bin ich zu dieser Position gekommen? Alles, was ich an politischer Aufklärung erfuhr, was mich aus dem trüben Nebel eines tragisch-irrationalistischen Deutschtums langsam herausführte, kam nicht aus den Institutionen wie Kirche, Schule oder Parteien. Ich lernte aus meinem Elternhaus, von Augenzeugen, wiederkehrenden Emigranten, Flüchtlingen, Überlebenden. Ich las Eugen Kogon, ›Der SS-Staat‹, bald nach seinem Erscheinen, und langsam lichtete sich das Dunkel einer deutschen, romantischen, bildungsbürgerlichen Jugend.

In dieser geistigen Auseinandersetzung sind noch zwei wesentliche Kräfte zu benennen. Das eine ist die Existenzphilosophie. Noch am Ende des Krieges hatte mein Bruder Thomas mir von einem Philosophen erzählt, der das Dasein als Geworfensein beschrieb. Später notierte ich »Dasein ist das Hineingehaltensein in das Nichts« und versuchte einen Halt in diesem Zettel, der lange Jahre auf meinem Schreibtisch lag, zu finden.

Silvester 1946

So geht dieses Jahr zu Ende, und doch weiß und erhoffe ich weder Trost noch Hilfe von dem Kommenden. Wir sind noch nicht in der letzten Tiefe des Abgrunds. Vergraben in meine Bücher, Kleist und die Geschichte der Griechen, schaue ich zuweilen auf und horche: daß die Kriegsgefangenen nicht heimkehren dürfen, daß die Saar nicht mehr deutsch ist, daß die Demontage fortschreitet. ...

Ich gehe meinen Weg weiter, ohne Hoffnung, mit wenig Glauben, etwas müde. Nur die Forderung nach Haltung bleibt immer, alle Tapferkeit ist nötig in unserm »Geworfensein«. ...

Im Frühjahr 1948 hörte ich einen Vortrag über Jean Paul Sartre, der mich ungeheuer faszinierte. Die Unterscheidung von in sich ruhendem »en-soi« und über sich hinausdrängendem »pour soi« und natürlich die Sartreschen Dramen ließen mich einen Weg aus der Heideggerschen Sackgasse ahnen.

März 1948

Wie ist doch alles täglich anders!

»Siehe ich mache alles neu!«

Auf meinem Tisch liegt das Griechische Testament neben Jean Paul Sartres Fliegen. Was ist das Unheimliches, Tolles, Hohes, Tiefes, Gewaltiges, Großes? Ich höre mit Lore einen Vortrag über Sartre. »Die Freiheit hat mich getroffen wie ein Blitz! Ich bin meine Freiheit!« Es ist nichts einfacher dadurch, aber alles gewußter, klarer. Dann folgt eine große Unterredung mit B., il maestro. Und er »zerstört mich am Boden«, macht mich völlig fertig. »Und wenn Ihr Verstand davon überzeugt ist, Ihr Herz ist nicht angesprochen! Man kann nichts beweisen, das weiß man in sich, untrüglich! Ich stelle mich hinter Bach und Beethoven, und das ist ein anderer Bezirk als der Sartres.« Ach, welcher Weg ist mein Weg? Bei Platon fand ich: Leben wie auf einem Berg.

Das war eine Auseinandersetzung mit einem deutschen Irrationalisten, der ein großer Musiker war. Auch sie fand im Raum einer geistigen Innenwelt statt, immer noch wenig berührt von politischen Entscheidungen, die in diesen Jahren fielen. Die Trümmer in meiner Stadt, Köln, waren noch nicht weggeräumt und die in meiner geistigen Landschaft, Deutschland, diesem Wintermärchen, erst recht nicht. Was da von jenseits des Rheins hereinwehte, traf mich in der Tat wie ein Blitz. Langsam lichtete sich der Nihilismus, der so stolz auf seine Tiefe und Unversöhnlichkeit war.

Die Zeit von 1945 bis 1949, das Jahr, in dem ich Abitur machte, kommt mir nachträglich wie ein anfangloses Dunkel vor. Niemand hatte mir geholfen, die deutsche Katastrophe als die deutsche Befreiung zu begreifen. Im Zusammenbruch war nicht nur das Dritte Reich zusammengestürzt, sondern auch die Welt, die es nicht aufhalten oder hindern konnte, die Welt des deutschen Bürgertums. Es schien mir zunehmend unmöglich, dort wiederanzuknüpfen, wo meine Eltern vor 1933 gewesen waren: im liberalen Bürgertum.

Mein Verhältnis zum Christentum war kritisch-liberal und auf eine mir völlig unbewußte Art von den Nazis beschädigt. Ich respektierte die Kirche zwar, insofern sie die Formen des Widerspruchs gewagt hatte; das Wort *Widerstand* schien mir zu groß, Bonhoeffer war mir damals noch unbekannt. Im übrigen aber, in seiner Substanz schien mir der Glaube ein unerlaubter Ausweg aus dem auszuhaltenden Dunkel.

Die Christen waren feige und unfähig, dem Nihilismus ins Gesicht zu sehen. Ich hatte eine vulgär-nietzscheanische Verachtung für das Christentum.

Am Abend vor meinem 18. Geburtstag (1947)
B. sitzt am Flügel und spielt das Adagio der Pathétique. Immer wieder zeigt er den Weg, weist hin, schafft Raum. Und doch ist er Christ, flieht irgendwo, wird blaß. Ich bin manchmal so allein. Ich möchte, daß der Mensch kommt, der eine, der alle diese ist.

Die Begegnung mit der katholischen Reaktion, jener rheinisch-triumphierenden katholischen Dümmlichkeit, die sich in meiner Mädchenschule breitmachte, gab mir den Rest. Unser Religionsunterricht war so unmöglich, daß meine besten Freundinnen, eine Klasse über mir, geschlossen austraten. Ich brachte es nicht fertig, ihrem Boykott zu folgen, weil ich immer noch mehr wissen wollte. Vor allem über Jesus, den Gefolterten, der nicht Nihilist wurde.

Aber noch überwog meine bürgerlich-liberale Arroganz, ich sah wirklich nicht ein, daß man an die Jungfrauengeburt glauben mußte, um die Bergpredigt zu verstehen. Eine neue Religionslehrerin erscheint in meinem Tagebuch unter der Formel: »ein Mensch trat auf, ein Christ, aber doch ein Mensch«. Es war unerhört! Dieser Christ-aber-Mensch las mit uns Heidegger und führte uns ein in ein Verständnis des Christentums, das dem der katholischen Restauration Adenauers diametral entgegengesetzt war. Ich erinnere mich, daß ich Goethes Iphigenie gegen das Menschenbild des Paulus im Römerbrief verteidigte.

9. Juni 1948

Und »Seien sie doch Iphigenie!« war kein Spott, sondern eine Fahne. Sie sagte nicht: »Versuchen Sie zu glauben, anders geht es nicht, sondern: Gehen Sie Ihren Weg, verwirklichen Sie Ihre Idee vom Adel des Menschseins.«

Der einzige Sinn des Lebens ist die Liebe. Alles andere zerfällt, zerflattert, ist nichtig. Nichts bleibt. Wenn es einen Sinn gibt, dann ist es dieser. Es kommt nur darauf an, ihn zu leben: Iphigenie zu sein.

Wirklich? Sind wir nicht immer, alle, »draußen vor der Tür?« Da schlägt man wie ein Irrsinniger gegen die Tür, aber sie ist zu. Es gibt keine Antwort. Es ist etwas anderes, ob man unter einem Dach steht oder mitten im Regen, im Wind, ob man vertraut oder ob man Angst hat, ob man weiß oder weglos ist.

Ich habe diese Weglosigkeit damals metaphysisch formuliert; daß die Weichen für mein Land damals bereits gestellt waren – gegen einen wirklichen Neuanfang in Neutralität und Unabhängigkeit –, das war mir nicht bewußt. 1949 begann ich klassische Philologie zu studieren, immer noch im Bannkreis der Kultur, die mich so fasziniert hatte. Ich fand dort, im Studium, nicht mehr, als die bürgerliche Klasse zu bieten hatte. Das war zum Leben zu wenig. Der Nihilismus jener Jahre hatte mich hungriger gemacht. Aus einer Krise erwachend fing ich endlich an, eine andere Form des Lebens zu suchen. Ich studierte Theologie, um »die Wahrheit herauszubekommen«. Man hatte sie mir lang genug vorenthalten. Langsam nistete sich ein radikales Christentum in mir ein.

Der existenzielle Nihilismus war kein Ort zum Bleiben und Wohnen. Manche vergaßen ihn oder richteten sich in der entstehenden Wohlstandsgesellschaft ein; es machte ihnen wenig, daß der Wohlstand mit der Remilitarisierung unseres Landes bezahlt wurde. Die Zeit für Reue, die Zeit für Umkehr verstrich umsonst. Ich versuchte, den »Sprung«, wie Kierkegaard es nannte, zu wagen, in die Leidenschaft für das Unbedingte, in das Reich Gottes. Ich fing damals an, Christ zu werden.

Günter Gaus
Fragmentarisches zu einem Plakat

Dem ersten Plakat, das im Frühsommer 1945 an einer Hauswand hing, habe ich sogleich geglaubt. Es war auf schlechtem Papier gedruckt und zeigte Opfer des Nationalsozialismus aus deutschen Konzentrationslagern. Ich weiß heute nicht mehr, ob eine oder zwei Photographien auf dem Plakat abgebildet waren. Seither habe ich zu viele solcher Bilder in Büchern und Filmen gesehen; nicht unbedingt zu viele für die gewissenhafte, wohl aber für die konkrete einzelne Erinnerung. Falls auf dem Plakat zwei Photos waren, so bildete eines einen Berg von Leichen ab, Tote, für die die Niederlage des Deutschen Reichs zu spät gekommen war, und das andere zeigte ausgemergelte, befreite Häftlinge, bei deren Anblick man nicht sicher sein konnte, ob sich die Tore des Lagers noch früh genug für sie geöffnet hatten. Ein Bild, zwei Bilder: Sicher weiß ich, daß ich sogleich geglaubt habe, was mir mitgeteilt wurde.

Die Plakate hingen in Braunschweig, meiner Geburtsstadt. Ich war damals fünfzehneinhalb Jahre alt. Mit den Erwachsenen sprach ich nicht über die Bilder. Eine Krankenschwester, wenig älter als zwanzig, deren Verlobter im Osten vermißt war, verbrachte viel Zeit mit mir. Ich rechnete sie nicht zu den Erwachsenen. Sie nannte die Plakate »eine schmähliche Lüge«. Ein Streit deswegen endete mit Tränen. Ich scheute künftig Gespräche mit ihr über Themen, die sie »politisch« nannte und in denen sie verlangte, dem »treu zu bleiben«, was bis vor kurzem gegolten hatte. Ich erinnere mich an ein Gefühl, das sie in diesem Zusammenhang in mir weckte: ein *unbehagliches Verständnis;* eine Ahnung, daß Aufgeschlossenheit gegenüber dem Neuen – mit seinen Bildern, Argumenten, Anklagen, Einladungen, anders zu sein als bisher – für sie unerträglich sein würde.

Ich vermute, ich war damals für einige Zeit sehr duldsam. Die hitzigen Debatten, das Bedürfnis, zu überzeugen, entwickelten sich erst ein paar Monate später, als die

Schule wieder begonnen hatte, Parteien sich versammelten, das Theater mit Thornton Wilders ›Kleiner Stadt‹, Lessings ›Nathan‹ und Sartres ›Fliegen‹ in mein Leben eingriff. Zunächst einmal war ich – im Frühjahr, im Sommer 1945 – nur erleichtert, glücklich, weil ich deutlich empfand, in ganz und gar anderen Umständen zu leben als in den letzten Monaten des jüngst vergangenen Krieges: im Frieden zu leben. Ich hatte oft Angst bei Bombenangriffen gehabt.

An anderer Stelle habe ich einmal aufgeschrieben, wodurch sich das Bewußtsein von totaler Veränderung damals für mich konkretisiert hatte: Kurz vor Kriegsende war ich noch für ein paar Tage in den sogenannten Volkssturm eingereiht worden. Mit einem Schulfreund gelangte ich im April in zwei Nachtmärschen nach Braunschweig zurück, das inzwischen von amerikanischen Truppen besetzt worden war. Am ersten Abend zuhause, als ich ins Bett ging, legte ich gewohnheitsgemäß ab, was Oberbekleidung genannt wird. Die Wäsche darunter behielt ich an; solche begründete Vorsicht sicherte seit langem beim allnächtlichen Fliegeralarm einen nützlichen, notwendigen Zeitgewinn, mit dessen Hilfe man die Chance vergrößerte, früh genug in den Bunker zu gelangen. Meine Mutter kam ins Zimmer. »Nein«, sagte sie, »du kannst alles ausziehen, du kannst die Nacht durchschlafen. Wir haben Frieden.« Die Flugzeuge, die in dieser Nacht über uns hinweg nach Berlin flogen, waren also jetzt unsere geworden. So privat, so konkret war der Wandel des Gewohnten für mich gewesen. Das Wetter übrigens, auch daran erinnere ich mich, war 1945 bei uns so herzerhebend schön, wie man es sich nur wünschen kann. Es waren ein Frühling und ein Sommer von größter natürlicher Pracht.

Die Krankenschwester erzählte mir oft vom letzten Heimaturlaub ihres Verlobten im Jahre 1944, dem wenige Wochen später die Nachricht folgte, der junge Mann werde seit den Kämpfen da und da vermißt. Er ist niemals zurückgekehrt; aber daß er nur vermißt war, blieb noch für viele Jahre die Hoffnung seiner Eltern, für einige Zeit auch die seiner Verlobten. Noch Ende der fünfziger Jahre weigerten sich sein Vater und seine

Mutter, Nachbarn meiner Eltern, für längere Zeit, für einen ganzen Tag gemeinsam aus dem Haus zu gehen, damit jemand da wäre, wenn der Sohn vor der Tür stände und klingelte. Ich hatte den Leutnant gekannt, bewundert. Meine Ängste im Luftschutzkeller waren von meinem Neid auf seinen Altersvorsprung, auf seine Uniform mit den roten Paspelierungen als Artillerist, auf seine Erfahrungen vollständig getrennt. Auch neidete ich ihm vor allem seine Möglichkeit, sich wehren zu können, indes wir im Keller, im Bunker hilflose Objekte waren.

Der Leutnant, so erzählte die Krankenschwester, hatte seine Eltern über die Dauer seines Urlaubs getäuscht. Er hatte sich früher als vorgeschrieben von ihnen verabschiedet – kommt nicht mit auf den Bahnhof, ich mag das nicht –, um den verbliebenen Tag, die letzte Nacht allein mit ihr zu verbringen. Seit er als vermißt gemeldet worden war, hatten seine Eltern die junge Frau in ihre Wohnung aufgenommen. Beim Warten auf den Sohn sollte ihnen eine Schwiegertochter helfen. Das Verlöbnis galt den Alten nun wie eine Heirat; sie wachten auch, so gut und so lange es ging, über den Anspruch ihres Sohnes auf die Treue seiner Frau.

Davon also erzählte sie mir: vom Heimaturlaub ihres Verlobten im vorigen Jahr, von seiner letzten Nacht – in Andeutungen von schüchterner Lüsternheit. Und vor allem berichtete sie, manchmal schwer atmend wie nach einem unterdrückten Streit, von den Gesprächen der Eltern, in denen diese immer noch einmal die letzten gemeinsamen Tage mit dem Sohn rekapitulierten; wo man gewesen war, was er getan, wie es ihm geschmeckt hatte. Die junge Frau saß dabei, wenn die alten Leute – alt? Sie waren so alt, wie ich jetzt bin – die noch ganz nahe Erinnerung wiederbelebten. Sie wurde aufgefordert, die eigenen Erinnerungen hinzuzufügen; Zeugin zu sein für Unternehmungen, Ausflüge, Nachmittage, bei denen man zu viert gewesen war, die Eltern, der Sohn, die Verlobte: War es nicht so verlaufen, hatte er nicht das gesagt? Die peinlichste Genauigkeit, die redlichste Rechenschaft über jede unwiederbringliche Stunde wurden gesucht. Sie nahm teil daran, selber begierig auf jeden Hauch von Wiederbelebung – und erstickte doch fast an ihrer Geheimhaltung: daß der Abschied des Sohnes von den Eltern vorzeitig gewesen war, daß noch aus vierundzwanzig Stunden mehr ein gemeinsamer Erinnerungsschatz aufgehäuft werden könnte, bevor seine Spur sich in der Benachrichtigung verlor, er werde vermißt.

Die Unschlüssigkeit, ob Schweigen oder Bekennen mehr Glück oder Unglück für die Eltern bedeuten würde, versiegelte der Frau den Mund. Sie litt daran bis an die Grenze der Hysterie, von welchem Gemütszustand aus sie dann, nachdem sie mir von immer den selben Gesprächen erzählt hatte, in die Andeutungen über die letzte, verschwiegene Urlaubsnacht hinüberglitt; manchmal schlüpfrig, auch auf meine Reaktionen gemünzt, aber im Grunde doch eine trotzige Selbstbefriedigung. Was sie sagte, wie sie es sagte, erweckte in mir ein unbehagliches Verständnis; die Ahnung, daß sie in einem geschlossenen Kreis lebte, in dem das, was bisher allgemein gegolten hatte, vielleicht nur noch ein Lippenbekenntnis war, in dem aber das Neue, das mich anzog, für sie Haltlosigkeit bedeutet hätte.

Einmal kam ich dazu, als die Verlobte und die Mutter des Vermißten einen Pendler zu sich in die Wohnung bestellt hatten; der Vater durfte nichts davon wissen. Solche Pendler habe ich noch zweimal getroffen, bei einer Tante, die auf ihren Sohn, und einer Kusine, die auf ihren Mann wartete. Es war seinerzeit, bis in die Jahre 1947/48 hinein, eine viel begehrte Dienstleistung, was der Pendler, die Pendlerin gegen Naturallohn (Lebensmittel, Zigaretten, Kleidung, Schuhe) anboten. Die Namen und Adressen dieser kundigen Personen wurden unter der interessierten Klientel ausgetauscht. Besonders gefragt waren Pendler, von denen glaubhaft, mit Beispielen, behauptet werden konnte, sie hätten recht behalten. Was sie taten, war dies: An einem dünnen Faden hängten sie einen Ring der Mutter oder Ehefrau, der Verlobten oder Schwester des Mannes auf, dessen Leben oder Tod fraglich waren. Zwischen Daumen und Zeigefinger der linken Hand ließen sie den Ring am Faden über einer Photographie des Vermißten pendeln.

Aus dem Pendelschlag des Rings weissagten sie: Er lebt, er wird zurückkommen. Als ich den Pendler bei meiner Tante sah, hatte ich vorher im Nebenzimmer meinen Onkel aufgesucht. »Sie ist verrückt, deine Tante«, sagte er. »Wie kann sie sich auf solchen Unsinn einlassen? Ich mache das nicht mit.« Mürrisch händigte er dem Pendler nach dem Orakelspruch eine Büchse Schweineschmalz aus. Dann ging er zu seiner Frau: »Was hat er gesagt? Was ist mit Ottchen, lebt er?«

In Braunschweig mußten Plakate an die Häuserwände geklebt werden. In anderen deutschen Städten, in deren Nähe größere Konzentrationslager gewesen waren, wurden die Einwohner von Soldaten der Siegermächte zur direkten Augenscheinnahme in die Lager geführt. So erzählte man es jedenfalls im Sommer 1945. Viele meinten, das sei grausam. Zwar funktionierte die Post nicht, aber man erhielt doch allerlei Meldungen aus dem Reich. Ununterbrochen kamen Menschen vorbei, manche mit Fahrrädern, andere mit Handkarren, einige mit Pferdewagen. Sie brachten Nachrichten, fragten nach Adressen, nach Unterkunft, mischten sich – etwas später im Jahr, als der Schwarze Markt fest etabliert war – für ein paar Tage in den Handel mit Sachwerten ein, zogen wieder weiter. Bis zum Frühjahr 1946, ein Jahr nach Kriegsende, hatten sich mittels dieser wandernden Boten bereits ziemlich klare Vorstellungen über die Zustände in den Resten Deutschlands herausgebildet; Volks-Erfahrungen unterhalb der normalen Berichterstattung in den neuen Zeitungen. Danach war es in der amerikanischen Besatzungszone am besten; bei den Engländern, denen wir gehörten, ging es einigermaßen korrekt zu; die Franzosen waren scharfe Hunde und holzten den Schwarzwald ab. Von der vierten Besatzungsmacht wurde überwiegend im Singular gesprochen: der Russe. Vom Russen trennte uns die grüne Grenze, die in Braunschweig nahe genug war, um Einzelheiten von ihr zu kennen: wo es Führer gab, die kleine Gruppen nachts hinüber- oder herüberbrachten; was ein sicheres Geleit kostete.

Die Braunschweiger also konnten in kein Lager geführt werden. In der Nähe der Stadt hatte es nur ein kleineres sogenanntes Arbeitslager gegeben; etwa fünfundzwanzig Kilometer entfernt, bei den Reichswerken »Hermann Göring« in Salzgitter. Von dieser Strafeinrichtung hatte ich allerdings schon vor Kriegsende ein paarmal gehört. Darüber wurde durchaus gesprochen. Es hieß dann: »Paß auf, daß du nicht nach L 21 kommst.« Das war als Scherz gemeint; dann etwa, wenn die Erwachsenen bis spät in die Nacht zusammensaßen, tranken und einer zum anderen sagte: »Wenn du morgen früh nicht aus dem Bett findest und zu spät bei der Arbeit bist, dann paß auf, daß du nicht nach L 21 kommst.« (Ich durfte öfter dabei sitzen, weil ohnehin bald Fliegeralarm gegeben werden würde oder weil ich mich später am Abend mit Mitschülern als Brandwache in einer Schule oder einem Verwaltungsgebäude einzufinden hatte.) Das Lager L 21 wurde allgemein als ein Institut zur Aufrechterhaltung von Arbeitsdisziplin verstanden. War die Rede davon, dann wurde gewöhnlich unterstellt, man komme dort für sechs Wochen hin und werde dann wieder entlassen – diszipliniert, gebessert. Ob das stimmte, weiß ich nicht. Einmal hörte ich einen sagen, als der »Paß auf«-Witz gemacht wurde: »Da wird geschlagen.«

Wieso habe ich dem Plakat sogleich geglaubt? Die Antwort, die damals halbwüchsigen Deutschen seien von Kindesbeinen an zum blinden Glauben erzogen worden und so sei ich eben von einem Inhalt zum anderen hinübergewechselt, unverändert gläubig – diese Antwort liegt nahe, aber sie ist, wie ich jedenfalls von mir weiß, falsch. Zwar hatte ich mir noch bis peinlich kurz vor dem Ende nicht vorstellen können, daß Deutschland den Krieg verliert. Die Ardennen-Offensive Ende 1944 schien mir zu bestätigen, daß schließlich doch, trotz aller feindlichen Übermacht, die deutschen Soldaten als die besseren siegen würden. Ich weiß, daß ich damals zum ersten Mal auf kriegswichtige Wirtschaftsfragen aufmerksam wurde, als ein Klassenkamerad zum erfolgreichen deutschen Vorstoß aus den Ardennen heraus sagte: »Und was machen wir, wenn demnächst der Russe das oberschlesische Industrierevier erobert?« Ich vermute heute, ich war in einer merkwürdigen Mischung sowohl frühreif, soweit der Krieg unmittelbar auf mich einwirkte, als auch kindlich, was Zusammenhänge betraf. Aber ich sammelte seinerzeit eine Fülle von Eindrücken über Auge und Ohr, die immer noch von unverblaßter Bewußtseinsdeutlichkeit sind. Ohne es zu wissen, war ich ein unermüdlicher Sammler vieler loser Fäden, aus denen erst allmählich, später, ein Muster geknüpft wurde. Zwar war ich also naiv, aber ich war nicht blind und taub.

Ich war im Grunde – trotz Jungvolk und Marine-HJ – bis zum Kriegsende unpolitisch aufgewachsen. Meine Eltern waren keine Nazis; aber ihre Haltung war eher von Gleichgültigkeit bestimmt, nie von artikulierter Ablehnung. Gespräche am Abendbrottisch über den Kriegsverlauf hatten wenig mit Siegen und Rückschlägen zu tun, sondern waren fast immer nur ein bedrückter Austausch der Eltern darüber, daß dieser Verwandte und jener Bekannte da und dort an der Front waren. Nur zweimal gab mein Vater seine politische Zurückhaltung, die seiner Natur entsprach, mir gegenüber auf: Er weckte mich früh an jenem Sonntagmorgen im Juni 1941, an dem wir Deutschen in die Sowjetunion eingefallen waren. Er hatte das Bedürfnis, mir etwas zu sagen. »Jetzt geht der Krieg verloren«, sagte er.

Das andere Mal waren wir zu Fuß unterwegs von einer Bahnstation nahe Braunschweig nach dem Heimatdorf meines Vaters. Ich war wohl zwölf Jahre alt. Irgend etwas, was man meinen Kameraden und mir an einem sogenannten Heimabend bei den Pimpfen vorgetragen hatte, veranlaßte mich, das Wohlergehen, die Chancen der Jugend unter dem Nationalsozialismus im Vergleich zu denen in einer Demokratie, in der Weimarer Republik zu rühmen. Was ich da nachplapperte, muß aus meinem Munde ebenso albern wie unschuldig gewesen sein. Aber für meinen Vater, eine Seele von Mann, war es wohl doch unerträglich. Er legte seine Hand auf meine Schulter, wir blieben stehen, er gab mir eine Ohrfeige. Nur ein einziges Mal vorher, Jahre vorher, hatte er mir, weil ich meine Mutter mit einer Mutprobe erschreckt hatte, ein paar Schläge auf den Hosenboden gegeben. Er erklärte die Ohrfeige mit keinem Wort; ich mochte nicht fragen. Wir gingen stumm weiter.

Das Plakat also; und meine Aufgeschlossenheit für seine bebilderte Nachricht von einer schwer zu glaubenden, schier unglaublichen Barbarei. Ich werde nicht bündig erklären können, warum ich sogleich überzeugt war, daß wir barbarisch gewesen sind. Aber ich erinnere mich – und erinnerte mich frischer noch damals, im Frühsommer 1945, als die Plakate an den Häuserwänden hingen – an einige Geschichten kurz vor Kriegsende, die sich mir nun als Hinweise entpuppten. Zwei davon erzähle ich. So war ich einmal in der Stadt unterwegs und wurde von einem Fliegeralarm überrascht, dem bald auch die zehn Pfiffe aus einer Lokomotive folgten; die Aufforderung an die Eisenbahner auf dem Gelände des Güterbahnhofs, jetzt schnell ihre Unterstände und Schutzräume aufzusuchen, weil klar erkannt war, daß die Flugzeuge Braunschweig als Angriffsziel hatten.

Ich mache hier eine Einfügung: Nach den Pfiffen dauerte es in der Regel nur noch wenige Minuten, bis die ersten Bomben fielen. Wer – wie wir – auf der Ostseite der Stadt wohnte, wo der Güterbahnhof lag, hörte und verstand dieses Signal. Und auch das müßte ja genauer beschrieben werden: die Ruhe, die sich in allen Straßen ausbreitete, wenn am Tag Alarm gegeben worden war und man abwartend vor den Haustüren oder den Eingängen der öffentlichen Bunker stand. Bis die Flugzeuge zu hören waren, war es sehr still. So still ist es heute kaum noch um drei Uhr morgens, wie es am hellen Mittag in einer Stadt ist, in der die Menschen auf ihr mögliches nahes Ende warten. Vor dem Lärmwirbel – aus dem Dröhnen der herangekommenen Flugzeuge, dem Heulen der Bomben kurz vor dem Aufschlag, dem scharfen Krachen der Detonationen, dem Prasseln des Feuers, den gellenden Rufen über verschüttete Straßen hinweg – lag immer die fast lautlose Ruhe der Erstarrung. Auch sie gehörte zum Luftkrieg.

Nur halblaut, so jedenfalls meine Erinnerung, sprachen die Leute vor den Türen in der Spanne Zeit, bevor das Motorensummen der Flieger von ferne die Stille beendete. Die Ruhe wirkte tagsüber tiefer als nachts, weil sie widernatürlich zu sein schien. Dies alles galt, wie man versteht, nur für den Fall, daß zwischen Alarm und der Ankunft der Flugzeuge einige Zeit lag, in der die Ruhe sich vernehmlich machen konnte. Lastende Stille. Und welche Ruhe des Glücks, wenn die Lokomotive nicht gepfiffen hatte, die Armada am Himmel vorübergezogen, ihr Dröhnen verklungen war – und sich einer anderen, für diesmal bestimmten Stadt näherte. Die geschenkte Zeit bis zur Entwarnung, in der die verschonte Stadt ganz ruhig blieb. Das Stehen in der Sonne vor der Bunkertür.

Je härter der Luftkrieg wurde, um so mehr mußte das Alarmsystem verfeinert werden, damit das Leben weitergehen konnte. Vor den Alarm wurde der Voralarm gesetzt. Dann konnten beispielsweise wir Schüler, soweit wir an dem Tag Brandwache hatten, in die öffentlichen Gebäude eilen, die wir schützen sollten. Hinter dem Alarm dienten als letzte Warnung die Lokomotivenpfiffe; sie besagten, daß die Flugzeuge nicht vorbeifliegen, sondern die Stadt in aller Kürze bombardieren würden. Erst jetzt durften die Eisenbahner auf dem Güterbahnhof ihre Arbeit einstellen, denn die Kriegswirtschaft konnte es sich nicht leisten, daß schon bei gewöhnlichem Alarm die Räder stillstanden: »Räder müssen rollen für den Sieg« war auf die Lokomotiven geschrieben.

Als ich damals vom Alarm überrascht wurde und die Pfiffe hörte, lief ich zu einem nahegelegenen, fremden Hochbunker. Bevor ich die Fluchtburg erreichte, mußte ich noch unter einer Eisenbahnbrücke hindurchlaufen, gleich rechts hinter ihr ragte der Bunker auf. Unter der Brücke standen sie, ich lief an ihnen vorüber: etwa zwanzig Männer mit Schaufeln und Spitzhacken, in Jacken und Hosen aus Drillich gekleidet, so staubig das flattrige, dünne Tuch, daß sein Streifenmuster kaum noch zu erkennen war, schirmlose runde Mützen (»Krätzchen«) auf den Köpfen. Sie durften sich, das erfaßte ich, während des Alarms unter die Brücke flüchten – in die Nähe des Bunkers, in dem ihr Bewacher seine Zuflucht nahm. Ich sah ihn dort vor der Tür. Er war ein dicker Mann, wohl älter als fünfzig, nach meiner Erinnerung in einer hell-grünlichen Polizistenuniform. Auf einen langläufigen, damals schon altmodischen Karabiner K 98 stützte er sich wie auf einen Spazierstock. An die Betonwand des Bunkers hatte er ein Fahrrad gelehnt. Er nahm es mit, als die ersten Bomben fielen und wir paar Dreisten den – grundsätzlich verbotenen – Platz vor der Tür schleunigst räumten und nach innen, in die Burg, drängten. Der Angriff war leicht, eher nur ein Scharmützel, und berührte den Stadtteil, in dem wir im Bunker saßen, nicht.

Daß die Männer im gestreiften Drillich nicht in den Bunker durften, daß sie ihren Schutz nur unter einer Brücke suchen konnten, die – ein modernes Tonnengewölbe aus Ziegelsteinen, ohne Pfeiler und Streben – nach der Detonationswelle einer Luftmine geradezu rief: Dieser Unterschied in der Überlebenschance zwischen den Männern und beispielsweise mir machte mich damals nicht stutzig. Es war Krieg. Man kam selber nicht immer früh genug in einen halbwegs sicheren Schutz, bevor das Bombardement begann.

Was mich verstörte, geschah nach der Entwarnung. Einige Leute standen noch unschlüssig vor dem Bunker, als wollten sie diesen schönsten Augenblick jedes Tages verlängern: Genau jetzt lag der nächste Alarm in der weitesten Ferne, in einer Stunde war er schon um eine Stunde nähergerückt. Da kam einer der Männer, die unter der Brücke gewartet hatten, zu seinem Bewacher, der auch noch vor der Bunkertür verweilte. Ich schnappte auf: Einer von denen im gestreiften Drillich hatte während des Alarms die Gruppe verlassen, er war nicht zurückgekommen, er war geflohen. Der Polizist hängte den Karabiner am Riemen schräg über seinen Rücken und setzte sich auf das Fahrrad. Er war offenkundig überrascht, weil selten einer zu entkommen versuchte; aber er schien keineswegs beunruhigt zu sein. Ich weiß, daß ich nicht beschreiben kann, was mich am folgenden verstörte. Bevor der Polizist losfuhr, sagte er: »Den haben wir bald wieder. Der wird sich wundern.« Er sagte nicht: »Den schieß' ich tot« oder »Den mache ich kalt« oder »Der wird nicht alt«. Nichts dergleichen. Der dicke Mann sah komisch aus mit dem Karabiner, dessen Riemen über der Brust spannte. Der Uniformrock klaffte über dem Gesäß auf dem Fahrradsattel auseinander. Ich muß es altmodisch ausdrücken: mich schauderte plötzlich. Soweit ich es in Worte fassen kann: Der Tonfall der beiden – inhaltlich doch harmlosen – Sätze, die ganz satte, ganz runde, ganz genießerische Befriedigung, die in ihm mitschwang und die ausdrückte, demnächst ist mir ein Mensch ausgeliefert – dies im Kontrast zu dem komischen Bild, das der dicke Bewacher bot, hat mir damals wohl eine Ahnung von Barbarei unter einer täuschenden Außenhaut vermittelt.

Die zweite Geschichte: In den Januar- oder Februartagen 1945 war ich mit anderen aus meiner Schulklasse eine Woche lang zu einem sogenannten Wehrertüchtigungslager einberufen worden. Für diese Zeit wurden wir einquartiert in einer Kaserne am Stadtrand. Wir erlernten den Umgang mit Handfeuerwaffen und Panzerfäusten. Auf unserer Stube, wie man den Schlafsaal in Kasernen nennt, war nur ein Junge, der nicht, wie wir anderen, zur Oberschule ging. Er war Schlosserlehrling. Wir fürchteten uns vor ihm. Er war stärker als wir und drohte uns Prügel an; zum Beispiel, wenn er nicht verstand, worüber wir lachten. Er wirkte selbstsicher. Sein Haar trug er viel länger, als seinerzeit statthaft war. Es war die Haartracht jener Halbwüchsigen, die einen weißen Seidenschal um den Hals banden, sich dann und wann mit geballter Faust grüßten und deretwegen höhere HJ-Führer zu zweit, zu dritt durch die Straßen patrouillierten. Edelweiß-Piraten. In anderen Städten, so wurde geraunt, sollte es mehr von ihnen geben.

Am zweiten Tag unserer Wehrertüchtigung musterte der Unteroffizier, der uns ausbildete, unsere Köpfe. Einige von uns, darunter der Lehrling aus unserer Stube, wurden zum Friseur kommandiert: »Euch muß erst einmal ein militärischer Haarschnitt verpaßt werden.« Das geschah in der Mittagspause. Als der Junge danach in unsere Stube zurückkam, legte er sich auf sein Bett. Er sagte nichts, aber wir hörten ihn weinen, lange bitterlich weinen; nicht trotzig, hilflos. Mit den Haaren hatten sie ihm genommen, womit er in seiner Ausdrucksarmut allein sein Abweichlertum artikulieren konnte. Als einige den Weinenden schließlich verspotteten, wehrte er sich nicht; er, den wir noch vor einer Stunde gefürchtet hatten. Ein fünfzehnjähriger Samson.

Dies also die beiden Geschichten, die ich erzählen wollte, da sie zu den zunächst *unmerklichen Hinweisen* gehörten, die mir gegeben wurden.

Nachdem ich dem Plakat, das ich im Frühsommer 1945 gesehen habe, sogleich geglaubt hatte, empfand ich die Welt, wie ich sie wahrnahm, als *einfach und verheißungsvoll.* So, wie ich es hier hingeschrieben habe, kann es nur falsch verstanden werden. Ich bin, ungewohnt für mich, ins Erzählen gekommen. Über dem Erinnern habe ich die Lust verloren, zu reflektieren. Aber wenn es doch sein muß: Natürlich war es faktisch sehr kompliziert mit der einfachen und verheißungsvollen Welt, die ich sah, die ich mir vorstellte. Die Metapher: *einfach und verheißungsvoll* ist selbstverständlich im Rückblick, im Abstand von vierzig Jahren formuliert. Das Muster, das ich mir damals, in den ersten Jahren nach dem Krieg, aus den vielen losen Fäden knüpfte – in der Zeit, die ich ein halbes Leben später in einem Buch 1983 unsere »kurzen Besinnungsjahre« nannte – mochte ich seinerzeit nicht auf Begriffe verengen. Zu groß war die Befürchtung, vom Pathos betrogen zu werden, wenn man sich Begriffen anvertraute. Ich denke heute, daß solche Skepsis das Fundament für den noblen Pragmatismus jener Zeit legte, der später freilich auch zum Opportunismus verkommen konnte. Aber natürlich besaß ich Begriffe, die für mich Absichten bezeichneten, deren Verwirklichung – einfache, verheißungsvolle Welt – mir als gewiß erschien: Frieden und Demokratie und Furchtlosigkeit vor dogmatischen Sündenfällen und Politik für die Schwachen, für Langhaarige sozusagen, und, und, und ... Fast alles hat getrogen; nichts ist so geblieben, wie ich es damals verstand.

Die nachträgliche Summierung *einfach und verheißungsvoll* soll für damals bedeuten, daß die Welt einfach war, weil ohne Deuteln sittlich nur sein konnte, unsere Schuld auf uns zu nehmen; und daß die Welt verheißungsvoll war, weil die Annahme einer solchen Schuld uns nicht niederdrücken, sondern erheben würde, um alles neu zu beginnen, von Null an, gefeit gegen Rückfälle. Dies vor allem: nie wieder die alten Mächte. Wie war die Welt so frisch. Im Abstand fällt mir Franz Werfels Gedichtzeile ein: »Ich bin ein Korso auf besonnten Plätzen.« Im Laufe der Zeit erwies sich dann, daß diese damalige Sicht der Welt nicht in Jahresringen weiterwuchs wie ein Baum und also auch nicht immer stärker wurde, sondern ihrer Art nach einem Damaskus-Erlebnis entsprach, das stetig blasser wird, relativierbar, revidierbar.

Es bleiben viele unerzählte Geschichten aus den Besinnungsjahren. Aber ich breche ab. Zu viele Erwartungen, zu viele Hoffnungen, zu viele Geschichten, die kein Ende oder ein falsches gefunden haben; in welchem Maße, wurde in vielfacher Hinsicht bereits vor Gründung der Bundesrepublik offenkundig. Vielleicht genauer, gewiß jedoch authentischer, als ich es rückblikkend aus der Erinnerung zu rekonstruieren vermöchte, finden sich Vorstellungen und Empfindungen jener Zeit und zumindest eines Teils meiner Generation in einem Schriftstück aufgehoben, das mir schon fast entfallen war. Im Januar 1949 wurde meiner Klasse im Abitur das Thema gestellt: ›Die Geschichte und wir‹. Ich bekam den Aufsatz, den ich damals als Antwort schrieb, erst unlängst wieder zu lesen, als meine alte Schule 1984 ein Jubiläum feierte. Ich gebe den Text hier wieder, nur leicht gekürzt:

> Als wir um zehn Uhr aus dem Theater kamen, war die Geschichte schon geschehen. Maria war aus dem Hause fortgegangen. Ihren neuen grauen Mantel hatte sie angezogen, Kaffeewasser für uns aufgesetzt, und dann hatte sie uns verlassen. Wir saßen im Theater, und sie mußte die Treppe hinuntergegangen sein, die Haustür hinter sich zugezogen haben und durch die Straße gegangen sein. Sicherlich lief sie. Sie verspürte wohl Angst. Aber wegzulaufen, welcher Gedanke? Wir wohnen nicht in einer vornehmen Straße. Marias Weg führte an schlechten Gasthäusern und dunklen Toreinfahrten vorbei. Unsere arme Maria. Unsere schlechte Maria. Bestimmt sah sie der Kriegsver-

letzte, der an diesen hellen Sommertagen bis spät in die Nacht hinein an der Ecke vor dem Gemüseladen bettelte, dann die Else K., der man vorwarf, eine Dirne zu sein. Die stand gleich in der Nähe unseres Hauses, unbeweglich wartete sie jeden Abend. Vielleicht aber auch nur auf ihren Mann aus Rußland. Außer diesen beiden Menschen konnten Maria gesehen haben: Herr M. sowie Fräulein Karin v. H. Sie trafen sich bisweilen vor der Haustür des Herrn M.

Nun wußten wir also, wie es geschehen war. Es, die Geschichte. Maria hatte uns verlassen, der und der und die und die mußten sie gesehen haben in ihrem neuen, grauen Mantel. So war die Geschichte. Und wir, wie waren wir? Mutter hatte inzwischen den Kaffee aufgegossen, das Wasser hatte Maria uns noch hingestellt. Es war gut, diesen Kaffee zu trinken und an Maria zu denken. Mein Vater weinte am Tische. Er hatte Maria nie geschlagen, nie getadelt und nie geliebt. Sie waren gutmütig aneinander vorbeigegangen. Plötzlich sagte Mutter: »Vielleicht hat sie einen Brief zurückgelassen. Maria.«

Wir suchten sogleich. Sooft wir auf ein Teil stießen, das eine Verbindung mit Maria besaß, hielten wir ein. Da hatte Mutter oder Vater oder ich dann ein Wäschestück, ein Buch oder Bild in der Hand, und wir sprachen von ihr. Wir sprachen nicht gut oder schlecht über sie, wir sagten Alltägliches. »Morgens holte sie Milch. Sie kochte Essen. Sie hatte Freunde. In der Schule war sie sehr gut.« Das sagte Mutter, denn sie war stolz auf Maria. Und damit hatte sie recht, schließlich war Maria eine Schreibmaschinenkraft gewesen. Schreibmaschinenkraft, so hieß es in ihrem Betrieb. Ich lachte, als sie es erzählte, mein Vater hatte dunkle Augen vor Schmerz.

Wir suchten also oder erzählten. So verhielten wir uns in dieser Geschichte.

Leider fanden wir keinen Brief von Maria. Ich war sehr müde geworden und legte mich ins Bett.

Lange Zeit, so schien es mir, hörte ich Mutter Geschirr spülen. Bald, überlegte ich, schlägt es zwölf. Dann ist Maria gestern von uns gegangen. Bald würde es vorgestern sein, bald überhaupt nicht mehr wahr ... Natürlich kann ich nicht sagen, was meine Eltern an jenem Abend noch besprachen, ich schlief ja. Aber ich kann es mir gut denken. Mutter wird das Geld gezählt haben, mein Vater lag wohl auf dem Sofa, die Beine hochgezogen und die Augen geschlossen. Dann sagte die Frau: »Es ist eine Geschichte mit Maria.« – »Ja.« Kummer und Gram dieses Gesprächs legten sich auf meinen Schlaf. Als meine lieben Eltern dann in ihre Kammer gingen, schien ihnen der Mond in das Gesicht. Mein Vater, der genau spürte, daß jener sie verlachte, zog die Vorhänge zu und erstickte den Mond darin. Dann zog er sich aus, legte das Bruchband ab und hätte nun schlafen können. Aber Maria war von uns gegangen.

Am Tage darauf kam das Mädchen zurück. Die Geschichte war zu Ende. Ich kann versichern, daß meine Eltern und ich uns fast genau so verhielten wie an allen Tagen. Niemand fragte: warum? Und keiner bemerkte die Unterlassung. Wir fragen nicht; wir verstehen nicht zu fragen, da uns niemand fragt. Wir leben, fraglos leben wir.

Ich unterbreche kurz den Aufsatztext, um zu erklären, daß ich mich im folgenden direkt an unseren Klassenlehrer wende, der mit einem Kollegen die Arbeit zu benoten hatte. Weiter im Aufsatz:

Sie dürfen nicht glauben, ich wüßte nichts über Geschichte, ich kennte nur Geschichten. Dies war keine Verlegenheitsarbeit, es war keine Flucht. Dies sollte eine heilsame Geschichte sein. Hören Sie mir bitte gut zu: ... Wir brauchen eine geschichtslose Zeit als notwendige Schonzeit für unsere Generation. Das ist keine Flucht. Es ist im Gegenteil ein Schritt zu den Quellen zurück ... Geschichte heute? Seien Sie ehrlich: Wir stehen ihr hilflos gegenüber ... Für die meisten Leute, für mich und Sie, gilt, daß sie nur Geschichten machen, wenn man Geschichte mit ihnen macht.

Ende meines Abituraufsatzes vom Januar 1949. Welche Lust damals, mich ganz naiv zu geben und die kleine, private (erfundene) Kummer-Geschichte als die zu verstehen, nach der im Aufsatzthema verlangt worden war. Der Mensch – der Vater, die Mutter, Maria, ihr Bruder – als *Subjekt* der Geschichte. Aber natürlich – natürlich? – waren die einfachen Leute, die meine Helden waren, die Männer und Frauen, niemals die Herren jener Geschichte, die auch Historie genannt wird. Der Ruf in meinem Aufsatz nach einer *geschichtslosen* Zeit war im Grunde schon pessimistisch: Mehr als eine Atempause, in welcher der Mensch zu seinem kleinen Grundrecht auf Leben nach seinem Maß kommen könnte, wurde nicht verlangt. Die Pause blieb kurz. Die allgemeine Gewöhnung der Menschen daran, vor allem Objekt zu sein, sollte sich schnell wieder festigen.

Gerd Fuchs
Der Alp auf dem Hirne der Lebenden

Heute Nacht habe ich wieder Hitler erschossen. Nicht im Traum, sondern davor, wenn die Bilder sich aus ihren Verankerungen zu lösen beginnen und die Zensur schwächer wird. Sehr schnell war ich wach, ohne daß ich doch aufhören konnte, dieses Attentat immer wieder zu planen, auszuführen, zu planen, auszuführen – ein Krampf, der sich erst durch Tee und Zigaretten löste.

Ich hatte lange nicht mehr auf Hitler geschossen. Ich hatte geglaubt, diese Kinderei hätte ich überwunden. Aber am Abend hatte ich den ersten Teil der Fernsehserie ›Der Krieg der Bomber‹ gesehen, ich hatte Filme gesehen, in denen London, Coventry, Hull, Warschau und schließlich Lübeck und Köln brannten, und plötzlich war wieder Frühjahr 1945. Die Feuerstürme waren erloschen, die Himmel wieder leer. Es war Frieden, und ich sah die erste unzerstörte Stadt. Ein ungläubiges Erstaunen befiel mich angesichts dieser seit Jahrhunderten unversehrten Häuser, und ich wußte, daß mich dieses Erstaunen nicht mehr verlassen wird. Ich glaubte dieser Stadt nicht. Sie erschien mir kulissenhaft, lügenhaft, nicht wirklich.

Das heißt: Hinter mir war nichts. Es gab keine Geschichte. Von Frieden hatten wir Dreizehnjährigen weder Erinnerung noch Vorstellung. Längst bevor der Krieg begann, waren in unsere Hirne eingegraben Bilder von Kampf, Tod, Vernichtung, Triumph und Niederwerfung als den Grundmustern des Lebens, waren wir vorprogrammiert auf Krieg als Lebensform, und zwar auf diesen Krieg als den Krieg aller Kriege als einen Zustand, in dem die Unterscheidungen Frieden und Krieg bedeutungslos wurden, das Wort Geschichte seinen Sinn verlor.

Doch auch vor uns war nichts. Es gab nur das, was wir sahen: die versteppten Flächen, die sich im Zentrum der Städte auszubreiten begannen, als die leergeglühten

Ruinen fielen, diese wohltuenden Weiten, auf denen der Wind das aus dem rötlichen Backsteinschutt wuchernde Unkraut peitschte.

Ich habe lange gebraucht, bis ich begriff, daß zum Menschsein Geschichtehaben gehört, und noch einmal lange, bis ich begriff, daß zu meiner Geschichte auch die Geschichte dieser Republik gehört, in der ich plötzlich lebte. Doch da hatten sich von den Rändern der Trümmerflächen her schon Baugerüste herangeschoben. Surreal und absurd standen plötzlich Straßenzeilen in der Weite. Andere Straßenzeilen wuchsen ihnen entgegen, vereinigten sich mit ihnen, begannen die ausgekernten Städte sich mit umbautem Raum zu füllen.

Doch auch diese putzfrischen Fassaden, diese Wohnanlagen, Büroobjekte, Schlichtbauten und Sozialwohnungen werden mir genauso kulissenhaft erscheinen wie jene schönen schwäbischen, seit Jahrhunderten unversehrten Häuser. Diese ganze rasant hochgezogene, zügig installierte, aus Fertigteilen zusammengeknallte Baukasten-Republik wird mir kulissenhaft erscheinen, lügenhaft, nicht wirklich.

Es konnte aber nicht dabei bleiben, daß nach Auschwitz das der deutschen Situation einzig angemessene architektonische Environment das Trümmergrundstück war, die auf einer Ruine wachsende Birke das Maximum an Naturanschauung, ihr Mittelwert jenes aus rötlichem Bauschutt wuchernde Unkraut, das der Wind peitschte, oder die Staubfahnen, die über die Ruinen zogen.

In Alfred Anderschs Roman ›Winterspelt‹ findet sich folgender Dialog:

Käthe (zu Hainstock, dem Kommunisten): Weißt du, ich glaube nicht, daß es in Bezug auf geschichtliche Ereignisse viel Sinn hat, Konditionssätze aufzustellen. Hainstock: Das ist die reaktionärste Ansicht, die ich je gehört habe. Wenn man darauf verzichtet, sich vorzustellen, wie etwas hätte sein können, verzichtet man auf die Vorstellung einer besseren Möglichkeit überhaupt. Dann nimmt man Geschichte hin, wie sie eben kommt. Käthe: Wenn sie gekommen ist, kann man nichts anderes tun, als sie hinnehmen.

Geschichte haben bedeutet aber nicht Bewußtsein von der Abfolge von Ereignissen zu haben, sondern das Mitdenken der jeweils »besseren Möglichkeit«, wie Hainstock sagt. Es wird in diesem Jahr viel von den Möglichkeiten die Rede sein, die in den Jahren zwischen 1945 und 1949 versäumt wurden, und auf der Linken wird man auf die Sozialisierungsparagraphen der Länderverfassungen zeigen. Wie aber hätte nach 1945 die »bessere Möglichkeit« für Deutschland aussehen können?

Hätten die USA, die stärkste Siegermacht des Zweiten Weltkriegs, angesichts der als Weltmacht aus dem Krieg hervorgegangenen Sowjetunion, angesichts der Entstehung der sozialistischen Volksrepubliken, angesichts der Lage in Griechenland, Italien, Frankreich, Persien, China ein sozialistisches Deutschland und damit den Verlust Europas hinnehmen können?

Und wie realistisch war der sowjetische Vorschlag – Rapacki entwickelte ihn später weiter –, ein zwar um die Gebiete jenseits der Oder verkürztes, ansonsten aber ungeteiltes Deutschland als entmilitarisierten Staat zu erhalten? Wie lange hätte ein solches Deutschland den Balanceakt zwischen den Systemen, diesen dritten Weg durchgestanden? Und wie lange hätte die eine oder andere Seite die Nerven gehabt, ihm dabei zuzusehen?

Und vor allem: Wo wären die Köpfe und Herzen gewesen, ein sozialistisches Deutschland aufzubauen oder auch nur die radikaldemokratische Verfassung zu garantieren, die für ein neutrales nötig gewesen wäre?

Wenn es bis jetzt nicht zu einem Dritten Weltkrieg gekommen ist, dann verdankt das die Welt zu einem entscheidenden Teil der Spaltung Deutschlands. So wäre dann alles, was dazu führte, objektiv gerechtfertigt gewesen? Das Verhalten der westdeutschen Arbeiter? Der Weg der SPD, die Politik der KPD, die Haltung der Gewerkschaften? Ja, steht dann nicht Adenauer, der das ungebrochen faschistische Potential der Westzonen zur formaldemokratischen Camouflage und zum Stillhalten zwang, nicht als der eigentliche Friedensfürst da?

Verkommt dann historisches Denken aber nicht zur Rechtfertigung jedweder beliebigen Schweinerei?

Vielleicht wäre die einzig sinnvolle Frage an die deutsche Nachkriegsgeschichte, ob man genügend um sich geschlagen hat.

Wie weit aber kann Gegenwehr gehen, wenn nicht nur die Teilung Deutschlands Vorbedingung für den Frieden ist, sondern auch die Fortexistenz der gesellschaftlichen Systeme der beiden deutschen Staaten? Systemverändernde Strategien wären dann friedensgefährdend? Dann dürfte der Kapitalismus allenfalls ein wenig demokratischer gestaltet werden? Oder könnten die sozialistischen Länder – von den USA nicht zu reden – etwa eine revolutionäre Situation in Westdeutschland brauchen?

Schweigen wir Deutschen von revolutionären Situationen. Die friedenspolitische Diskussion vor und nach der Aufstellung der Raketen hat eines überwältigend deutlich gemacht: Teilung und Status quo sind der Beitrag der Deutschen zum Weltfrieden, und im Interesse des Friedens muß dieser Beitrag weiter entrichtet werden.

Schon in der Vergangenheit bedeutete das ja schon alles andere als politischen Immobilismus, wieviel weniger wird es das in Zukunft bedeuten. Der Widerspruch zwischen Kapitalismus und Frieden darf, da er nicht aufgehoben werden kann, nicht virulent werden. Das heißt Kampf, das heißt noch mehr Kampf, wenn das Maximum deutscher Möglichkeiten, der Status quo minus Raketen, erreicht werden soll. Das heißt vor allem: In Widersprüchen denken und fühlen, in Widersprüchen leben, Widersprüche aushalten, vor allem den großen Widerspruch: den Sozialismus zu wollen und gleichzeitig den Status quo auf sehr lange Zeit als Bedingung der Möglichkeit des Friedens zu bejahen.

Keine den Wirklichkeitssinn stärkende Situation. Keine Bedingung dafür, sich hier zu Hause zu fühlen. Und so geschieht es denn immer wieder, daß plötzlich ein leises Wehen über die Fassaden einer Straßenzeile läuft wie über die Leinwand einer Theaterkulisse, und ganz unbegründete Heiterkeit kommt auf, wenn Ernst Breit auf dem Bildschirm erscheint oder Pfarrer Sommerauer, und die Ziehung der Lottozahlen weitet sich zum republikübergreifenden tief symbolischen Vorgang. Was ist dann der Bundeskanzler gegen den Trainer der Nationalmannschaft, das Grundgesetz gegen einen Big Mac, Wörner gegen die Monroe. Dann zerfallen vielen wieder Wörter wie Geschichte oder Klasse oder Faschismus oder Solidarität, wie weiland Hofmannsthal die Wörter im Munde zerfielen wie modrige Pilze.

Man kann aus derartigen Zuständen sehr leicht Literatur machen, und sie wird reichlich daraus gemacht, prima Avantgarde, hervorragend unnaiv, erkenntnistheoretisch geradezu durchtrieben, dazu richtig funkelnd, sozusagen federnd, und vor allem echt traurig, total abgründig.

Im Augenblick zögere ich wieder stärker, einen Speisewagen zu betreten. Die Herren im blauen Nadelstreif betrachtend, mit denen ich an einem Tisch sitze, sage ich mir, daß ich meine Fahrkarte bezahlt habe, weiß aber, daß mir das nichts hilft: Ich benütze fremde Einrichtungen. Denn wenn die sagen dieses unser Land, dann meinen die das auch so. Es ist schließlich bekannt, wozu man hier fähig ist, wenn die Dividenden sinken.

Es kommen wieder Wörter auf, die man einmal sammelte und in den Lexika des Unmenschen ausstellte, wie man die leeren Zyklon-B-Dosen, die Berge von Menschenhaar und Schuhen in den faschistischen Schädelstätten ausstellte. Wörter wie aussondern. Wörter wie entartet. Auf dem Gelände des ehemaligen Konzentrationslagers Dachau führt ein bayerischer Innenminister ein neues Gas vor.

Viele beginnen, aus der Widersprüchlichkeit der deutschen Situation herauszudrängen. Harmonisierende Begriffsschimären wie Nation oder nationale Identität gehen um, allesamt, würden sie praktisch, Kriegserklärungen an die sozialistischen Staaten. Und von Frankreich her, vierzig Jahre nach dem Ende des letzten derartigen Versuchs, flankierend zur Raketenaufstellung, stellvertretend für die USA, die dafür längst nicht mehr die intellektuelle Potenz haben, der natoweite Versuch, das Menschheitsprojekt Aufklärung zur Disposition zu stellen.

Dies um so passender und vermeintlich glaubwürdiger, als der manichäische Vorstoß aus jenem Land kommt, das 1989 den zweihundertsten Jahrestag seiner bürgerlichen Revolution und damit auch den politischen Triumph der Aufklärung wird begehen müssen. Den tonangebenden französischen Intellektuellen wird dies kein Datum mehr sein. Bedeuten wird die Tat der französischen Bürger, die die Bastille stürmten, nur denen etwas, denen die Tat der russischen Arbeiter, die das Winterpalais stürmten, etwas bedeutet.

Die Aufklärung beerben, wird für die Deutschen heißen müssen, mit den Widersprüchen zu leben, die sie selbst erzeugten. Wo sind die Koalitionen zur Verteidigung des Worts Vernunft?

Erasmus Schöfer
Die Konfirmanden

Die Burg war noch da. Grau und kühl ragten drüben die beiden Türme. Die zerklüfteten Mauerreste wirkten eingestickt in die schon mattgrünen Wiesen und die fast schwarzen Nadelwälder des dahinter liegenden Bergs. Wandteppich aus der Ritterzeit, gemischtes Bild: die Gegenwart und die Erinnerung.

Sie grüßt herüber, hatten die gebildeten Dorfbewohner, der Pfarrer, die Lehrer, die Pensionäre schon immer gesagt, hatten gemeint: über das Tal, über den Fluß, wohl auch über die Grenze, die von diesem gebildet wurde. Die aber keine mehr gewesen war im Bewußtsein der Thüringer und Hessen. Unerheblich, unscheinbar war sie geworden in den hundertfünfzig Jahren seit der Gründung des Deutschen Zollvereins, kaum noch spürbar als Mundartscheide. Es wurde geheiratet und gearbeitet her und hin.

Sie grüßte herüber, tatsächlich unerschütterlich, diese sonderbare Doppelburg, die doch keine Postkartenberühmtheit geworden war in dem entlegenen Landstrich, aber vielleicht an diesem Ostersonntag ein mürrischer Aufruf für die Bewohner des Ortes. Ein Stachel im Bewußtsein, eine Provokation für die, die sie noch wahrnahmen.

Denn dort konnten sie nicht mehr hin. Dorthin war die Brücke vor Kriegsende gesprengt und nicht wieder aufgebaut worden. Und ein Zaun davor. Der Zaun. Die Mauer. Die deutsche Mauer.

Von der Autobahnbrücke konnten sie das langgestreckte, schlangenkrumme Band des grauen Doppelzauns deutlich erkennen. Es folgte nicht genau dem Flußlauf, schnitt vielmehr dessen Mäanderwindungen auf kürzerem Weg ab, so daß ein großes, fast kreisförmiges Stück Ackerland zwischen dem Fluß und dem Zaun vor ihnen lag wie Niemandsland.

Er wunderte sich, daß dieses Gebiet bestellt war,

geackert teilweise und auch angesät, aber großflächig, wie sie die Landwirtschaft in der DDR betrieben.

Weißt du, wer dieses Land benutzt, fragte er, da – auf dem Kuchenschieber?

Die drüben, sagte Anna, von uns aus kann doch keiner rüber.

Wahrscheinlich unter Bewachung von zwanzig Mann VoPo, sagte Kolleritz verächtlich, zwei Bauern, zwanzig VoPo, ich darf nicht dran denken.

Der Kuchenschieber! Natürlich! So hieß der. Sagte Rikarda Schönlein, aber aus einem ganz andern Gedanken, mit Erinnerung in der Stimme. Wißt ihr noch, wie wir da rüber geschwommen sind, in der Sonne gelegen haben, immer Angst hatten vor dem russischen Wachtposten, wenn der kam? Angst? dröhnte der Koller, Angst haben wir nie gehabt! Nur laufen konnten wir!

Er brachte die drei Frauen wieder zum Kichern und Schmunzeln mit seiner mitreißenden Lache. Die war die Soße zu seinen Geschichten, und keiner hatte so viele wie er, man konnte nur sagen: auf Lager. Dem Schweizer vom jenseitigen Dorf, der auf den Wiesen des Kuchenschiebers damals die Kühe molk, hatte Kolleritz den Esel aus dem Karren gespannt und auf den Heimweg getrieben, daß der Alte mit seinen Milchkannen allein dastand, drei Kilometer von den Höfen. Göpel-Hans, dessen Hintern knapp über die Flußdüne schaute, hatte er mit der Zwille eins auf die nasse Badehose gebrannt, daß der senkrecht hochsprang wie ein Karnickel, und mit den Amis hatte er vom Ufer Handgranaten in den Fluß geworfen, dann die toten Fische für sie rausgeholt und sich und einen Soldaten fast ums Leben gebracht, weil er nicht wußte, daß er die Zündung einer Granate schon ausgelöst hatte, als er sie noch seelenruhig in der Hand hielt. Alles sehr komisch jetzt, wenigstens heiter, angestrahlt von der Frühsonne einer vergangenen Jugend, in die sich alle wehmütig, aber auch staunend und mit einer sanften inneren Erregung zurückgerissen fühlten. Ein bewußtes Menschenleben nach ihrer Konfirmation. Erinnerung wie ein Föhn.

Nur wenige Bauernkinder waren auf dem Dorf geblieben, die andern verstreut in alle Bundesländer, viel unvermutbare Berufe, und sie hatten sich nie mehr gesehn seit damals, waren auch nie mehr zurückgekehrt in den langsam austrocknenden, verödenden Ort an der Grenze, wenn sie nicht Eltern oder Geschwister dort gelassen hatten.

Das Wiedererkennen am Morgen zuvor, als einer nach dem andern in dem Gasthof eintraf, war ein Abenteuer gewesen – eines mit vielen erstaunten Ausrufen, Gelächter, Kopfschütteln und Gebärden der Überraschung. Wer sah sich denn noch ähnlich, wer hielt dem Vergleich noch stand mit seinem Kopf zwischen den vierzig schwarzgekleideten Jungen und Mädchen vor dem Kirchentor? Das Foto ging in mehreren Exemplaren von Hand zu Hand, wurde immer wieder zu Rat gezogen, ein Steckbrief aus der Räuberzeit. Viele der Namen – einfach weg, begraben unter dem Lebensschutt eines Menschenalters. Unverkennbar natürlich der Pfarrer, der jedem einzelnen forschend ernst in die Augen sah, als wollte er seinen Seelenzustand erkunden, während er nach dem Namen fragte. Wenige andere schienen mit ihrer Frühform identisch. Die meisten tauchten nur schemenhaft auf aus den eingegerbten Falten, zwischen den Doppelkinns und den Fettschwämmen ihrer sattgewordenen Gesichter, unter den Halbglatzen und Dauerwellen. Erst die Sprache, das Lachen machte manche kenntlicher.

Das war ein stundenlanger Entwicklungsprozeß gewesen, ein Fotolabor des Gedächtnisses, wie die Situationen und Menschen von damals aus dem Dunkel traten, sich vor seinem inneren Auge wiederherstellten. Manches verschwommen wie Träume, anderes wie in der Bewegung erstarrt, lange verhüllte Bilder, von denen plötzlich der Vorhang fiel. Unerklärlich war ihm, warum die in den Gesprächen belebten Erinnerungen in so warmen, impressionistischen Farben aufschienen – die armseligen, mit Wasser und Zuckerkörnern belegten Brotscheiben, die in Brand geschossenen Fachwerkhäuser, die grünen Sattelschlepper vollgepfercht mit deutschen Kriegsgefangenen auf der Autobahn, das Betteln der hungrigen Flüchtlingskinder bei den Bauern und Besatzungssoldaten. Der Schmerz war unter seiner Patina verschwunden.

Fasziniert hatte ihn die Treue des Pfarrers zu sich selbst. Fasziniert und verwirrt. Sein Lachen manchmal, das fast noch verschmitzt wirken konnte, bubenhaft, den siebzig Jahren zum Trotz. Die Nachdenklichkeit, mit der er im Gespräch auf Einwände reagierte. Die erbauliche Verschwommenheit seiner Ansprachen, vorhin beim Gottesdienst, zu dem ihm der Amtsbruder Kanzel und Altar abgetreten hatte, oder am Abend zur Begrüßung seiner unvergessenen ersten Konfirmanden nach dem Zusammenbruch. Die enthielten Zeitbezüge, griffen sogar aktuelle politische Vorgänge auf, dies aber so vage und allgemeingültig, daß jeder nicken und Amen sagen konnte. Die Tonfälle seiner Stimme klangen wie damals mitgeschnitten und jetzt neu abgespielt. Der leichte Singsang bei den liturgischen Formeln des Ostergottesdienstes hatte ihn angeweht wie der Vortrag eines einmal auswendig gelernten Gedichts – er hätte sofort mitsprechen, die Stimme kopieren können.

Ein kleinerer Schock aber war die Erkenntnis gewesen, daß der Pfarrer offenbar immer noch an dasselbe glaubte, was er sie als Kinder gelehrt hatte. Es kam ihm vor, als legte die Kindergartentante ihren herangewachsenen Zöglingen die alten Bausteine zum Spielen auf den Tisch – so fühlten sich wohl viele, als der Pfarrer sie am Grab des gestorbenen Mitkonfirmanden zu einem kurzen christlichen Nachwort um sich sammelte und vor dem Essen flugs aufstand, dem Herrn für seine Güte zu danken, ehe einer die Gabel zwischen den Zähnen hatte. Er hatte ein freundliches Andenken für diesen Mann, und er schmeckte sein Stehenbleiben wie einen bitteren Beweis für die Beharrlichkeit menschlicher Charaktere, für die Versteinerung des Fortschritts in dieser Gesellschaft. Wenn der Pfarrer vom Beten sprach, von der Verbindung mit Gott und Christus, als rede er von realen Dingen, dann klang ihm das exotisch und rührend wie die Behauptung eines Märchenerzählers, er habe alles selbst erlebt und verbürge sich für die Wahrheit seiner Worte. Aber die offenbar hartnäckige Fortexistenz solcher Erzähler und ihres Publikums befremdete und beunruhigte ihn auch.

Nach dem Gottesdienst hatten sie etwas über die Predigt diskutiert. Da hatte ihn der Pfarrer gefragt, ob er aus der Kirche ausgetreten sei, und der Unterton seiner Frage war so besorgt, sein Blick so bekümmert, daß er tatsächlich einen Augenblick lang gezögert hatte, ob er die Wahrheit sagen sollte – wie ein ertappter Sünder.

Es schneite wieder ein bißchen, wie zerstreut, als sie den Hang hinaufstiegen zu den Dreizehn Linden. Ein paar Sonnenflecken trieben weiträumig durch das Tal, verbreiteten eine gewisse Heiterkeit, die sie immer mal wieder in Momente von Wärme tunkte. Die Hände aber mußten öfter gerieben werden. Der Krähenschwarm über dem kaum angegrünten Wipfel des Schloßparks wirkte winterlich. Auf der Autobahn nur selten ein Fahrzeug, vom Grenzübergang her.

Karfreitag stand die Schlange sechs Kilometer auf unserer Seite! sagte Anna vorwurfsvoll, als sie am Bänkchen den alten Blick hinunter auf die Autobahnbrücke, das Dorf und hinüber zur Burg probierten.

Gibt immer noch genug Verrückte, kommentierte Kolleritz, die da zum Vergnügen hinfahren!

Riki Schönlein teilte mit, daß sie schon oft durch die DDR nach Berlin gefahren sei, seit ihre Tochter da studierte, auch sie beide zusammen nach Potsdam, sei schon toll, mal anzuschauen, wie sie die historischen Gebäude restaurierten. Sie konnte eigentlich nicht verstehen, warum Annchen noch nie rübergefahren war, obwohl ihre Familie doch Verwandte drüben hatte.

Entfernte, sagte Anna. Ich hindere ja niemand zu reisen, den es dahin zieht.

Kolleritz' Frau konnte Anna sehr gut verstehen.

Da hielt er lieber den Mund. Dieser Spaziergang nach dem Mittagessen war gedacht als Lustwandel auf den Wegen der Erinnerung, wie das ganze Treffen. Keiner stellte Fragen, die das persönlichere Leben der anderen, ihre Ansichten, politischen Überzeugungen womöglich betrafen. Wohnort, Beruf, Familie, Arbeitsstelle, viel mehr wurde nicht gefragt von dieser vierzigfach gelebten Geschichte der Nachkriegsdeutschen. Bei allen eine unverabredete, fröhliche Entschlossenheit, sich nicht so nahe zu kommen, daß man sich auf die Füße treten konnte.

Er wollte gern mehr wissen, hatte eine unverschämte Neugier nach Biographien, nach dem Rohstoff Leben und nach Auseinandersetzung damit. Am Abend, als das Kalte Büfett schon ziemlich geplündert war, hatte er vorgeschlagen, Geschichten von damals zu erzählen, was jeder so erlebt und behalten hatte. Er fing gleich an, ob sie sich zum Beispiel erinnerten, daß in diesem Saal die Spruchkammer getagt, der Entnazifizierungsprozeß gegen den alten Bürgermeister stattgefunden hatte, dessen Tochter ja hier unter ihnen saß, das halbe Dorf hatte damals seinen Freispruch bejubelt. Aber der Vorschlag war als Störung empfunden worden, hatte ein pikiertes Schweigen bewirkt, in das hinein Deuring mit dem Selbstbewußtsein des BASF-Managers und seines 220 SE vor der Tür mitteilte, daß er solche krampfhaft bemühten Erinnerungsversuche ablehnte. So etwas könne nur oberflächlich oder peinlich werden, prost, wo bleibt die Musik! Also hatte er sich abgefunden, hatte das Gesellschaftsspiel mitgespielt, aus Höflichkeit ein paarmal getanzt, den Plaudereien zugehört und sich verkniffen, an der Fassade zu kratzen.

Anna hatte sich meist in einiger Entfernung bei anderen hingesetzt, wieder fremd geworden seit langem, obwohl sie seinen Namen behalten hatte nach den kurzen Jahren ihres verheirateten Lebens. Nur die wenigen im Dorf Gebliebenen wußten von ihrer gemeinsamen Geschichte. Keiner fragte danach. Annas ungezwungene Freundlichkeit zu ihm hatte auch keinem Anlaß gegeben, auf ihr besonderes Vergangenheitsverhältnis aufmerksam zu machen.

Jetzt war sie die ortskundige Fremdenführerin für die fünf anderen. Zweimal im Jahr kam sie zu Besuch auf den Bauernhof ihres Bruders, erfuhr dabei von allen geplanten oder schon passierten Veränderungen. Etwas zu wichtig, fand er, machte sie ihr Wissen. Etwas zu beflissen berichtete sie wortreich über die Vorgänge in ihrem Heimatdorf. Und wenig Gutes, wenig Erfreuliches. Das Pfarrhaus für den jungen Pfarrer hier in der

Siedlung am Ortsrand – das gehört doch zur Kirche, mitten hinein ins Dorf! Aber dort mußte ja das neue Gemeindezentrum hin, dieser Klotz, Sanierung ist das genannt worden, die SPD hat's gemacht, die Bauernhäuser hat sie abreißen, die schönen alten Bäume fällen lassen für diese Scheußlichkeit! Wenn's nicht eine Bürgerinitiative gegeben hätte mit einer Freien Wählergemeinschaft zur Kommunalwahl, dann wären noch ein Dutzend Fachwerkhäuser vernichtet worden! Wofür? Für eine neue Ortsdurchfahrt!

Von der Höhe war der Ort gut zu überschauen. Viele rote Ziegeldächer und Schornsteine, weiße Fachwerkwände darunter, überragt vom bulligen Turm der mittelalterlichen Burgkirche, ganz in Bäumen versunken das gräfliche Schloß, der Doppelturm des Getreidesilos – eine auf dem flußwärts fallenden Hügel anmutig gewachsene Siedlung, die sich harmonisch einfügte in das Grün und Braun der Felder und das Netz der Alleen im Tal. Schön, für die grauverschmutzten Augen der Städter, auch objektiv, ohne Erinnerungen. Mitten darin nun der schiefergedeckte, schwarzweiße Betonbau des Gemeindezentrums, neben die Kirche auf den freigeräumten Platz gesetzt. Eine Gewalttat, wie man sie aus den Altstädten von Frankfurt und München kannte.

Die SPD, wandte er vorsichtig ein, läßt vermutlich die Häuser bauen, die die Architekten entwerfen – woher sollen die Gemeinderäte in deinem Dorf wissen, was wirklich gut und schön ist?

Er merkte, daß sie ihn irgendwie mitverantwortlich machen wollte für die Schändung ihres Heimatdorfes, obwohl er mit der SPD nie näher zu tun gehabt hatte, und sie bestand auch sofort darauf, mit leicht angezogener Stimme, daß die Linken überall in Hessen eine rein technokratische Politik gemacht hätten, gleichgültig mit welchen Architekten. Alles Verläßliche und Erprobte würde über Bord geworfen im Namen eines unbewiesenen Fortschritts, in den Schulen sei es fast noch schlimmer.

Die CDU hat aber in Baden-Württemberg auch solche Monster hinstellen lassen, Annchen, sagte Riki Schönlein, und Koller war längst klar, daß die Regierungen, egal von welcher Firma, sich mit solchen Sachen beweisen müßten, daß sie überhaupt etwas tun. Rikarda benutzte noch immer ihren alten Rufnamen, Annchen, wie die andern Bauersfrauen – als könnten sie so aus den graudurchwachsenen Dauerwellen ihrer Schulfreundin die braunen Zöpfe herzaubern und damit ein Stück eigne Jugend.

Sie stiegen ein Stück höher, aber Anna mußte doch gleich weiter reden, wie unter einem Zwang jetzt. Die einsame Frau mal unter Menschen, dachte er, oder die Lehrerin, der die Schuljahre, die jahrzehntelange Vermittlung immer ähnlicher Inhalte, die Sprechanlage ausgeschliffen hat.

Bauern gibt's ja nur noch ganz wenige, die sich gehalten haben, und die paar wissen kaum, wie sie rumkommen, so schwierig ist es, einen mittleren Hof noch wirtschaftlich zu betreiben. Die Landwirte sollen so viele Subventionen kriegen, heißt es immer, aber das ganze Geld geht doch an die großen industriellen Betriebe, der Hof von meinem Bruder ernährt knapp die Familie. Sie arbeiten vierzehn Stunden dafür, kein Sonntag, kein Urlaub. Der Sohn vom Göbel-Karl hat versucht, einen modernen Betrieb aufzubauen, mit den neuesten Maschinen und Ställen, draußen vor dem Rabentor, schaut ihn euch an. Aber kein Mensch weiß, ob er das schafft. In Wirklichkeit gehört der Hof den Banken und der Raiffeisenkasse, das ist kein Geheimnis. Die Landwirtschaftspolitik in Europa, die erstickt die richtigen Bauern. Der Weg hier rauf ist jetzt auch asphaltiert, früher war das ein Feldweg, und wir sind hier spazieren gegangen, weißt du's noch, Riki? Sie haben ihn asphaltiert, bis zum Russenfriedhof.

Die wußte ihre Spaziergänge noch, Mädchen vorn, Jungen zehn Meter hinterher, zu zweit, zu dritt, nie allein, Konfirmandenzüchtigkeit. Von einem Russenfriedhof hatte Rikarda nie gehört oder ihn total vergessen. Er erinnerte sich aber an Annas Erzählung, das mußte Ende der fünfziger Jahre gewesen sein, noch bevor sie sich geheiratet hatten: Abordnungen reisten sogar aus Rußland in das Dorf, und ihr Vater wurde offiziell geehrt, weil er als Bürgermeister alle Kriegsgefangenen genau registriert hatte, die in dem Lager gestorben waren. Nur deshalb hatte man die Toten Jahre nach dem Krieg identifizieren und die Angehörigen in der Sowjetunion benachrichtigen können. Eine dieser Handlungen ihres Vaters, mit denen das Dorf sich schmücken konnte, als an seiner NS-Vergangenheit gekratzt wurde, die wohl von ihm nicht als Widerstand gemeint war – eher als normale menschliche Anstandspflicht, die auch mit oder trotz Parteiabzeichen zu erfüllen gewesen war. Aus seiner Erinnerung als Flüchtlingskind und später als Schwiegersohn hatte er ein lebhaftes Bild ihres Vaters vor Augen. Ihm waren nur wenige Menschen begegnet, auf die das Wort rechtschaffen so gut gepaßt hätte wie auf diesen bäuerlichen Bürgermeister.

Es ist aber immer noch schön, hier zu laufen, sagte Anna zu den andern, alles haben sie nicht kaputt gekriegt. Besonders abends. Da fahren kaum Autos, du hörst nichts, mal eine Amsel in den Dreizehn Linden, mal ein paar Schüsse, Kniegurts-Jakob läßt vielleicht die Glocken den Sonntag einläuten.

Bißchen wärmer dürft's schon sein, knurrte Fritz Kolleritz, man friert sich die Nas ab ohne wenigstens einen Sliwowitz zum Draufgießen.

Ihm war klar, daß Kolleritz nur mit Rücksicht auf die Damen nicht Arsch gesagt hatte. Trotz der Rolex am Arm und dem weißen Audi-Einhundert wirkte er immer hemdsärmelig und direkt. Er schien das auch zu kultivieren. Das mit den Schüssen am Abend, das hatte sie ganz zufällig und nebenbei fallen lassen. Kaum wahrnehmbar die leise Provokation. Von den andern wahrscheinlich gar nicht bemerkt, als hätte sie von gelegentlichen Regentropfen gesprochen. Seine genau justierte Antenne empfing das Signal überempfindlich. Er fragte, ebenso obenhin und harmlos: Schüsse? Was für Schüsse? und sie antwortete mit leicht erstauntem Tonfall, den er für gespielt hielt: Na von der Grenze.

Sie sagte nicht: Von deiner Grenze, aber so hörte es sich für ihn an: Du identifizierst dich mit den Leuten, die sie verursacht haben. Und das mußte für sie gleichbedeutend sein mit denen, die Stacheldraht, Minengürtel,

Wachttürme aufgebaut hatten, um die Grenze unüberwindlich zu machen.

Er hätte jetzt, ebenfalls ganz locker, von seinem Spaziergang zu der Atomfestung Brockdorf etwas vorbringen können, wie ihn diese Baustelle an die Mauer in Berlin erinnert hatte – als hätten sie es den Berlinern abgeschaut und sie dann mit ihren entwickelten technischen Mitteln noch ausstechen wollen, die Überlegenheit des Westens auch hier demonstrierend. Oder die Miniatur-Bürgerkriege in Gorleben und Wyhl, davon mal ein paar lebendige Eindrücke. Vielleicht hätten sie die Analogien gesehen, zumindest irgendwann drüber nachgedacht. Aber es war nicht nur sein Wunsch, ihr österliches Wiedersehen in seinem freundlichen Frieden ungestört zu lassen, mit diesen Menschen normal und harmlos und unpolitisch zu feiern, was ihn schweigen ließ.

Eine Unruhe war da. Eine vage Beunruhigung an der inneren Grenze zwischen seinen Gefühlen und seinem Wissen, die zu tun haben mußte mit dem unerwarteten Zusammenstoß der politischen Einrichtung Grenze da unten und den erinnerungsbelebten Wiesen seiner Kindheit, dem Fluß, den Feldwegen, dem Tal. Schatten eines Gedankens: der General an der Front – plötzlich wurden für ihn Verluste zu zerfetzten Menschenleibern, verbrannten Bauernhäusern, zerstörten Kirchen ...

Da, wo sie das neue Kontrollgebäude bauen, sagte Fritz Kolleritz, da hab ich den Amis mal einen Karton Schokolade geklaut, Mai fünfundvierzig, da haben mir die Knie vielleicht geschlottert.

Ich denk, ihr hattet keine Angst, sagte seine Frau ein bißchen spitz.

Manchmal doch, gab er zu, der Witz war aber, daß sie die Schokolade weggeschmissen hatten. Weil sie naß geworden war. Hab ich sie ganz umsonst geklaut. War einfach unvorstellbar für uns, Schokolade wegzuschmeißen. Ich wußte nicht mal, wie die riecht.

Der Graf hat das Gelände für den Kontrollpunkt und die Raststelle an den Bund verkauft, teilte Anna mit, für zwei Millionen. Die soll er auch bitter nötig gehabt haben. Was so ein Schloß an Unterhalt kostet.

Glück muß ein Mensch haben, ein Graf erst recht. Heutzutage. Sagte der Koller.

Du könntscht denke, des isch für die Ewigkeit, des Gebäud. Riki Schönlein schwäbelte manchmal ein bißchen. Das mußte sie inzwischen angenommen haben, ihre Familie war damals aus Potsdam vor den Bombenangriffen in das Dorf geflüchtet.

Drüben bauen sie auch so eine Station, sagte Kolleritz' Frau, aber alles hinter Stacheldraht.

Das sind unsre. Arbeiter von der Hochtief, die bauen die Autobahn weiter, korrigierte Kolleritz nachdrücklich. Mit verschlossenen Bussen werden sie rübergekarrt und drüben gleich ab hinter den Zaun auf das Baugelände. Fehlt nur das Schild überm Tor: Arbeit macht frei.

Ich mein nicht die, beharrte seine Frau, ich mein die Offiziellen, die am Kontrollpunkt selbst arbeiten. Wenn man sie fotografieren will, drehen sie einem den Rücken zu, so schämen sie sich.

Schämen kommt von Schande, sagte Kolleritz trokken, laßt uns mal von was Heitrem reden. Ich hab gehört, heut ist Ostern.

Das haben Sie in der Zeitung gelesen, nicht wahr, Frau Kolleritz? Gestern, in der Hessischen Allgemeinen, das Bild und die Unterschrift, ich hab's auch gesehn. Er versuchte, seine Stimme unangestrengt zu lassen.

Na und? Stimmt's deshalb nicht? Sie sah ihn an, als hätte er behauptet, die Geburtsanzeigen in der Zeitung seien erfunden.

Der Bildredakteur hat sicher geglaubt, was er geschrieben hat, gab er schnell zu. Aber wer öfter nach Berlin reist, weiß auch, daß die Grenzbeamten da genauso verbissen oder freundlich sind wie, weiß ich – in der Schweiz oder in Frankreich. Ist doch ein Scheißjob, Grenzen zu bewachen.

Da kann ich euch Lieder singen, bestätigte Kolleritz. Alle Grenzen müßten weg.

Aber so schlimm wie die hier ist keine! Das hast du selbst gestern gesagt, Fritz! Mitten in Deutschland!

Klar hab ich das gesagt. Weil sie ein halbes Volk einsperrt. Mach einen Volksentscheid, bei denen und bei uns – ich garantier dir, Manfred: neunundneunzig Prozent sind gegen diese Grenze!

Bei uns auch? fragte Riki Schönlein skeptisch. Ich mein, wenn man hierher kommt und sieht das alles so direkt vor Augen, den Todesstreifen, den Zaun, dann merkt man erst, wie sehr man sich abgefunden hat, im Grunde.

Ich nicht, sagte Anna, ich nicht!

Er hörte das leichte Vibrieren ihrer Stimme, kannte es sofort wieder. So hatten sich immer ihre Gefühlsausbrüche angekündigt, mit denen sie ihm jede Möglichkeit zu vernünftigem Argumentieren bis zur Verzweiflung abgesperrt, ihn in hilflose Wut getrieben hatte. Gestern war das zum erstenmal spürbar gewesen, eine erste Warnung, beim Spaziergang mit dem Pfarrer an die gesprengte Flußbrücke, über die sie alle im Frühjahr fünfundvierzig noch selbstverständlich gegangen waren, nun aber sich die Augen wundstießen an dem Bild des Dorfes drüben, das vom Fluß, von den Bäumen und Häusern und Menschen auf der hiesigen Seite durch dieses unüberwindliche Monstrum von Zaun abgesperrt war. Ein kräftiger Steinwurf weit bis hinüber, von dem senkrechten Abbruch der Brückenrampe in strudelndes Wasser, wo sie schweigend Augenblicke verharrt hatten, ehe Anna fragte: Ob das noch mal kommt, daß wir wieder zur Burg rüber können? Der verhaltene Zorn, die Anklage in ihrer Stimme. Das Kopfschütteln und Schulterzucken der andern. Dann die ernste Antwort des Pfarrers: Wir dürfen nicht nachlassen mit unsrer hartnäckigen Geduld.

Da wollte er eigentlich gleich fragen: Wie meinen Sie denn das?, aber der Blick in Annas Gesicht hatte ihn schweigen lassen. Dafür unkte der kesse Posaunen-Henner: Klar, Herr Pfarrer, wir bleiben am Ball.

Der Rückweg wie nach einer Beerdigung, wenn man meint, sich für jedes alltägliche Wort entschuldigen zu müssen. Er hätte es verstanden, wenn Anna KAZET gesagt hätte oder einer der andern, das Dorf sah wirklich aus wie eingesperrt, und keine Menschen, trostlos, nur aus ein paar Schornsteinen Rauch.

Kolleritz puffte ihn in die Rippen. Na, Manfred – was sagt der Doktor jetzt? Haben wir recht? Oder sind wir uns einig?

Wollt ihr das wirklich wissen? Er fühlte sich herausgefordert, am stärksten von Anna, die ihn nicht ansah. Er merkte, daß er sie anschaute, als wolle er ihr Verständnis, ihr Einverständnis suchen, aber es war Kolleritz, der ihn weiter anhieb.

Du bist doch so ein Linker, ich hab das gleich gerochen, gestern abend, als du mit deiner Geschichte vom entnazifizierten Bürgermeister rausgekommen bist, Vergangenheitsbewältigung, nicht wahr. Ich hab ein Näschen für diese Sorte, erklärte er den Frauen, ich fahr nicht umsonst zwei-, dreimal im Jahr in den Ostblock, für die Firma.

Sorte! warf Riki Schönlein über die Schulter zurück, streng – das sagst du wie Kanaken! Ich kenn genug solche und arbeit mit denen.

Spinner, im harmlosen Fall. Wie unser Pfarrer, antwortete Kolleritz, aber jovial, ohne Schärfe. Anwesende wie üblich ausgenommen. Oder ist einer für diesen Wahnwitz da unten?

Ein paar Augenblicke lang waren nur ihre Schritte auf dem Asphalt hörbar. Die Ausweglosigkeit als Schmerz im Kopf, als Hämmern des Bluts in den Schläfen. Umkehren! Weglaufen! Zu Freunden!

Da blieb Anna stehn, drehte sich zu ihm, sagte ruhig, als müßte sie nun endlich diese unfaßliche Wahrheit aussprechen: Ja, er – er ist dafür.

Kein Schritt mehr. Er befand sich im Brennpunkt ihrer Blicke, im Netz, wehrlos. Das Messer am Hals.

Wirklich? hörte er Rikis Erstaunen, und noch immer dieser leere, gedankenlose Schmerz im Kopf, diese Erstarrung, Vereisung seines Denkvermögens, aus der sich erst nur ein fast tonloses, wackliges Nein hervorzwängte, das der Wind gleich wegnahm, das zweite kam etwas sicherer, etwas lauter, und dann noch einmal: Nein, das ist nicht wahr! Das ist so nicht wahr!

So nicht – wie denn? hakte der Koller sofort ein, doch eher interessiert als feindselig, und dieses Interesse war der Funke, der sein Hirn anzündete, daß er erklären konnte: Ich will die Brücke wieder aufgebaut und daß die Dorfkinder im Fluß baden können, die drüben und die aus deinem Dorf, Anne, natürlich will ich das! Und daß die Raketen und Panzer verschrottet werden, überall, und die Nato aufgelöst wird und der Warschauer Pakt – daß die Erfurter nach Paris reisen können und die Frankfurter nach Weimar...

Ich könnt ja, wußte Riki Schönlein, wenn ich wollte...

Aber? fragte Kolleritz hellhörig über sie weg – wo steckt dein Aber?

Mensch, Koller – da in der DDR haben die versucht, eine vernünftigere, eine humanere Gesellschaft aufzubaun, eine Wirtschaft ohne Ausbeutung, wie in Jugoslawien, Ungarn, wo du hinfährst, ohne Ellenbogen und Arbeitslosigkeit – ohne Kapitalisten ...

Versucht ja! Meinetwegen. Aber auf die Schnauze sind sie gefallen mit der ganzen Planwirtschaft, tschüs haben die Leute gesagt, danke, lieber anständig zu fressen bei einem Ausbeuter und frei reden und reisen, als hungern bei der SED!

Kolleritz war stolz, sichtlich überlegen, wandte sich an die Frauen mit seinem Fazit: Die Entscheidung war wohl nicht schwer für einen normalen Mitteleuropäer. Da haben die Herren Kommunisten das da unten gebaut und den Laden dicht gemacht. Bankrott erklärt.

Sie nickten, aber Riki mußte doch anmerken: Hungern braucht schon lange keiner mehr, und sah ihn irgendwie auffordernd an, mit einem Anflug von Sympathie, schien ihm, die ihn ermutigte.

Seit der Mauer ist es jedenfalls aufwärts gegangen, oder? Würden unsre Unternehmer einem bankrotten Betrieb VWs per Zehntausend verkaufen, hm? Du weißt das doch, Koller, wärst selbst gern Boß geworden wie Deuring, stimmt's? Würdest du zulassen, daß dir jemand die besten Fachkräfte aus dem Betrieb holt, die Maschinen, Knowhow, alles, und der Rest der Belegschaft den Bach runtergeht? Damals, nach dem Krieg, ohne Hilfe von außen, sie hatten sich grad die ersten Spezialisten rangebildet, da stand im Westen die dicke Konkurrenz mit dem vollen Portemonnaie aus dem Dollarland, hat das Fünffache gezahlt für einen Wissenschaftler, einen Ingenieur, einen Arzt – wie lange hättest denn du das Scheißspiel mitgespielt?

Ach komm hör auf, sagte Koller verächtlich. Wenn das alles ist, was du weißt! Die Arbeiter sind ihnen auch abgehauen aus ihrem Arbeiterstaat.

Ich glaube, sagte Riki Schönlein resigniert, der Mensch ist einfach schlecht von Natur, egoistisch und undankbar, deshalb klappt das alles nie. Uns geht's auch bloß so gut, weil wir die in der Dritten Welt verhungern lassen.

Anna schien das letzte nicht gehört zu haben. Leise, aber sehr nachdrücklich sagte sie zu ihm: Weißt du, warum sie immer noch eine geheime Staatspolizei brauchen, wenn alles so gut ist seit der Mauer?

Geheime Staatspolizei! fuhr er sie an, unkontrolliert wütend plötzlich, die Nazis hatten eine Gestapo!

Na, jetzt hörn Sie aber auf! rief da Kolleritz' Frau empört, der Name ist mir doch egal! Geheimpolizei ist Geheimpolizei!

Donnerwetter! lachte Kolleritz, als hätte sie einen starken Witz gerissen, unser Küken! und schrie Au! im nächsten Augenblick, so zornig hatte ihn seine Frau auf den Fuß getreten und blitzte ihn an: War das ein Kükentritt, ja?

Kolleritz jammerte, halb komisch, halb ernst, auf einem Bein hopsend. Eher ein Pferd, wirklich! Verdammte Weiber! Und zu Manfred: Ist das ein lustiger Osterspaziergang, Mann!

Er brachte es so, daß sie es als komische Nummer nehmen konnten und wohl auch alle froh waren, auf diese Weise aus dem vergeblichen Streitgespräch herauszukommen. Sogar Anna lachte etwas, hakte Kolleritz' Frau unter und nickte nachdrücklich, als die, sehr befriedigt, Männer einfach zum Auf-den-Mond-Schießen fand. Kolleritz folgte den beiden dichtauf, vergaß auch das Hinken, als er gleich unerschüttert die passende Geschichte aus der Kiste zog – wie er den Lehrer Volz ins Bein gebissen hatte in seiner Not, weil der ihn den Stock schmecken ließ mit dem Kopf eingeklemmt zwischen den Knien, nach dem Fußballspiel mit dem Globus im Klassenzimmer.

Er hörte das nur fetzenhaft, während er mit sich haderte, wie einfallslos und primitiv er argumentiert hatte, wie dünn die Gedanken aus seinem Kopf kamen, die drin noch vernetzt, verflochten, komplex ihre vielfach erfahrene Wahrheit hatten. Und dann diese plötzliche Wut, die Hilflosigkeit, aus der ihn nur Kollers gnädige Dummheit befreit hatte. Wie weich war denn der Boden, auf dem er hier seine Schritte tat? Wie unsicher der Standpunkt, von dem er sonst die Welt überschaute und verstand? Was brachte die Menschen dazu, am Vergangenen fast nur das Schöne zu erinnern, auch den Einrichtungen und Verhältnissen der Vergangenheit ihre Schönheiten zugute zu halten, so lange, bis keine Schminke mehr half und sie ihnen wirklich unter den Füßen wegfaulten? Warum gegen alle Versuche, vorwärts zu treiben, diese abgründige Skepsis, die plötzlich nur noch Opfer, Fehler und Kosten rechnete?

Er merkte kaum, daß Riki Schönlein neben ihm ging, bis sie ihn ansprach. Da waren die andern schon ein gutes Stück voraus, außer Hörweite. Ihre Stimme klang freundlich, fast besorgt.

Du, Manfred – ich kenne einige, die so ähnlich denken wie du. Bei uns in der Gewerkschaft.

In der Gewerkschaft bist du? fragte er überrascht.

Sie antwortete, ich arbeite da nur als Sekretärin, ÖTV, aber man erfährt schon manches dabei. Manchmal frag ich auch nach, obwohl mir vieles zu kompliziert ist. Ich hatte keine Eltern wie Annchen, daß ich Abitur machen durfte, weißt du. Als ich meine erste Ehe hinter mir hatte, war der zweite Bildungsweg noch nicht erfunden.

Zum Lernen ist es doch nie zu spät, sagte er nicht sehr überzeugend. Ach Gott – sie hob die Schultern, heute hab ich den Kopf nicht mehr dafür. Hab die falschen Männer geheiratet. Bis ich das gemerkt habe, war mein Zug abgefahren. Ich habe mich halt eingerichtet. – Doch ich wollt dich fragen – möchtest du eigentlich drüben leben – in Erfurt oder Potsdam oder wo? Sag mal ehrlich.

Er schwieg verblüfft. Hundertmal hatte er dieses böse Geht doch nach drüben! gehört und achselzuckend darüber gelacht, die dumme, polemische Aufforderung, die ihn genauso hätte nach Vietnam schicken können, wenn er für den Befreiungskampf der Vietnamesen gesprochen hatte, aber Rikis Frage war kein bißchen polemisch. Sie traf ihn.

In der Realität hat sich die Frage für mich nie gestellt, sagte er vorläufig.

Du weichst aus, Manfred.

Nein, nein, ich muß überlegen ...

Im gleichen Augenblick wußte er, daß sein Zögern schon die Antwort war, daß er sein Leben hier, mit allen Einschränkungen, die es ihm aufzwang, in der Arbeit, in seinen Freiheiten, nicht ohne Not würde eintauschen wollen gegen die Sicherheiten und Beschränkungen des Lebens bei den regierenden Genossen, und er spürte, wie ihm das Blut ins Gesicht stieg.

Riki Schönlein sah ihn von der Seite an, erwartungsvoll. Warum bist du jetzt rot geworden?

Vom kalten Wind, wie? Er versuchte ein Lachen.

Eben warst du noch weiß wie Papier.

Riki, ich habe gemerkt, daß ich ein Egoist bin. Ich schäme mich, daß ich damit zufrieden bin, hier zu sein, in diesem verdammten Reichtum und den Freiheiten, die er uns kauft. Ich war ja oft genug drüben und denke, was die da aufbauen, seit damals, als wir hier Kinder waren, hat die Zukunft. Aber ich bin froh, daß ich den vielen Dreck nicht anfassen muß, aus dem diese Zukunft rausgegraben werden muß.

Der Egoismus, ja, verstand sie, der steckt tief in uns allen.

Sie gingen ein paar Schritte schweigend. Vorn waren sie stehn geblieben, Kolleritz erklärte laut, wie er in dieser Eiche sein Baumhaus gebaut und den Angriff der Tiefflieger auf den Zug im Tal beobachtet hatte.

Schön, sagte Riki leise, ehe sie bei den andern waren, daß du dich nicht versteckt hast. Und zu allen: Über dreißig Tote hat es gegeben, bei dem Angriff!

Ja, schrecklich, sagte Anna. Ich war grad vorher ausgestiegen aus dem Zug. Ein Frühlingstag wie heute.

Von hier oben sah es richtig niedlich aus, sagte Kolleritz. Wie ein Trickfilm. Nur die Bordkanonen, pam pam pam pam ...

Hör auf, Koller! Anna sprach wie zu einem ihrer Schüler. Du mußt uns das nicht noch vorspielen! Hast damals schon auf alles geschossen, was sich bewegt, mit deinem Luftgewehr ...

Ach, fragte seine Frau verwundert, so lang hat er das schon? Diese Jagdleidenschaft?

Wir sind alle so erzogen worden, wir Jungen, wollte er Kolleritz helfen, Waffen, Schießen – das war spannend für uns.

Der, anscheinend wirklich ärgerlich diesmal, ziemlich scharf zu seiner Frau: Ich laß dir dein teures Reiten und du mir die Jagd – ist das abgemacht oder nicht? Den andern erklärte er, daß er Weißer Jahrgang sei, nie beim Bund, nie eine militärische Waffe angefaßt, keiner Menschenseele könnte er was antun, nicht mal auf den Fuß treten mit dem Absatz ... Und zeigte schon wieder ein Grinsen in seinem großen Pferdegesicht.

Na na, meinte Riki Schönlein skeptisch, dann wärst du die rühmliche Ausnahme, die was gelernt hat aus dem ganzen Elend.

Ich denk, Frieden wollen wir alle, fand Anna, aber laßt uns nicht immer in der Vergangenheit rumwühlen. Kommt weiter.

Sie ging voraus, bog ab vom Fahrweg auf einen Trampelpfad. Sie lasen das Hinweisschild, Zum russischen Soldatenfriedhof, folgten ihr einzeln. Ihre Schritte waren jetzt unhörbar, im kaum niedergetretenen Gras. Keiner sprach.

Er versuchte, sich an Annas letztem Satz festzuhalten. Frieden wollen wir alle. Guter Satz. Allerdings nicht genau erkennbar, ob sie ihn gebraucht hatte wie den dicken feuchten Schwamm an der Tafel, alle Unterschiede und Einzelheiten wegzuwischen, oder doch eher als Hinweis auf eine wichtige Gemeinsamkeit, die nicht zu vergessen sei. Kein Zweifel, daß der Wunsch für sie keine Phrase war. Ihre verhaltene Aggressivität mußte herrühren aus einer Tiefe ihrer immer noch bäuerlichen Seele, wo die Verstümmelung ihrer Heimat, ihrer Jugenderinnerung und die Verletzung ihrer Liebe zu ihm wohl an diesem Ort zu einer gemeinsamen Wunde aufbrachen. Er wußte nicht, wie er damit umgehen sollte. Aber er wußte auch nicht, wie er mit dem Widerspruch in sich selbst umgehen sollte, an den ihn Riki Schönleins Frage geführt hatte.

Er versuchte, sich einzulassen auf diesen Flecken Natur, aus dem ihn das Wort, das Gefühl Heimat so stark anwehte, deutsche Heimat. Der ins Offene übergehende Wald, einzelne Bäume und Gehölze noch in die ungenutzten, maulwurfdurchgrabenen Wiesen getupft, daneben ein Stück sanft ins Tal geschwungener Acker mit Wildrosensträuchern am Rain, die unregelmäßigen Hügel, und überall auch menschliche Gestaltung merkbar – hinter dem Erlengehölz das alte überwachsene Wasserreservoir des Dorfes, der Kreuzweg am Waldrand, die seitlich neben dem Holzweg aufgestapelten Festmeter geschlagener und gespaltener Buchenstämme, die dichte, mannshohe Hecke von Wacholdersträuchern vor dem verborgenen Friedhof.

Da war die Gedenktafel. Ein unpolierter Stein, eingehauene Lettern, deutsch und kyrillisch, etwas zurückgesetzt in die Wacholderhecke. 1786 russische Kriegsgefangene waren hier in der dunkelsten Zeit Deutschlands gestorben und beigesetzt worden, verkündete die Inschrift, und sie mahnten zum Frieden. Das lasen sie alle fünf wortlos.

Daneben das niedrige Gittertor, Schmiedeeisen ohne Schmuck, lud jetzt den Blick ein, über die langgestreckte, leicht abfallende Wiese zum jenseitigen Waldrand. Die Wiese, oben und unten auch von Hecke eingeschlossen, war kurz geschnitten, so daß man die Reihen flach in den Boden eingelassener Steinplatten gut erkennen konnte. Dazwischen, ausgehend vom Tor, ein schmaler Kiesweg. Auch der wirkte gepflegt, an seinen Rändern das Gras sauber gestutzt.

Kolleritz, als wolle er sich bestätigen, daß der Friedhof nicht nur abgegrenzt und hinter der Hecke verborgen, sondern auch verschlossen war, drückte auf die Klinke. Da öffnete sich die Tür leicht quietschend.

Ja, gucken wir doch mal rein, sagte er, und sie betraten hinter ihm den Kiesweg, langsam, zögernd.

Es sah nicht aus wie auf einem normalen Friedhof, nirgends eine Blume, ein Kreuz, etwas, das Pietät ausdrücklich geboten hätte – nur diese ruhige Nüchternheit der Wiese mit den regelmäßig eingelassenen Steinen und den je fünf russischen Namen in lateinischer Schrift darauf.

Kolleritz fand das erstaunlich gepflegt, ganz unrussisch sauber, und Anna erklärte gleich, daß fast jedes Jahr eine internationale Jugendgruppe, organisiert von der Kriegsgräberfürsorge, für ein paar Tage herkäme und den Friedhof in Ordnung bringe. Die Kriegsgräberfürsorge habe sich ja des ganzen Friedhofs angenommen und ihn hergerichtet, man könne nur hoffen, daß sie in Rußland das gleiche mit den Gräbern der deutschen Gefallenen täten. Damit waren sie alle einverstanden, während sie langsam an den braunen Steinen vorbeigingen, ein paar Namen lasen, und Riki Schönlein sagte verhalten: Eine würdige Ruhestätte ist das schon.

Er hielt sich hinter den andern, hörte nur halb, was sie von dem Russenlager zu berichten wußte, aus dem die Toten stammten – daß nämlich das Hauptlager drüben im Thüringischen gelegen habe, und von dort alle Kranken hierhergeschickt wurden. Deshalb waren so viele gestorben, eine ärztliche Versorgung habe es ja kaum gegeben.

Er mußte an die Erzählung des Pfarrers vom vorigen Nachmittag denken, der bewegt schien von der Wiederbegegnung mit gerade diesem ersten Jahrgang von Konfirmanden, weil das Jahr 1945, die allmähliche Information über die schrecklichen Verbrechen der Vergangenheit und die notwendige Umbesinnung, die erste Zeit nach dem Zusammenbruch so hellsichtig gemacht und hervorgehoben habe. Die Angst auch, die damals im Dorf geherrscht hatte, als die Amerikaner sich aus Thüringen zurückzogen, ob man dem Russen ausgeliefert würde. Ihm war ja, erzählte er, durch eine gütige Fügung das Schicksal der Kriegsgefangenschaft erspart geblieben, er hatte den Waffenrock fortgeworfen und sich durchgeschlagen auf Schleichwegen von der Ostfront bis in dieses Dorf, wo ihn seine Familie und eine wache, lebendige Gemeinde erwarteten. Und eben dieser aus Dorfkindern und evakuierten Stadtkindern gemischte Konfirmandenjahrgang.

Daß der Pfarrer bei den Panzergrenadieren war, hatte er so zum erstenmal erfahren. Und wahrscheinlich auch Offizier, reimte er sich zusammen, so sportlich und streng, wie er ihn von damals in Erinnerung hatte. Nach dem Abendbrot saßen sie sich gegenüber am Tisch, er sollte von seinem Lebensweg erzählen und fragte den Pfarrer dann nach dem Wort Zusammenbruch – warum er einen so verschleiernden Begriff gebraucht habe? War ganz verblüfft über des Pastors Erstaunen, dem gerade dieses Wort als neutral erschienen war, als ideologisch unbelastet. Alles Alte sei zusammengebrochen, nicht wahr. War es denn aber nicht eine militärische Niederlage, die gewaltsame Zerstörung eines mächtigen Systems, stark durch die Unterstützung fast eines gesamten Volkes? Waren sie nicht besiegt worden? Oder noch klarer – vom Faschismus befreit? Er hatte den Pfarrer aufgefordert, in seiner Predigt doch einmal von Befreiung zu sprechen, schon bei dem Versuch würde er wohl merken, wie viel Widerstand da noch heute zu überwinden sei.

Der Pfarrer hatte sehr nachdenklich geschaut und nichts erwidert, aber in der Predigt am Morgen, als er wieder über das Jahr 1945 und seine ersten Konfirmanden sprach, hatte er weder die Worte Befreiung und Niederlage, noch sein altes Zusammenbruch benutzt, sondern die Ereignisse sehr behutsam weiträumig umschrieben. Er überlegte, ob der Pfarrer wohl an seine Kritik gedacht hatte, weil er den unnachsichtigen Worten auswich. Er verstand plötzlich den Zusammenhang zwischen dem Kampf des jungen Offiziers in der deutschen Wehrmacht und seiner offenbar durchgehaltenen inneren Flucht vor dem Eingeständnis, von den andern besiegt und zur Einsicht in sein Unrecht gezwungen worden zu sein.

Im zweiten Drittel des Wegs öffnete sich die Hecke nach unten, zum tieferen Waldrand. Eine moosbewachsene Steintreppe führte die kurze steile Böschung hinunter zu einem zweiten, kleineren Gräberfeld, das dem oberen glich. Es ging ohne Abgrenzung über in den luftigen Buchenhochwald, dessen Wipfel noch kahl vor dem blauweißen Himmel standen.

Paßt auf, rief der Koller zurück, fallt nicht, die Stufen sind glatt! Da zwischen den Bäumen, zeigte Anna, das ist der alte Judenfriedhof. Den kennt ihr sicher noch.

Er kannte den Namen nicht, wußte auch nichts von seiner Existenz, obwohl er öfter in dieser Gegend mit den andern herumgestreunt war. Er wunderte sich, daß er ihn so ganz vergessen haben sollte.

Im ersten Augenblick war es nur ein leichter Schreck, als er ihrem ausgestreckten Arm nachblickte: zwischen den Baumstämmen erkannte er umgestürzte Grabsteine. Er hatte die Assoziation, sich einem antiken Gräberfeld zu nähern, wo er öfter das ungeordnete Durcheinander freigelegter Funde zwischen Unkraut, Schutt und angedeuteten Wegen gesehen hatte. Dann der Gedanke, daß sie hier einen noch unbekannten Anschlag, eine Friedhofsschändung von Neonazis entdeckten. Aber von den andern kam keine Reaktion der Überraschung, wie sie nun auf das Waldstück zugingen. Die Steine waren auch nicht mit Hakenkreuzen beschmiert, keine frische Farbe, jedenfalls nicht erkennbar aus der Entfernung. Eher wirkte die Szene friedlich. Erstarrte graugrüne Bewegung nach einem vergangenen Erdbeben, Steintrümmer, algenbewachsen, zwischen dem braunen Teppich des vorjährigen Laubs, unter den hochragenden grauen Saulen der Buchen. Da er immer noch den andern folgte, konnte er ihre Gesichter nicht sehen. Sie sagten nichts.

Der Judenfriedhof war eigentlich nur ein benutzter Platz im Wald, unbegrenzt, seine Ränder dadurch angedeutet, daß die Grabstellen aufhörten. Drei schmale Wege waren noch eben erkennbar, parallel laufend, auf dem flach abfallenden Gelände, sie teilten die Reihen der Gräber ungenau ab. Die zeigten sich in verschiedenen Stadien des Verfalls. Bei manchen war die flache Steineinfriedung der Grabstelle halb versunken oder teilweise weggebrochen, bei andern schien sie noch ziemlich gut erhalten, aber zugewachsen, überwuchert von den gleichen Wildpflanzen, die der Waldboden überall durch das alte Laub schob. Der Pflanzenwuchs noch niedrig, der Jahreszeit entsprechend: dünne Himbeerranken ohne Blätter, die verhuschten weißen Waldanemonen, wie ausgestreut als ein spärlicher Grabschmuck der Natur, Brennesseln salatgrün, fast durchsichtig, wenn sie in einen der wandernden Sonnenflecken gerieten.

Keiner der Grabsteine stand mehr auf seinem Fundament. Von ihren Sockeln gestürzt lagen sie innerhalb der Grabstellen, zu denen sie gehörten. Die Inschriften darauf fast alle in deutscher Sprache, wenige hebräische Schriftzeichen, mal die siebenarmige Menora. Die Sterbedaten gingen bis an den Anfang des Jahrhunderts zurück. Sie endeten in den dreißiger Jahren. Es waren typische deutsche Vornamen und Familiennamen zu lesen, aber auch genug eindeutig jüdische, Rahel, Josua, Benjamin und Esther.

Er hatte noch immer keinen Schlüssel zu dem Bild, durch das sie langsam, absichtslos schlenderten, jeder für sich. Die Stille biß in die Gedanken. Der lautlos schreiende Kontrast zwischen der gepflegten Ordnung des Russenfriedhofs und dem Verfall, der Zerstörung direkt daneben.

Ob der Gemeinderat vielleicht beschlossen hatte, den Judenfriedhof als Mahnung an den Rassenwahn der Nationalsozialisten in dem Zustand zu belassen, in den ihn offenbar die Nazis des Ortes versetzt hatten? Er wollte dies hoffen, aber zu solcher Absicht – hätte da nicht eine Gedenktafel gehört und etwas Pflege der Anlage, damit sie erkennbar würde? Vergeblich suchte er nach Spuren davon.

Sie waren schon minutenlang zwischen den Trümmern umhergestiegen, hatten schweigend auf ihnen gelesen, da fragte er doch: Anne, weißt du, weshalb der Friedhof in diesem Zustand ist?

Er hoffte noch, es gäbe eine gute, eine moralisch plausible Erklärung, und sie, die mit allen wichtigeren Vorgängen in ihrem Heimatdorf vertraut war, könnte sie geben. Sie müßte sogar von sich aus, aus ihrer Identifikation mit diesem Ort, ein großes Interesse daran haben, ihnen die Zusammenhänge zu verdeutlichen. Zugleich spürte er doch eine unbestimmte Angst vor der Antwort, die er mit seiner Frage auslösen könnte.

Sie stand ein paar Meter von ihm entfernt. Als hätte sie gewartet auf seine Anrede, fuhr sie herum, schaute ihm ins Gesicht, mit starren, harten Augen und sagte, die Stimme voll bitteren Vorwurfs: Ja! Und gleich noch einmal, statt einer Erklärung, hilflos und abweisend: Ja!

Es entstand eine kurze Pause, deutlich suchte sie ihre Antwort. Auch er war verwirrt von der plötzlichen Veränderung, die auf ihrem eben noch freundlichen Gesicht, in ihren sonst sanft wirkenden Augen vor sich gegangen war, so als hätte er sie erneut zum Kampf herausgefordert. Hinter seinem Rücken hörte er Kollers Baß: Das ist der Zahn der Zeit, gegen den gibt's keinen Zahnarzt!

Ja, sagte sie jetzt noch einmal. Das ist ein verlassener alter Friedhof, der ist schön, so wie er ist. Daran soll man nichts ändern!

Das find ich aber auch, bestätigte Riki Schönlein.

Wär er nicht noch schöner, wenn man ihn ein bißchen pflegen würde? fragte er vorsichtig. Wenigstens die Wege? Daß es nicht so chaotisch aussieht?

Er dachte, dies könne sie doch leicht zugestehn, ohne sich etwas zu vergeben, statt dessen sagte Kolleritz' Frau: Wer kommt denn schon hier her? und Anne, scharf: Die Juden haben nie ein Interesse an ihrem Friedhof gehabt, warum sollen wir uns dann kümmern?

Er schwieg, verblüfft.

Sie faßte sein Schweigen offenbar als Widerspruch auf, fuhr gleich fort: Die sitzen in Amerika oder Israel, und nicht ein einziges Mal ist einer hergekommen, in fünfunddreißig Jahren, und hat nach den Gräbern gefragt. Oder hat auch nur einen Brief an die Gemeinde geschrieben!

Die hier begraben sind, das war doch alles schon vor den Nazis! Da sind die Angehörigen längst gestorben! kommentierte Kolleritz, und auch Rikarda wollte nun Anna helfen: Ich hab mal gehört, daß die Juden ein ganz andres Verhältnis zum Tod haben als wir Christen. Obwohl ich schon lang keine Kirchensteuer mehr zahl.

Irgendwie glauben die wohl nicht an die Auferstehung. Deshalb begraben die ihre Toten und dann ist für die der Fall sozusagen erledigt.

Er wollte von den christlichen Juden sprechen, die es ja auch gegeben hatte, wollte fragen, warum die Juden aus dem Dorf emigriert waren nach den USA, aber das wagte er nicht mehr, fragte nur, fast schüchtern:

Die Grabsteine – warum liegen die so kreuz und quer?

Da wurde ihre Stimme spitz, noch schriller, überschlug sich fast vor Erregung: Das ist doch natürlich, Mensch! Nach fünfzig Jahren! Da stürzen ganze Häuser ein! Und ich kann dir sagen, die sind sogar umgelegt worden, von der Gemeinde, damit sie nicht umstürzen und Leute gefährden!

Ja, sagte Riki Schönlein, zeigte auf einen Stein, schau mal, wie der liegt. So kann er unmöglich umgefallen sein.

Mein Gott, worüber regst du dich auf, ich habe nur gefragt, weshalb dieser Friedhof anders aussieht als der Russenfriedhof.

Er zwang sich, locker zu sprechen, obwohl er am ganzen Körper fror. Und sie schrie es nun heraus: Bei dir läuft alles nur darauf hinaus, uns schuldig zu sprechen! Es muß doch endlich einmal Schluß sein! Ein ganzes Menschenalter ist das her!

Es war einen Augenblick still, daß die Meisenstimme über ihnen sich anhörte, wie durch einen Lautsprecher verstärkt.

Die Geschichte endet nicht plötzlich, weil wir vergessen wollen, sagte er sehr leise, fast nur, wie um sich selbst zu versichern. Ich wollte nicht an diesen Ort gehen.

Wenn mein Vater einen umgebracht hat, dann bin ich nicht schuldig und muß für ihn ins Zuchthaus, oder? sagte Kolleritz, irgendwie ausgleichend, mit ruhiger Stimme.

Nein, Koller. Natürlich nicht. Wer behauptet das denn.

Na, siehst du. Es gibt Dinge, die sind geschehn, da kann man nichts mehr machen, und die soll man auch ruhen lassen. Gegen die Mauer kann man auch nichts machen, einfach gegen anrennen und abreißen. Das geht eben nicht.

Außerdem – wie viele Milliarden haben wir den Juden gezahlt? fragte seine Frau.

Das rechne ich gar nicht, sagte Kolleritz. Kommt jetzt weiter. Ich krieg langsam Kaffeedurst.

Da hat er wirklich recht, sagte auch Rikarda erleichtert, ei ganz heiß Tass guter Kaffee. Des wär ebbs. An Ostern.

Sie gingen langsam vor zum Weg, einzeln noch, Rikarda und Kollers Frau vorweg, warfen sich ein paar Worte über den Kaffee zu, betont locker. Er zitterte am ganzen Leib. Dieses innere Zittern. Der Streß der Herausforderung. Hellwach. Und doch die Hilflosigkeit, wie eben auf dem Weg. Seine Gedanken und Gefühle kippten durcheinander. Der Pfarrer mit seinen erinnerungsschwangeren Reden, diese jugendträchtige Umgebung des Dorfes, der Rücksturz in ein Jahr, das wie wenige andere seines Lebens in einem überstarken Sonnenlicht lag. Die so unnachsichtige Nähe der Grenze mit allem, was sie aufriß. Er war in einer Weise mit sich selbst im Streit, daß er keinen Grund hatte, weiterzufragen. Aber Anna wollte es ausfechten, zerstörte die leichte Brücke, die der weltläufige Geschäftsmann Kolleritz ihnen vorgeschlagen hatte. Sie wollte in dieser Sache das letzte Wort behalten, vielleicht um mit ihrem Leben recht zu haben.

Die Juden waren in unserm Dorf immer integriert! sagte sie mit der gleichen Unerbittlichkeit in der Stimme. Bis die Nazis kamen!

Er kämpfte gegen seine Empörung, gegen die wieder hochkochende Wut, mühte sich, wenigstens äußerlich ruhig zu bleiben. Aber warum war dann ihr Friedhof so weit entfernt? Hier im Wald versteckt?

Die Frage hätte ein Kind stellen können, schien ihm.

Warum denn nicht! gab sie böse zurück. Ist es etwa nicht schön hier? Ich wär froh, wenn ich hier begraben sein könnte! Was kann man sich Besseres wünschen!

Riki Schönlein drehte sich um, schaute jetzt beunruhigt auf ihre ehemalige Vertraute, sagte aber: Ein Waldfriedhof – das gibt es oft.

Glaubt ihr, die Juden sind freiwillig mit ihren Särgen zwei Kilometer über Wiesen und Äcker hierher gezogen, in die Wildnis? fragte er jetzt polemischer.

Ja! erwiderte Anna heftig, sah ihn herausfordernd an, ja, ja! Natürlich! Die haben sich immer abgesondert!

Die wollten das gar nicht anders haben, brummte Kolleritz in einem Tonfall dazwischen, der versöhnlich sein sollte, und die Christen waren ja auch froh, wenn sie nicht neben einem Itzig liegen mußten. Da gab doch keiner einem was nach.

Nein, Koller! Itzig darfst du nie sagen! Das ist ein Nazischimpfwort! fuhr jetzt Anna ihm über den Mund, daß er den Kopf einzog und Stimmt, Annchen, hab ich nicht dran gedacht, murmelte.

Das hängt alles mit dem mosaischen Glauben von den Juden zusammen, rief Riki Schönlein, fast fröhlich ob dieser Erkenntnis. Nur so kannscht des verstehe!

Er antwortete nicht mehr. Er ging vorbei an den andern, voran auf dem abschüssigen Weg, der sie wieder zum Gänsemarsch zwang. Die Frauen hatten Schwierigkeiten mit ihren leichten Sonntagsschuhen auf dem feuchten Boden. Er behielt seinen raschen Schritt bei, wartete nicht. Der Abstand, der sich so zwischen ihm und den vier andern bildete, erleichterte ihn kaum. Er hörte noch, wie sie auszumachen versuchten, wo genau die Baracken des Gefangenenlagers gestanden hatten. Dann nur noch, wenn er zurücksah, die lebhaften Gesten ihrer Unterhaltung. Das Keckern der beiden Elstern, die aus den Obstbäumen in das Weidengehölz am Bach abstrichen. In seinem Körper breitete sich eine müde Traurigkeit aus wie die Metastasen eines allgegenwärtigen Krebses.

Unter der großen Autobahnbrücke trafen sie wieder zusammen. Er blieb wortlos. Kolleritz und Riki Schönlein sprachen ihn beiläufig an, als wollten sie ihm zeigen, daß sie die Episode auf dem Judenfriedhof, den Streit vorher, für unwichtige Zwischenfälle hielten, die den freundlichen Charakter ihres Wiedersehens nicht ernsthaft stören konnten. Anna redete durch ihn hindurch, fremd und unberührbar, die Kälte der zerstörten Liebe. Am Anger trennten sie sich. Keiner nötigte ihn, als er sagte, er wolle jetzt keinen Kaffee, käme später. Sie schienen das zu verstehen.

Abends erfuhr er von einem, der es miterlebt hatte, daß die Hitlerjugend des Dorfes die Grabsteine 1937 umgestürzt hatte und daß dieselben Leute sie 1945 hatten wiederaufsetzen müssen. Aber der Bindezement sei in der schlechten Zeit von miserabler Qualität gewesen und habe nicht gehalten.

Die Autorinnen und Autoren

PETER O. CHOTJEWITZ, geboren 1934 in Berlin, lebt als Rechtsanwalt und freiberuflicher Schriftsteller im osthessischen Kruspis. Veröffentlichung von zahlreichen Erzählungen, Romanen und Essays.
›Memories are made of this‹ ist ein Originalbeitrag.

KLAS E. EVERWYN, 1930 in Köln geboren, nach 1949 in der öffentlichen Verwaltung tätig, lebt seit 1981 als freier Schriftsteller in Düsseldorf. Veröffentlichung von Erzählungen und Romanen.
›Ein Begriff von Freiheit‹ ist ein Originalbeitrag.

HUBERT FICHTE, geboren 1935 in Perleberg/Westprignitz, aufgewachsen in Hamburg und Oberbayern. Kinderdarsteller, später Schauspieler auf Hamburger Nachkriegsbühnen, zwischen 1952 und 1954 Schafhirte in der Provence, dann Landwirtschaftslehrling und Praktikant in Holstein, Niedersachsen und Schweden. Seit 1963 als freier Schriftsteller in Hamburg, wo er 1986 starb. Veröffentlichung von Erzählungen, Romanen und ethnopoetischen Erfahrungsberichten.
›Machtübernahme‹ ist eine von Hubert Fichte vorgenommene Textzusammenstellung aus seinem Roman ›Detlevs Imitationen ‚Grünspan'‹. © 1979 S. Fischer Verlag, Frankfurt a. M. Der Abdruck erfolgt mit freundlicher Genehmigung des S. Fischer Verlags.

MANFRED FRANKE, Jahrgang 1930. Aufgewachsen in Hilden/Rheinland. Studium, 1957 Promotion, seitdem tätig als Redakteur. Zahlreiche Veröffentlichungen und Rundfunkarbeiten.
›Ende. Ein Anfang‹ ist ein Originalbeitrag.

GERD FUCHS, geboren 1932 in Nonnweiler, aufgewachsen in einem Dorf bei Trier. Im Anschluß an Studium und Referendariat freiberuflicher Publizist, dann Redakteur bei der ›Welt‹ und beim ›Spiegel‹. 1967 Promotion. Lebt als freiberuflicher Schriftsteller in Hamburg. Veröffentlichung von Erzählungen, Romanen und Essays.
›Der Alp auf dem Hirne der Lebenden‹ ist ein Originalbeitrag.

GÜNTER GAUS, geboren 1929 in Braunschweig. Seit 1952 Journalist, 1965 Programmdirektor für Hörfunk und Fernsehen im Süd-

westfunk, dann Chefredakteur des ›Spiegel‹. Von 1974 bis 1981 Staatssekretär im Auswärtigen Amt und Leiter der Ständigen Vertretung der Bundesrepublik in der DDR. Buchautor.
›Fragmentarisches zu einem Plakat‹ ist ein Originalbeitrag.

Anton-Andreas Guha, geboren 1937, aufgewachsen im Bayrischen Wald. Studium Deutsch, Geschichte, Englisch. Seit 1967 Redakteur bei der ›Frankfurter Rundschau‹. Mehrere Buchveröffentlichungen.
›Bist narrisch, Bua, Heil Hitler geht nimmer!‹ ist ein Originalbeitrag.

Dieter Hildebrandt, geboren 1927 in Bunzlau. Begründete 1955 das Studentenkabarett ›Die Namenlosen‹ und 1956 die ›Münchner Lach- und Schießgesellschaft‹ mit. Seit 1982 moderiert er die Fernsehsendung ›Scheibenwischer‹.
›8. Mai 1945 – gegen 14 Uhr‹ ist ein Originalbeitrag.

Josef Ippers, geboren 1932, infolge Kriegseinwirkung nur 48 Monate Volksschulbesuch. In 23 Berufen tätig gewesen, seit 1979 freier Schriftsteller. Mehrere Buchveröffentlichungen.
›Zacharias Zachary‹ ist ein Originalbeitrag.

Margarete Jehn, geboren 1935, lebt in Worpswede bei Bremen. Kein Schulabschluß. Längerer Aufenthalt in Schweden. Übersetzungen aus dem Schwedischen, zahlreiche Hörspiele, Fernsehspiele, Bühnenstücke, Lyrik, Prosa, Songs.
›Niemands Land‹ ist ein Originalbeitrag.

August Kühn, geboren 1936 in München. Berufsrealschule, Lehre im Großbetrieb, später Volontär, dann Pressereporter. Nach einem Unfall Verwaltungsangestellter und ab 1971 freier Schriftsteller.
›Wo man daheim ist‹ ist ein Originalbeitrag.

Jürgen Lodemann, geboren 1936 in Essen. Im Anschluß an Studium und Promotion tätig als Journalist, seit 1965 Fernsehredakteur in Baden-Baden. Veröffentlichung von Essays, Erzählungen und Romanen.
›Lebenskunde‹ ist eine für diese Anthologie neu formulierte und ergänzte Episode aus Lodemanns autobiographischem Roman ›Der Solljunge. Ich unter anderen‹.

Christoph Meckel, geboren 1935 in Berlin, aufgewachsen in Freiburg i. B. Reisen durch Deutschland, Europa, Afrika und

Amerika. Mitte der fünfziger Jahre Graphikstudium. Zahlreiche Veröffentlichungen.
›Zukunft, herrlicher Feind des Vergangenen‹ ist Meckels Buch ›Nachricht für Baratynski‹ entnommen. © 1981 Carl Hanser Verlag, München. Der Abdruck erfolgt mit freundlicher Genehmigung des Carl Hanser Verlages.

GUDRUN PAUSEWANG, geboren 1928 in dem Dorf Wichstadtl im Sudetenland. Bei Kriegsende nach Westdeutschland verschlagen. Zwischen 1956 und 1972 als Lehrerin an deutschen Auslandsschulen in Chile, Venezuela und Kolumbien. Heute Grundschullehrerin in der osthessischen Stadt Schlitz. Veröffentlichung von Romanen, Erzählungen, Kinder- und Jugendbüchern. Für ihr Buch ›Die letzten Kinder von Schewenborn‹, wurde sie 1984 mit dem Gustav-Heinemann-Friedenspreis ausgezeichnet.
›Ein Maimorgen‹ ist ein Originalbeitrag.

PETER RÜHMKORF, geboren 1929, aufgewachsen in Warstade-Hemmoor. 1950 Abitur. 1951–58 Studium in Hamburg, anschließend bis 1967 Verlagslektor. Seitdem als freier Schriftsteller in Hamburg. Zahlreiche Veröffentlichungen: Gedichte, Essays, Erzählungen.
›Notizen zwischen den Kriegen‹ ist Rühmkorfs Buch ›Die Jahre, die Ihr kennt – Anfälle und Erinnerungen‹ entnommen. © 1972 Rowohlt Verlag, Hamburg. Der Abdruck erfolgt mit freundlicher Genehmigung des Rowohlt Verlages.

ERASMUS SCHÖFER, geboren 1931 bei Berlin. Zwischen 1950 und 1963 Studium und Promotion. Seit 1962, neben wissenschaftlicher Tätigkeit, Arbeit als freier Schriftsteller. 1969 Mitbegründer des »Werkkreis Literatur der Arbeitswelt«. Zahlreiche Hörspiele und Filme, Erzählungen, Gedichte und Essays.
›Die Konfirmanden‹ geht auf eine 1981 publizierte Erzählung zurück.

GÜNTER SEUREN, geboren 1932 in Wickrath am Niederrhein. Abitur, Journalist, Filmkritiker. Zahlreiche Drehbücher für Fernsehspiele und Kinofilme, Romane, Erzählungen, Gedichte.
›Der Krieg stirbt langsam‹ ist ein Originalbeitrag.

DOROTHEE SÖLLE, geboren 1929, lebt in Hamburg und hat seit 1975 eine Professur am Union Theological Seminary in New York inne. Autorin zahlreicher Bücher.
›Wer bin ich?‹ ist ein Originalbeitrag.

Klaus Staeck, geboren 1938 in Pulsnitz bei Dresden, 1956 Übersiedlung von Bitterfeld (DDR) nach Heidelberg, 1969 Zulassung als Rechtsanwalt. Seit 1960 über 3 000 Ausstellungen, Plakate, Postkarten, Graphiken, im In- und Ausland.
›Karbid und Feuerstein‹ ist ein Originalbeitrag.

Hannelies Taschau, geboren 1937 in Hamburg. Seit 1967 freischaffende Autorin. Veröffentlichung von Gedichten, Erzählungen, Romanen.
›Wundern entgehen‹ ist Hannelies Taschaus Roman ›Erfinder des Glücks‹ entnommen. © 1981 Benziger Verlag, Zürich und Köln. Der Abdruck erfolgt mit freundlicher Genehmigung der Autorin.

Heinrich Vormweg, geboren 1928 in Geisweid bei Siegen. Im Anschluß an Studium und Promotion Dramaturg an einem kleinen Theater, dann Feuilletonredakteur. Seit 1963 »frei«. Zahlreiche Publikationen.
›Mein Zauberberg‹ ist ein Originalbeitrag.

Entdecken Sie die andere Hälfte der Weltliteratur!

Zum Beispiel die Werke lateinamerikanischer Schriftsteller

Haroldo Conti (Argentinien)
Mario Benedetti (Uruguay)
Augusto Roa Bastos (Paraguay)
Augusto Céspedes (Bolivien)
Jorge Icaza (Ecuador)
Gustavo Alfredo Jácome (Ecuador)
Luis Fayad (Kolumbien)
Miguel Angel Asturias (Guatemala)
Earl Lovelace (Trinidad)
Jacques Stephen Alexis (Haiti)

wie Heinrich Böll
aus dem Lamuv Verlag

Bitte fordern Sie unser kostenloses
Gesamtverzeichnis an: [illegible]
Lamuv Verlag, Martinstraße 7, [illegible] Bornheim 3